本书为浙江省高校重大人文社科攻关计划规划重点项目
"地方政府运用社交媒体应对危机的能力与策略研究"（2018GH003）的研究成果

网络时代的危机治理

钟伟军 著

地方政府运用社交媒体的能力与策略研究

Crisis Governance in the Internet Age

北京大学出版社
PEKING UNIVERSITY PRESS

图书在版编目(CIP)数据

网络时代的危机治理:地方政府运用社交媒体的能力与策略研究/钟伟军著. —北京:北京大学出版社,2020.11
ISBN 978-7-301-31811-9

Ⅰ.①网… Ⅱ.①钟… Ⅲ.①地方政府—互联网络—公共服务—研究—中国 Ⅳ.①D63-39

中国版本图书馆CIP数据核字(2020)第218344号

书　　　名	网络时代的危机治理:地方政府运用社交媒体的能力与策略研究 WANGLUO SHIDAI DE WEIJI ZHILI: DIFANG ZHENGFU YUNYONG SHEJIAO MEITI DE NENGLI YU CELÜE YANJIU
著作责任者	钟伟军　著
责 任 编 辑	朱梅全
标 准 书 号	ISBN 978-7-301-31811-9
出 版 发 行	北京大学出版社
地　　　址	北京市海淀区成府路205号　100871
网　　　址	http://www.pup.cn　新浪微博:@北京大学出版社
电 子 信 箱	sdyy_2005@126.com
电　　　话	邮购部 010-62752015　发行部 010-62750672　编辑部 021-62071998
印 刷 者	北京溢漾印刷有限公司
经 销 者	新华书店
	730毫米×980毫米　16开本　19印张　302千字 2020年11月第1版　2020年11月第1次印刷
定　　　价	69.00元

未经许可,不得以任何方式复制或抄袭本书之部分或全部内容。
版权所有,侵权必究
举报电话: 010-62752024　电子信箱: fd@pup.pku.edu.cn
图书如有印装质量问题,请与出版部联系,电话: 010-62756370

目 录

绪论 001

上篇 报警与理论

第一章 社交媒体与危机管理 025
第一节 Web2.0 与社交媒体 026
第二节 危机、公共危机与危机管理 037
第三节 社交媒体之于危机管理：机会还是问题 043

第二章 社交媒体对危机的消弭：沟通与机制 055
第一节 缩小的公共危机：从传统媒体到社交媒体 055
第二节 基于社交媒体的公共危机沟通 064
第三节 公共危机中的社交媒体信任机制 076

第三章 善用社交媒体：地方政府存在的新能力 085
第一节 危机中地方政府对社交媒体的运用 085
第二节 社交媒体运用与地方政府存在方式的转型 095
第三节 地方政府运用社交媒体存在方式的基本要求 102

中篇 现状与表现

第四章 无用隔膜：地方在社交沟通部门的社交 113
第一节 在机沟通部门社交媒体使用的日常景遇 113
与各机构应对

第二节 地方新闻媒介社交媒体日常效能现状 120

第三节 地方政府新闻社交媒体日常效能 存在的问题 135

第五章 沉默螺与回应力：危机中地方政府社交 媒体系统及影响因素 144

第一节 地方政府应用社交媒体应对危机的多重 媒体系统及影响因素 144

第二节 危机中的地方政府社交媒体系统及居民的 影响因素 152

第三节 地方政府在危机中的社交媒体系统的 回应能力及其影响因素 165

第六章 应对冰融危机：地方政府在社交媒体中 的危机文本构 177

第一节 不确定性公共事件危机中的政府社交 媒体危机文本构 178

第二节 实证分析：新冠肺炎疫情中的地方政府 社交媒体文本构 191

第三节 地方政府社交媒体危机文本构的特征 与反思 205

第七章 倾听与对话：地方政府在危机中 的社交媒体沟通能力 212

第一节 基于社交媒体的公共危机沟通及其 模式 213

第二节 案例分析：地方政府如何应用社交媒体 展开双向危机沟通 218

第三节 地方政府基于社交媒体的双向危机沟通 反思 235

第八章 持机运营保护：地方政府社交媒体 危机应对策略 240

第一节 作机应对策略与社交媒体作机应对策略 241

　　　　第二节　丽江女游客被打事件中的地方政府社交媒体
　　　　　　　沟通策略　　　　　　　　　　　　　　　　　252
　　　　第三节　地方政府社交媒体危机沟通策略反思　　　262

下篇
经验与对策

第九章　最佳实践：地方政府运用社交媒体应对
　　　　危机的对策　　　　　　　　　　　　　　　　269
　　　　第一节　社交媒体危机应对的最佳实践：基本原则　269
　　　　第二节　地方政府运用社交媒体应对危机的具体对策　276

结论与讨论　　　　　　　　　　　　　　　　　　　　292

后　记　　　　　　　　　　　　　　　　　　　　　　296

绪　论

  2020年的春节，人们还没有来得及感受回家团圆的温馨和祥和喜庆的佳节氛围，一场突如其来的新冠肺炎疫情席卷全国各地，让所有人猝不及防，火车站、公路、商场等过去所有热闹的场所都变得冷冷清清、空空荡荡，人与人之间小心翼翼地保持着距离，哪怕是最熟悉的朋友和亲戚。与2003年那场令人印象深刻的严重急性呼吸综合征（SARS）公共卫生危机事件一样，党和政府表现出了强大的行动能力和动员能力，第一时间采取了行之有效、坚决果断的措施。在短短两个月的时间里，有效地控制住了疫情。然而，不一样的是，17年前，人们还是主要仰赖广播、电视和报纸获得有关信息，互联网的普及率不高，手机还处于初步发展阶段。而17年以后，尽管村里尘封已久的大喇叭响彻农村各个角落，传递着有关疫情防控的注意事项，但似乎大家并不是特别在意大喇叭里的内容，反而对这一"老古董"表现出无比的新奇感，纷纷拿出随身携带的智能手机，拍下这奇特的场景，然后上传到抖音、快手和火山等视频平台。那些"禁足"在家的人随时随地刷动手机屏幕，在无处不在的WiFi世界里，通过今日头条、微信、抖音、微博等社交媒体了解、交流疫情的最新信息，而各级政府也通过这些社交媒体平台发送有关疫情的各种信息，发布疫情防控措施，提醒人们应注意的事项。

  这是危机中媒体环境巨大变化的生动写照。在过去几十年里，在我们生活的这个世界，与人们密切相关的最重要的事情莫过于信息技术的快速发展。在短短的二十多年里，新技术的触角已经渗透到了世界的各个角落，进入人们生活的方方面面，并以悄无声息的方式改变着原本的社会结构，改变着人与人之间的交往模式和思维习惯，也改变着个人、组织和群体的行动逻辑。托夫勒（Alvin Toffler）把互联网的兴起视为人类进入"第三次浪潮"的核心推动力，新的信息化时代是一个"非群体化传播工具时代"，"一个新的信息领域与新的技术领域一起出现了，而且这将对所有领域中最重要的领域——

人类的思想,发生非常深远的影响。总之,所有这一切变化,变革了我们对世界的看法,也改变了我们连接世界的能力"①。而作为新的媒介工具,互联网从兴起的那一刻起就注定会对公共治理产生深刻的影响,由于其强大的信息分享和跟随能力、去中心化的互动模式、即时性和交互性的反馈机制,在很大程度上改变了危机产生的方式和演化的路径。党的十九届四中全会提出了充分发挥社会主义制度的优势,全面实现国家治理体系和治理能力现代化的目标,提出"构建统一指挥、专常兼备、反应灵敏、上下联动的应急管理体制,优化国家应急管理能力体系建设"②。而在不断发展的新媒体环境中,社交媒体已经成为在危机沟通最前沿的驱动力,③各级政府如何更好地适应新的媒介环境,如何积极更新观念、转变职能和提升运用社交媒体应对危机的能力,完善危机中社交媒体应对策略,发挥社交媒体的正效应,自然是政府治理体系和治理能力现代化的题中之义。

一、研究背景

伴随着改革开放以来中国经济的快速发展,以互联网为代表的新媒体也得到了快速成长,在经历了21世纪以来的高速发展期之后,目前互联网在中国进入了稳定的增长期。中国互联网络信息中心(CNNIC)2020年第46次《中国互联网络发展状况统计报告》显示,截至2020年6月,中国网民的规模已经达到了9.4亿,与5年前相比,整整增加了将近3亿人。互联网普及率达67%,较2013年提升了近21个百分点,超过了世界平均水平,更是在发展中国家处于领先地位。尤其值得注意的是,随着智能手机的日益普及,社交媒体与手机融合得越来越紧密。报告显示,截至2020年6月,中国网民上网设备中,手机使用率高达99.2%,④表明社交媒体全面深入地渗透到了普通人的日常生活之中。之所以会出现这种状况,是因为社交媒体更好地满足了

---

① 〔美〕阿尔温·托夫勒:《第三次浪潮》,朱志淼等译,生活·读书·新知三联书店1983年版,第225页。
② 《中共中央关于坚持和完善中国特色社会主义制度 推进国家治理体系和治理能力现代化若干重大问题的决定》,http://www.gov.cn/zhengce/2019-11/05/content_5449023.htm,2020年6月20日访问。
③ See W. T. Coombs, *Applied Crisis Communication and Crisis Management: Cases and Exercises*, Sage, 2014.
④ 资料来源:http://www.cnnic.net.cn/hlwfzyj/hlwxzbg/hlwtjbg/202009/P020200929546215182514.pdf,2020年10月10日访问。

人们日常交往的需求,与人们的日常行为习惯更加贴近,从而受到广泛的青睐。在 2005 年之前,互联网技术的发展总体上处于 Web1.0 的阶段。这一阶段的技术特征是单向性的网页浏览,强调的是单向内容的组织与提供,尽管与过去大众媒体相比,网民在获得信息和传递信息方面更加便利,但从根本上说,这种模式与过去那种个人向编辑写信,由专业人士或精英挑选并解释内容的传统媒体模式没有根本性的变化。从信息的生产、信息传递到信息接收的整个过程依然遵循着单向式的逻辑和权威化的行为网络。另外,更加重要的是,Web1.0 技术离不开笨重而相对昂贵的电脑设备,这大大影响了日常使用的便利性,而"信息鸿沟"的无所不在也在很大程度上隔离了普通民众与新媒体世界的"亲密接触"。

然而,自 2005 年以来,情况发生了很大的变化,互联网进入了所谓的 Web2.0 时代。"Web2.0"这一概念最早是在 2004 年被提出来的,最初是用来描述在新的 P2P(Peer to Peer)技术环境中软件开发者与用户终端在信息生产、内容创建和互动方式方面的转变,被定义为一种具有新的社会交互可能性的参与架构。① Web2.0 不仅代表个人为了发布而提供的内容,也代表了人与人之间的互动。在 Web2.0 的对等网络和对等连接中,内容生成和信息流动不再是通过某些人来实现的,也不是单向的主动与被动的行为模式,而是通过所有用户参与和协作的方式来实现内容创建和持续性的修改。这种基于 Web2.0 技术和思维、允许"用户生成的内容"(user-generated content)的创建和交换的互联网平台被越来越频繁地总结为"社交媒体"。② 这种以互动、分享和关系为核心特征的互联网技术此后得到了极为快速的发展,越来越多的基于 Web2.0 技术的社交媒体平台,在西方如 Facebook、Youtube、Wikipedia,在中国如微博、微信等等,如雨后春笋般不断涌现。社交媒体使得 Web2.0 的这种简洁、便利、分享和互动的特征得到了最淋漓尽致的体现。

一开始,人们对这种视为弱链接的新的媒介形式并不以为意,认为更多只是过去弱关系形态的一种新的体现,这种建立在虚拟网络基础上的、临时的、不稳定的弱链接难以产生很大的影响。然而,随着社交媒体的不断发展,

---

① See T. O'Reilly, What is Web 2.0—Design Patterns and Business Models for the Next Generation of Software, *Communications & Strategies*, No. 1, 2007, pp. 17-37.

② See A. M. Kaplan and M. Haenlein, Users of the World, Unite! The Challenges and Opportunities of Social Media, *Business Horizons*, Vol. 53, Iss. 1, 2010, pp. 59-68.

越来越多的人惊奇地发现,社交媒体迸发出越来越强大的力量。社交媒体时代的到来意味着网络传播的革命,这除了在技术层面不断给人以新的体验外,还颠覆了经典传播理论和传统的传播模式,并挑战着现实社会的权力结构和关系,消解着传统的等级关系,这涉及长久以来建立在垂直纵向权力关系之上的社会,向劳伦斯·弗里德曼(Lawrence Friedman)所谓的"以个体的身份选择为基础"的"横向联系"的转变。横向社会的成员或多或少都"接入"到信息传播的新技术中,并且进入以超出传统的垂直的方式将人们联系起来的权力网络。[1] 很多人最早对社交媒体影响的关注更多的是集中在其对人们日常生活的交往方面,更多是将社交媒体视为自娱自乐和自我沟通的媒介,但是,在过去的十多年中,关于社交媒体与公共危机之间的内在联系为越来越多的人所关注。被视为弱链接的社交媒体在公共危机事件中所扮演的角色和所展现的力量令不少人吃惊不已。这种影响和力量主要体现在几个方面:一是社交媒体使得人人都是新闻记者,人人都是信息来源,产生了信息的自我生产、共享、聚合和对事件本身意义的自我定义,打破了传统媒介对事件的叙事框架和议程设置。二是公共危机中,社交媒体作为一种新的组织、协调工具把原本原子化的、信息封闭的个人动员凝结在一起,形成强大的行动能力。基于去中心化的协作和互动网络基础上的组织和协调,打破了人们对原有的基于权威组织的动员机制和行动机制的认知。三是基于发达分享机制基础上的情感传染和情绪共鸣,为危机的引爆或激化提供了新的"引信"。同时,社交媒体即时性、去介质化的特征也为谣言的传播以及某些居心叵测的人提供了极为便利的空间和条件。四是社交媒体即时性、交互性和去介质化的特征很大程度上改变了危机的发生、演化机制,也改变了危机中的公民与政府之间的关系。社交媒体让个人和组织能够快速和方便地获得相关信息,快速地组织和行动起来,社交媒体在危机中扮演着重要的角色。[2]

进入 21 世纪以来,包括自然灾害、社会安全事件、公共卫生事件等在内的各种危机频发,这些事件日益与社交媒体联系在一起,社交媒体在公共危机中扮演着越来越重要的角色。尽管社交媒体对于公共危机到底意味着什

---

[1] 参见〔加拿大〕文森特·莫斯可:《数字化崇拜:迷思、权力与赛博空间》,黄典林译,北京大学出版社 2010 年版,第 93 页。

[2] See J. Park, M. Cha, H. Kim, & J. Jeong, Managing Bad News in Social Media: A Case Study on Domino's Pizza Crisis, Paper Presented at the ICWSM, Dublin, 2012.

么依然是一个充满争议的问题,但是,毫无疑问,适应并有效地利用社交媒体环境,在危机中学会运用社交媒体与公众和各种组织打交道,已经成为政府尤其是地方政府必须面临的一个新的使命。研究社交媒体与公共危机之间的内在联结模式,挖掘社会媒体时代公共危机的发生机制和逻辑,对于提升政府应对危机的能力,维护社会和谐稳定有着积极的意义。

二、问题提出

可以说,从人类产生的那一刻起,各种危机就相伴相随,人类社会就是在与各种危机的抗争、较量中不断成长、成熟起来的。① 中国是一个危机频发的国家,各种自然灾害,如地震、极端天气几乎每年都会发生。根据2020年5月8日由应急管理部—教育部减灾与应急管理研究院、应急管理部国家减灾中心、应急管理部信息研究院等单位发布的《2019年全球自然灾害评估报告》,尽管相较于此前十年,2019年中国的自然灾害损失总体偏轻,但在全球排名仍位于前列,灾害发生频次、直接经济损失全球排名分别为第2位、第3位。② 同时,由于中国正处于转型关键期,社会治理领域的危机显得更加复杂而特殊。之所以这样说,是因为中国的社会治理与其他国家不一样。通常来说,社会治理领域出现的种种问题往往与本国经济社会结构的转型过程相伴相随,但中国的特殊性在于,这种转型将几个在其他国家和地区并不同步进行的不同过程交织在一起,这几个过程是:从计划经济向市场经济转型的过程,从工业化中的劳动密集型经济到技术密集型经济的过程,现代化过程中的农村人口向城市转移的过程,由相对封闭到进入世界市场和国际社会的过程。③ 虽然经过改革开放四十多年的努力,社会主义市场经济体制日益完善,城市化水平越来越高,中国也日益融入全球经济的一体化体系,但是,上述转型过程并没有完全达成,而且由于转型过程必然伴随新旧不同利益、观念和行为的冲突,不可避免地导致不和谐和不稳定的产生。除此之外,这种特殊性还体现在,转型过程中的各种风险与工业社会本身"不可计算的不确定性"④产生的种种风险相伴相随,也就是转型的风险与工业社会本身的风险同

---

① 参见张成福、唐钧、谢一帆:《公共危机管理:理论与实务》,中国人民大学出版社2009年版,第1页。
② 参见姚亚奇:《我国综合防灾减灾能力排名上升》,载《光明日报》2020年5月9日第3版。
③ 参见孙立平:《转型与断裂——改革以来中国社会结构的变迁》,清华大学出版社2004年版,第33—34页。
④ 〔德〕贝克、邓正来、沈国麟:《风险社会与中国》,载《社会学研究》2010年第5期。

时威胁到社会的稳定。21世纪带来新的令人兴奋的期待和变化的同时,也带来了对新型危机事件的不断发展的认识,如信息和沟通系统的崩溃。上述问题相互杂糅在一起,对中国政府的治理体系和治理能力提出了前所未有的更高的要求。

很多时候,我们并没有把媒介作为一个重要的因素纳入政府危机应对的整体框架和应急预案中,或者说媒介因素没有得到政府足够的重视。更加强调政府在面临危机时内部的组织、指挥、协同、分工和资源整合等,毫无疑问是危机应对中最核心的问题。但是,同样需要强调的是,媒体在制造和缓和危机方面的核心角色并不是一个新的发现,大众媒体是一种发现危机、传播危机和促使危机升级或降级的关键力量。[①] 在大众媒体时代,对于政府来说,危机中的媒介运用似乎不是一个大的挑战,原因很简单,在传统媒介"把关人"特征下,信息的单向式、一对多的传播模式使得政府能够较为轻松地处理好与媒介的关系,也能更好地驾驭媒体的角色和功能。在传统的媒介环境下,政府在危机中对媒介的运用也相对比较单一,基本上出于危机公关的目的,充分运用新闻发布机制传递真相,平息公众恐慌情绪;并通过一定的传播技巧说服公众接受政府所采取的措施,创造一个对政府有利的舆论环境,塑造良好的形象。[②] 对于地方政府来说,危机来临后,依照现有的机制和自我的意志按部就班透过媒体发布相关信息似乎是顺理成章的事情。

进入21世纪以来,世界信息化的浪潮扑面而来,信息技术在中国的发展与全世界一样经历了跳跃性的过程,从一开始只是作为单纯的技术手段存在,到作为传统媒体依附的存在,再到后来作为公共话语空间的"第四媒体"的存在。[③] 新的媒体,尤其是进入2005年以来社交媒体的日益发展和普及,改变了危机中媒介的角色和功能形式。同时,网络的平民化、自组织化特征得到彰显。从Web1.0到Web2.0不仅仅意味着单纯技术层面上的更迭,更意味着国家与社会关系、社会组织和公民个人行为的系统转型。从理论上说,基于Web2.0的社交媒体与现代治理有着内在价值的共通性,社交媒体

[①] 参见〔荷兰〕阿金·伯恩等:《危机管理政治学——压力之下的公共领导能力》,赵凤萍等译,河南人民出版社2010年版,第96—98页。

[②] 参见夏琼、周榕:《大众媒介与政府危机公关》,人民出版社2014年版,前言。

[③] 参见张燕:《Web2.0时代的网络民意:表达与限制》,复旦大学出版社2014年版,第12—14页。

除了是政府与公民沟通的另一种渠道外,其本质还被定义为社会互动,在协作、参与、授权和实时互动等方面具有关键优势。① 现代治理其实就是一个交换与合作的过程。在自组织治理的网络系统中,各子系统间不存在简单的相互替代关系,只存在基于资源交换基础上的依赖共生关系。治理强调通过对话、交换、分享信息、共同考虑、商讨问题等交互性的机制和模式实现利益的整合,达成新的共识。② 社交媒体所触发和推动的一系列趋向于现代治理的趋势对于政府危机应对来说才是一种真正的挑战:自上而下的基于组织权威的政府权力面临着来自社会的自下而上的参与压力,以政府为中心的、由政府垄断的治理过程面临着日益去中心化的、交互性的社会交往网络的消解,以政府把关的、传统媒体过滤的信息传播面临全开放、"人人都是麦克风"的信息聚散。对政府危机应对来说,这是一场从理念、职能、机构到行为模式甚至言行的全方位的挑战。一方面,计划经济以来的权力模式和组织体系具有强大的形塑性,具有明显的制度性路径依赖的特征,政府机构和人员面对新技术往往具有保守性的一面,因为社交媒体削弱了组织权威,③在危机来临时,社交媒体的因素可能让原本具有可控性、稳定性的局面变得极其脆弱。风险社会的变迁、新媒体时代的来临,加剧了危机环境的演变。④ 如果完全排斥社交媒体,则可能意味着更加深刻和系统的危机,面对这种新的态势,地方政府到底应该如何应对?从理论上说,互联网和社交媒体为危机中的公民参与,为政府与公民之间的沟通开辟了新的渠道,弥补了由于制度不完善带来的困境,但同时也可能意味着新的危机的产生,地方政府到底应该如何充分发挥社交媒体在危机应对方面的优势的同时避免可能带来新的问题?

其实,中国政府对互联网在政府治理方面的意义不可谓不重视,很早以前,中国政府就注意到了新的信息技术对于治理带来的挑战,并意识到,在帮

---

① See J. C. Bertot, P. T. Jaeger, & J. M. Grimes, Using ICTs to Create a Culture of Transparency: E-Government and Social Media as Openness and Anti-Corruption Tools for Societies, *Government Information Quarterly*, Vol. 27, Iss. 3, 2010, pp. 264-271.

② See Perri 6 *et al.* (eds.), *Towards Holistic Governance: The New Reform Agenda*, Palgrave, 2002, p. 53.

③ See R. Effing and T. Spil, The Social Strategy Cone: Towards a Framework for Evaluating Social Media Strategies, *International Journal of Information Management*, Vol. 36, Iss. 1, 2016, pp. 1-8.

④ 参见唐钧:《新媒体时代的应急管理与危机公关》,中国人民大学出版社2018年版,序言。

助中国建立一个现代的治理制度上,信息技术变得很关键。[①] 早在20世纪80年代,中国政府就开启了办公自动化的进程,到了90年代末期,"政府上网"成为一股新的潮流,各级政府和政府各部门开始建立自己的政府网页,注重通过网络来收集民意。一些政府部门,如工商、税务、海关、户籍等也纷纷推出了各种网上办公业务,有效地提升了政府的公共服务水平。而随着Web2.0时代的到来,各级、各部门政府也纷纷建立了自己实名认证的微博和微信,可以说政务微博发展非常迅猛,总体数量已经相当可观。国务院也多次发文,要求各级地方政府在危机中学会运用新的媒体工具回应社会关切,但是,地方政府在危机中运用社交媒体的意识和能力屡屡被诟病,甚至引发新的舆论危机。这些技术总是给人一种装点门面的感觉。政务微博曾经风行一时,各级地方政府和各部门甚至很多的政府官员都纷纷效仿,但是似乎总是无法发挥预期中的有效功能。与过去新的媒介技术的命运一样,这种技术风潮逐渐变成一种可有可无的技术工具。当这种风潮过后,微博等社交媒介工具很快就被淹没在新的技术工具浪潮中,如微信。在近几年的危机事件中,我们总是能够见到政务微博的身影,但是,大多时候是以一种临时性应急的功用出现的,当事件平息后,政务微博也就销声匿迹了,这其中最根本的原因是什么?政务微博的命运很大程度上代表了新的传播技术与政府传统内在的治理逻辑之间的某种张力,新的传播技术依然只是一种技术手段,而其中内在的治理价值和逻辑并没有真正随着技术的采用而内化成政府本身的治理理念。政府社会治理模式的转型必须适应这种最重要的新技术环境,更好地融入并积极地转变自身职能,更好地从新技术环境中的社会网络和权力关系深入理解危机发生的内在机理。面对可能发生的各种风险和危机,地方政府到底应如何运用社交媒体工具更好地深入事件的发生过程,在事件没有爆发前有效地消解可能的诱因,并以此为切入点把新的媒体技术内含的理念更好地融入危机应对过程,推进危机应对模式和机制的转型?

  本书试图对当前制度环境和治理体系下地方政府运用新媒体应对危机的能力和策略进行深入剖析,从学理上回答这些问题,并基于实证研究提供有价值的启示和解决之道。

[①] 参见郑永年:《技术赋权:中国的互联网、国家与社会》,邱道隆译,东方出版社2014年版,第49页。

三、研究综述

社交媒体自诞生的那一刻开始,有关其与危机之间的关系就成为国内外研究的一个热点问题。在过去几年中,有关危机中的社交媒体运用的研究大量涌现,极为丰富,涉及政治学、社会学、新闻与传播学、计算机与信息工程等多个学科,一些国际期刊也出版了相关特刊,一些学会举办了以此为主题的学术会议。

(一)国外危机中的社交媒体应用研究

尽管"社交媒体"概念出现的时间并不是很长,但是,其所包含的技术特征和理念在一些人看来由来已久,认为社交软件本身的核心思想有着更悠久的历史,可以追溯到1945年范内瓦·布什(Vannevar Bush)关于存储设备Memex的思想,存在于从20世纪60年代到90年代诸如"扩展""群件"和"计算机支持的协作"(CSCW)等术语中。因此,迈克尔·科赫(M. Koch)认为,现在被宣传为网络革命的大部分内容在几年前(甚至几十年前)就已经作为CSCW应用程序存在了,只不过没有今天这么好,也没有今天这么好用。① 而在2001年"9·11"恐怖袭击之后的几年中,特别是最近10年,几乎每次危机和紧急情况发生之前、期间或之后,社交媒体运用都会成为研究的一个热点。实际上,"9·11"恐怖袭击发生后,维基(Wiki)就已经在危机中扮演了引人关注的角色,有学者就对此展开了研究,一些人通过创建Wiki失踪人员收集信息,美国联邦应急管理局和红十字会使用网络技术来告知公众,并提供内部和外部状态报告。② 从2006年开始,随着社交媒体的爆发式发展,公众在灾难中所扮演的角色正变得比以往任何时候都更明显、更积极,拥有更大的影响力。③ 社交媒体在危机中的应用已经成为一个非常凸显的研究领域,该领域被一些人概括为"危机信息学"(Crisis Informatics),这是一个结合灾

---

① See M. Koch, CSCW and Enterprise 2.0—Towards an Integrated Perspective, https://aisel.aisnet.org/cgi/viewcontent.cgi? article=1030&context=bled2008, visited on 2020-05-20.
② See J. R. Harrald et al., Web Enabled Disaster and Crisis Response: What Have We Learned from the September 11th, https://citeseerx.ist.psu.edu/viewdoc/download? doi=10.1.1.568.3441&rep=rep1&type=pdf, visited on 2020-05-20.
③ See L. Palen & S. B. Liu, Citizen Communications in Crisis: Anticipating a Future of ICT-Supported Public Participation, in *Proceedings of the international Conference on Human Factors in Computing Systems*, ACM Press, 2007, pp. 727-736.

害计算和社会科学知识的多学科领域,其中心宗旨是人们使用个人信息和通信技术以创造性的方式应对灾难,以应对不确定性。[1]

为了更好反映近年来国内外危机中社交媒体运用的研究状况,我们借助CiteSpace软件加以直观呈现,由于"社交媒体"和"危机"经常被其他词所替代,所以我们在"web of science"(WoS)中分别使用"social media""Web2.0""Twitter""Facebook"与"emergency""disaster""crisis"等关键词组合搜索,搜索时间跨度为2001—2020年,共检索到4146篇文献。在获取CiteSpace能够识别的文献类型后,运行CiteSpace 5.5.R2软件,将文献导入,设置年度时间切片为1年,时间跨度为2001—2020年,阈值取前50。由于关键词能够较好地呈现研究领域和论文内容精髓,考虑到本研究侧重点和篇幅限制,我们只选取"关键词"为网络节点类型,依次进行关键词共现、关键词聚类和时间线分析,并通过生成可视化的科学知识图谱,呈现这一领域研究的基本情况。具体结果如下所述:

从检索结果来看,2006年之前,相关的文献很少,2007年开始,相关的研究呈现明显的上升趋势,到2010年左右,呈现猛增的势头,到2014年的时候达到高峰,此后虽然在量上有所减少,但依然呈现出非常高的研究热度,这基本上反映了西方社交媒体发展的基本趋势。研究高频关键词反映出该领域的研究热点和核心词,如表0-1所示,结果显示,一共获得116个关键词(节点)和109条边数,通过记录社交媒体和危机之间的高频关键词和热点关键词发现,"social media""twitter""media""crisis""disaster"和"risk"等是重要关键词。表0-1列出了出现频次列在前20的关键词的基本情况。当然,出现的频次本身只能说明关键词在不同论文中出现的频率,而很难呈现出不同关键词之间的关系,而中心性则较好地呈现了不同关键词之间的紧密关系和共现关系。从表0-1可以看出,中心性排在前列的关键词是disaster(0.69)、risk(0.61)、internet(0.60)、social media(0.49)、crisis communication(0.43)、health(0.33)、management(0.30)、media(0.29)、crisis(0.28)等。

主题词共现图更加直观地呈现了研究主题之间的关系特征,图0-1是排名前50的高频词生成的共现图,很生动地呈现了危机中的社交媒体研究中

---

[1] See L. Palen and K. M. Anderson, Crisis Informatics: New Data for Extraordinary Times, *Science*, Vol. 353, Iss. 6296, 2016, pp. 224-225.

的主题。从图中可以看出,危机沟通、危机管理是其中最为凸显的研究内容,除此之外,危机过程中个人的情感、行为也是研究热点;从研究的危机类型来看,自然灾害(natural disaster),包括地震、极端气候等是研究中较多的危机事件;从社交媒体的类型来看,相比较 Facebook 等国外其他经常使用的社交媒体工具,Twitter 在危机中的角色和表现似乎更加引人关注。这可能与 Twitter 本身的技术特征密切相关。与其他社交网络不同的是,Twitter 共享任何信息不需要成员之间相互熟悉。一旦用户在他/她的 Twitter 时间轴上发布一条消息(tweet),该消息就会公开,任何人都可以查看。这种匿名性使得 Twitter 更加适合危机中的信息沟通。① 因此,有关 Twitter 在危机中的研究呈现出爆发式的态势。

表 0-1 关键词频次排名前 20 的基本情况

序号	关键词	频次	中心性	序号	关键词	频次	中心性
1	social media	1104	0.49	11	impact	173	0.11
2	Twitter	444	0.15	12	Facebook	149	0
3	media	441	0.29	13	model	144	0.26
4	crisis	390	0.28	14	internet	125	0.60
5	communication	336	0.06	15	news	118	0.06
6	disaster	286	0.69	16	health	110	0.33
7	information	253	0.09	17	perception	103	0.19
8	risk	230	0.61	18	politics	103	0.13
9	crisis communication	217	0.43	19	community	101	0
10	management	213	0.30	20	network	94	0

对检索资料信息进行进一步的聚类分析能够更加全面地反映该领域研究的知识图谱。图 0-2 左上角的数据显示,聚类值 Modularity Q 为 0.7919,聚类内部相似度指标 Silhouette 值为 0.3467,结果具有参考价值。结果显示一共产生了 10 种聚类,从♯0 到♯9 分别是难民、应急管理、公共关系、灾害管理、自然灾害、预防、应急医学、埃博拉、风险、Twitter。就♯0 聚类难民问

---

① See C. Lee, H. Kwak, H. Park, & S. Moon, Finding Influentials Based on the Temporal Order of Information Adoption in Twitter, in 19th World Wide Web (WWW) Conference, Raleigh, North Carolina, 2010.

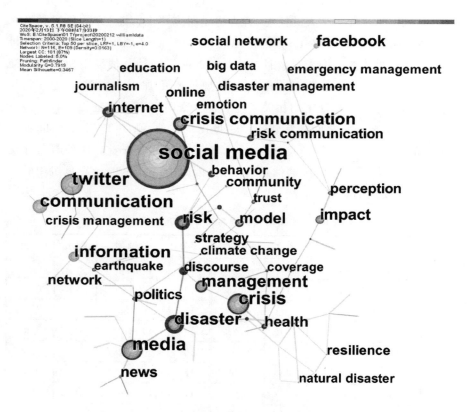

图 0-1　高频词前 50 共现情况

题研究,自 2010 年年底开始的"阿拉伯之春"导致中东动荡不安,来自叙利亚、阿富汗等国的难民涌入欧洲,产生难民危机,2012 年后大量的研究关注难民和相关组织如何运用社交媒体进行沟通,联系家人,建立意识和身份认同。聚类显示,大多数研究主要集中在 2013 年左右。其中代表性的论文是侯赛因·查马克赫(H. Charmarkeh)撰写的有关在法难民社交媒体运用,[①] 以及阿曼达·阿伦卡(A. Alencar)的有关社会组织和政府运用社交媒体促

---

① See H. Charmarkeh, Social Media Usage, Tahriib(Migration), and Settlement Among Somali Refugees in France, *Refugee*, Vol. 29, Iss. 1, 2013, pp. 43-52.

进难民融合的论文。① 就♯1聚类应急管理来说,研究主要聚焦于政府具体部门以及公民个人和社会组织在突发事件来临后社交媒体工具的应用,包括公民参与、政府应对以及社交关系网络等,代表性的有J.C.库里安(J.C. Kurian)和B.M.约翰(B.M. John)于2017年发表的应急管理中政府应急部门社交媒体运用的分析;② 就♯2聚类公共关系来说,是危机中基于社交媒体的沟通和组织形象修复,聚焦于危机后的反应机制、社会参与和信息提供以及危机沟通的技术等,代表性的研究如I.阿拉吉(I. Allagui)和H.布雷斯洛(H. Breslow)、M.格萨尔迪(M. Gesualdi)在《公共关系评论》杂志上发表的一系列论文;③ ♯3灾害管理和♯4自然灾害在研究内容和主题上存在着很大的相关性和重复性,灾害既包括自然灾害如洪水、火山爆发等,也包括人为灾害,包括枪击案、踩踏等,研究灾害应对中公民、组织、志愿者和社区与政府基于社交媒体的互动与合作,代表性的论文如A.孔顿(A. Kongthon)等人发表的有关洪水期间的社交媒体角色研究、④ B.D.威廉姆斯(B.D. Williams)等人基于美国红十字会的资料分析灾害期间公众信任与社交媒体使用之间的关系;⑤ 聚类♯5主要聚焦于各种危机的预防,通过社交媒体及时收集信息和鼓励公民参与,从而防止危机的发生,包括各类健康、社会心理和各类犯罪等,这方面的研究主要是一些专业的研究机构如精神病防治组织、暴力犯罪预防组织等所从事的研究;♯6、♯7总体上都是聚焦于公共卫生类危机的研究,包括传染病危机、心理健康、流行病等方面的研究,社交媒体在其中的角色和功能得到了较为广泛的关注,代表性的有M.豪斯(M. Househ)关于埃

---

① See A. Alencar, Refugee Integration and Social Media: A Local and Experiential Perspective, *Information, Communication & Society*, Vol. 21, Iss. 11, 2018, pp. 1588-1603.

② See J. C. Kurian and B. M. John, User-Generated Content on the Facebook Page of an Emergency Management Agency: A Thematic Analysis, *Online Information Review*, Vol. 41, Iss. 4, 2017, pp. 558-579.

③ See I. Allagui and H. Breslow, Social Media for Public Relations: Lessons from Four Effective Cases, *Public Relations Review*, Vol. 42, Iss. 1, 2016, pp. 20-30; M. Gesualdi, Revisiting the Relationship Between Public Relations and Marketing: Encroachment and Social Media, *Public Relations Review*, Vol. 45, Iss. 2, 2019, pp. 372-382.

④ See A. Kongthon et al., The Role of Social Media During a Natural Disaster: A Case Study of the 2011 Thai Flood, *International Journal of Innovation and Technology Management*, Vol. 11, Iss. 3, 2014, pp. 1-12.

⑤ See B. D. Williams, J. N. Valero, & K. Kim, Social Media, Trust, and Disaster: Does Trust in Public and Nonprofit Organizations Explain Social Media Use During a Disaster? *Quality & Quantity*, Vol. 52, Iss. 2, 2018.

博拉病毒危机中的社交媒体研究、[①]T. 塔格特(T. Taggart)关于 HIV 危机中的社交媒体应用研究;[②]♯8 是各种风险中的社交媒体研究,包括个人风险、组织风险、社会风险等;聚类♯9 是各种危机中的 Twitter 应用,这方面的研究较多,不再详细介绍。

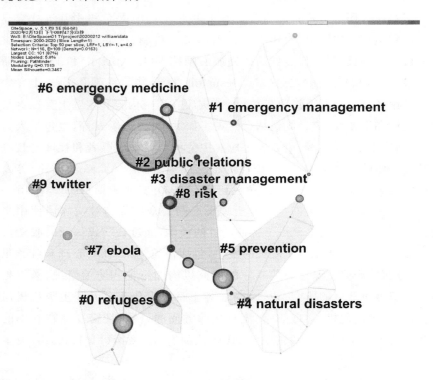

图 0-2　关键词聚类图

(二)国内有关危机中地方政府社交媒体运用的研究

在国内,有关社交媒体与危机同样是热点,十多年前政治博客就受到了

[①] M. Househ, Communicating Ebola Through Social Media and Electronic News Media Outlets: A Cross-Sectional Study, *Health Informatics Journal*, Vol. 22, Iss. 3, 2016.

[②] T. Taggart, M. E. Grewe, D. F. Conserve, et al., Social Media and HIV: A Systematic Review of Uses of Social Media in HIV Communication, *Journal of Medical Internet Research*, Vol. 17, Iss. 11, 2015.

学者的关注。① 随着近些年社交媒体的快速发展,危机中的社交媒体表现研究也引起了学界的广泛兴趣。其中,地方政府运用社交媒体应对危机的能力成为诸多研究中的一个重要方面。研究主要体现在以下几个方面:一是社交媒体对地方政府危机应对的意义和影响,包括对地方政府的形象②、对地方政府社会治理方式的影响③、对地方政府治理能力的提升④等。二是地方政府运用社交媒体的基本现状。学者们对全国各地政府运用社交媒体的总体状况进行了比较研究⑤,也有学者对具体的某些地方政府运用社交媒体的状况进行了较为深入细致的研究⑥,对其中存在的问题进行较为系统的研究⑦。三是危机事件中地方政府运用社交媒体的表现与存在的问题。在过去几年,一些学者对国内发生的公共危机事件从政务微博应对的角度进行了深入分析,如深圳"5·26"飙车事件⑧、雅安地震⑨、山东招远"5·28"故意杀人案⑩、天津港大爆炸⑪等,不一而足。尤其是2010年以后,随着微博在中国的快速发展,有关地方政府在危机中运用社交媒体的表现是其中一个非常关切的焦点,

---

① 参见张雷、娄成武:《"政治博客"的发展现状及其未来趋势》,载《中山大学学报(社会科学版)》2006年第4期;骆勇:《网络政治博客与现代公共治理》,载《行政与法》2007年第6期;倪明胜:《政治博客的民主维度考量》,载《天津行政学院学报》2009年第1期。

② 参见朱圣兰等:《试论政务微博对地方政府形象的提升作用》,载《新闻研究导刊》2014年第5期。

③ 参见杜莹等:《地方政府官员微博在化解社会矛盾中的作用及实现》,载《河北经贸大学学报(综合版)》2013年第2期。

④ 参见陈文权:《政务微博的崛起对提升地方政府治理能力的影响与对策探讨》,载《云南行政学院学报》2015年第1期。

⑤ 参见人民网舆情监测室:《2011年新浪政务微博报告》,2011年12月;复旦大学舆情与传播研究实验室:《中国政务微博研究报告》,2011年4月;国家行政学院电子政务研究中心:《2011年中国政务微博客评估报告》,2012年2月。

⑥ 参见曹艳、吴玉贞:《从"成都发布"看地方政府微博的发策布略》,载《成都大学学报(社会科学版)》2012第5期;谢丽彬、李民:《地方政府微博发展实证分析——以福建省为例》,载《长沙大学学报》2012年第6期。

⑦ 参见郑磊、魏颖昊:《政务微博危机管理:作用、挑战与问题》,载《电子政务》2012年第6期。

⑧ 参见钟伟军:《公共舆论危机中的地方政府微博回应与网络沟通——基于深圳"5·26飙车事件"的个案分析》,载《公共管理学报》2013年第1期。

⑨ 参见杨菁等:《突发事件后微博舆情结构及应急反应特征研究——以雅安地震为例》,载《理论与改革》2014年第3期。

⑩ 参见钟秋媛:《突发事件的地方政府微博回应与沟通——以山东招远"5·28"故意杀人案为例》,载《传播与版权》2015年第3期。

⑪ 参见孙晓韵:《重大突发事件的新浪微博传播研究——以8·12天津港爆炸事故为例》,载《东南传播》2019年第8期。

不同类型的危机事件中地方政府运用社交媒体的表现呈现出较大的差异性。[1]

学者们对地方政府运用社交媒体应对危机的能力表示普遍的担忧,对这一困境进行了分析。(1)理念态度方面。社交媒体沦为摆设,基于"稳定压倒一切"的思维定式[2],在危机中对社交媒体表现出排斥和消极态度[3],面对网络表现出舆论盲听、盲视、失语的鸵鸟心态[4];面对公共舆论,一些政务新社交媒体表现得比较"任性"[5]。(2)语言风格方面。在危机中习惯于居高临下、盛气凌人的语言风格,要么"打官腔",官话、套话、空话屡见不鲜[6],带着说教式口吻[7],语气傲慢,要么是贴金式的自我表扬[8],一些地方官员面对网络质疑,甚至气急败坏,采用发泄式、调侃式、戏谑式语言[9]进行回应,引发舆论风暴。(3)应对策略方面。更多地采用防卫性的社交媒体沟通策略,如否认、借口、辩护、指责成为常用策略[10];对公众关切的信息含糊其辞,缺乏正面回应,多采取回避策略。[11] 只是一味单向发布信息,缺乏双向互动交流机制,只有单调的数字和文字,缺乏多媒体形式的信息呈现。[12] 另外,一些地方政府

---

[1] 参见方付建、汪娟:《突发网络舆情危机事件政府回应研究——基于案例的分析》,载《北京理工大学学报(社会科学版)》2012 年第 3 期;韩冬临、吴亚博:《中国互联网舆情热点与地方政府回应》,载《公共行政评论》2018 年第 2 期;原光等:《"涉官"网络舆情中政府回应速度差异与影响因素分析》,载《情报杂志》2018 年第 9 期。

[2] 参见翁士洪、叶笑云:《网络参与下地方政府决策回应的逻辑分析——以宁波 PX 事件为例》,载《公共管理学报》2013 年第 4 期。

[3] 参见尚虎平、惠春华:《网络围观下的政府效率:从睡狗行政到非满意——基于 50 个网络焦点案例的探索》,载《公共管理学报》2013 年第 1 期。

[4] 参见李燕凌、丁莹:《网络舆情公共危机治理中社会信任修复研究——基于动物疫情危机演化博弈的实证分析》,载《公共管理学报》2017 年第 4 期。

[5] 参见王新亚:《政务新媒体:要人性,别"任性"》,载《决策探索》2015 年 5 期。

[6] 参见马得勇、孙梦欣:《新媒体时代政府公信力的决定因素——透明性、回应性抑或公关技巧?》,载《公共管理学报》2014 年第 1 期。

[7] 参见王国华:《突发事件中政务微博的网络舆论危机应对研究》,载《情报杂志》2015 年第 4 期。

[8] 参见李天龙:《突发事件舆情的阶段应对策略》,载《情报杂志》2018 年第 12 期。

[9] 参见康伟:《突发事件舆情传播的社会网络结构测度与分析》,载《中国软科学》2012 年第 7 期;姜胜洪、陈永春:《运用政务微博引导网络舆情热点事件方式研究》,载《社科纵横》2014 第 10 期。

[10] 参见徐彪:《公共危机事件后政府信任受损及修复机理——基于归因理论的分析和情景实验》,载《公共管理学报》2014 第 2 期;王宇琦、陈昌凤:《社会化媒体时代政府的危机传播与形象塑造:以天津港"8·12"特别重大火灾爆炸事故为例》,载《新闻与传播研究》2016 年第 7 期。

[11] 参见杜洪涛:《突发性传染病舆情中的公共管理沟通效果研究——以中东呼吸综合征疫情微博社区舆情为例》,载《情报杂志》2017 年第 2 期;任中杰等:《基于微博数据挖掘的突发事件情感态势演化分析——以天津 8·12 事故为例》,载《情报杂志》2018 年第 2 期。

[12] 参见唐梦斐、王建成:《突发事件中政务微博辟谣效果研究——基于"上海外滩踩踏事件"的案例分析》,载《情报杂志》2015 年第 8 期。

采用封、堵、删手段成为一种应对惯性。① （4）在议程设置方面。政务社交媒体在舆论倒逼下的被动回应成为一种常态,②第一响应时间滞后、议程设置被动,③权威信息发布主体失声,④反应能力差,形式主义严重,个别地方政府存在发布不及时、不全面,甚至隐瞒消息、发布虚假消息等问题。⑤ 对此,一些学者提出了相关的应对建议。

(三) 简要的述评

现有的研究分别对危机中的社交媒体以及地方政府对社交媒体的运用进行了较为深入的探讨,但是,很显然,国外的相关研究抽离了中国特殊的组织体系和制度环境。在中国,尽管相关的研究也比较丰富,但是,更多的研究依然停留在现象的总结和问题的评论方面,而且呈现出离散化、碎片化的状态。在社交媒体时代的今天,在危机频发的背景下,我们对社交媒体在公共危机中的运行机理、地方政府运用社交媒体应对危机的能力和具体策略等相关问题缺乏深入和系统的研究。更加重要的是,任何社交媒体及新技术只有嵌入具体的制度体系中,才能真正地发挥应有的效能。现有的研究大多是建立在西方制度框架基础上的,在中国制度体系下,危机中社交媒体的运行机制到底怎样? 在公共危机中,政务社交媒体到底扮演着怎样的角色,公民与政府在社交媒体环境中的危机沟通模式与逻辑又如何? 这些问题目前学界还没有进行深入的探讨和反思,值得进一步探究。

四、分析框架

目前,有关危机应对的相关理论非常多,如形象修复理论(image repair theory)、情境危机沟通理论(situational crisis communication theory,SCCT)、以社交媒体为中介的危机沟通(social-mediated crisis communication,SMCC)模型、风险的社会放大框架(social amplification of risk framework,SARF)

---

① 参见朱德米、虞铭明:《社会心理、演化博弈与城市环境群体性事件——以昆明PX事件为例》,载《同济大学学报(社会科学版)》2015第2期;贾瑞雪、李卫东:《基于社交网络演化的政府形象认知传播机制——以上海"12·31"外滩拥挤踩踏事件为个案》,载《公共管理学报》2018年第2期。
② 参见田进等:《网络舆情交互触发演变特征及政策议题建构效果》,载《情报杂志》2016年第2期。
③ 参见张宇、王建成:《突发事件中政府信息发布机制存在的问题及对策研究》,载《情报杂志》2015年第5期。
④ 参见郑万军:《突发危机事件与网络舆情疏导——"6.1"长江沉船事件和"8.12"天津爆炸案的比较》,载《情报杂志》2016年第6期。
⑤ 参见徐晓林、王子文:《关于把握网络舆情主导权问题研究》,载《管理世界》2010年第4期。

等等,对危机应对进行了非常有价值的探索。本书在不同的章节借鉴这些理论框架分析了相应的具体问题,但总体上说,这些理论框架很大程度上是基于媒介传播和应急管理的技术层面的视角。本书试图从更宏观、更加系统的角度,也就是技术与制度关系的角度来审视新的社交媒体技术在政府组织危机应对中的应用问题,从政治学和公共治理的角度切入,把地方政府及其工作人员视为技术与制度双重因素作用下的行动者,从技术与制度互构的逻辑分析危机中地方政府运用新媒体的能力和策略。可以说,技术与制度的双重逻辑是贯穿和隐含在全书中的重要逻辑链条,尤其是实证分析部分的第四至八章。

(一)危机应对中技术与制度的内在张力

很长时间以来,危机应对中的技术被很多人认为是处于细枝末节的、次要性的地位,人们更多关注的是制度、机制、结构等看起来更加核心的要素。但是,微博、微信、抖音等基于 Web2.0 技术的社交媒体的出现并迅速渗透,也许要改变很多人的这种惯性思维了,新的媒介技术对中国社会治理的影响已经引起了越来越多人的关注。然而,技术本身从来就不能单独发挥影响,技术的嵌入在很大程度上要依赖于具体的制度环境。新的技术与政府制度之间从一开始就存在着某种紧张关系:一方面,新媒体工具的共享性、离散化、互动性的特质内涵意味着去中心化、去介质化和扁平化的内在逻辑,实现了对社会的赋权,传播技术发展过程中更为持久的迷思之一是,它将使得人们更加接近权力,从而改变我们所熟悉的政治;[①]另一方面,现有制度体系中依然保留着较为浓厚的自上而下的计划经济的权威逻辑。今天,新媒体工具日益渗透到普通百姓生活的方方面面,并以有形和无形的方式形塑着普通民众的行为习惯和交往模式。在公众的个人交往领域,新的媒介工具无疑大大地凸显了个体的自主性,大众的集体行为同样是基于这种自我的主体性而自然凝集形成的。但是,这种自主性彰显的行为习惯和互动模式在公共治理中总是会与地方政府单向式的权威行为方式不期而遇,使得两种不同的逻辑缠绕在一起,从而产生各种问题,甚至出现比较激烈的冲突。在 Web2.0 时代,就危机事件而言,从事件的发生机制和演化过程来看,自主性的个人逻辑似乎扮演着更加关键的角色;而政府的权威逻辑似乎也并没有被明显地削弱。

---

① 参见〔加拿大〕文森特·莫斯可:《数字化崇拜:迷思、权力与赛博空间》,黄典林译,北京大学出版社 2010 年版,第 92 页。

两种不同逻辑的冲突有时候会体现得更加明显,如果无法找到一种有效的方式对两种逻辑进行调和,那么往往意味着政府危机应对的失败,结果就是政府陷入更大的危机。很显然,各级地方政府已经意识到了这一问题的存在,并试图作出努力,以调和两种逻辑的内在紧张,政府对社交媒体的运用就是这样一种努力的体现。本书试图从两种逻辑的关系来理解和分析当前地方政府在危机中运用社交媒体的表现,并基于这种关系来剖析地方政府运用社交媒体应对危机的能力。

(二)技术与制度的逻辑与危机中的社交媒体运用

地方政府对社交媒体的运用其实就是在具体的制度环境和治理结构中对技术的一种"执行"过程。在芳汀(Jane E. Fountain)看来,客观的技术代表的仅是一种潜在的能力,只有当治理结构开始适应它的时候,并嵌入到正式化的制度体系,整合到组织的运作和结构中,才会产生实际的作用,也就是说,"客观信息技术"是被"执行"的,到底在多大程度上推进政府的治理能力取决于制度安排——认知、文化、社会结构以及法律和正式规则的影响。正因为如此,信息技术对于政府能力的影响是多重的、不可预测的、不确定的、不可预料的,并受理性、社会和政治逻辑影响的。[①] 作为理性化的核心行动者的地方政府来说,面对新的社交媒体技术,在危机中的态度和选择往往是在技术与制度两种逻辑中寻找一种自以为比较恰当的均衡,或者作出取舍:一方面,从技术的逻辑来说,社交媒体在危机中能够有效地促进跨组织的资源整合与协同。它将公民、企业和政府机构连接在一个无缝的资源、能力和信息交换网络中,[②]大大提升了危机应对的能力和效率。另一方面,从制度的逻辑来说,新的社交媒体无疑可能削弱正式制度体系中的地方政府的权力,并可能带来新的不可控的风险,由此可能面临来自正式的制度体系的问责或惩罚。在一些时候,新的技术可能增强国家与社会的合作和利益,为政府所用,而在另一些时候,二者之间存在着明显的冲突。[③] 从地方政府的角度来说,地

---

① 参见〔美〕简·E. 芳汀:《构建虚拟政府:信息技术与制度创新》,邵国松译,中国人民大学出版社2010年版,第132—133页。
② See J. S. Davies, The Limits of Joined-Up Government: Towards a Political Analysis, *Public Administration*, Vol. 87, Iss. 1, 2009, pp. 80-96.
③ 参见郑永年:《技术赋权:中国的互联网、国家与社会》,邱道隆译,东方出版社2014年版,第66页。

方政府在运用社交媒体这一问题上,总是试图在风险可控的基础上,利用社交媒体在其中的积极角色和功能。制度的逻辑使得地方政府在面对社交媒体的时候往往呈现出相对保守和被动的一面,而技术的逻辑使得地方政府必须秉承更加开放和积极的态度。地方政府运用社交媒体的能力和策略其实就是技术与制度双重逻辑作用下的外在表现。本书基于中国的制度体系,在呈现地方政府危机中运用社交媒体外在表现的同时,试图把影响这种表现的背后深层次的技术与制度的双重逻辑更加充分地呈现出来。

五、内容安排

除绪论外,本书共九章,分为上篇、中篇和下篇,具体内容安排如下:

上篇为"背景与理论"部分,共三章,第一章为"社交媒体与危机管理",试图从理论上剖析社交媒体对公共危机应对的影响。社交媒体作为一种新的媒介形式,呈现出强烈的社交性、自主性和交互性的特征。在一些人看来,这意味着公共危机应对新的契机,为政府运用社交媒体应对危机提供了新的工具,打开了新的窗口,克服了过去媒体环境下危机应对的种种困境。而在另一些人看来,这意味着更加复杂的危机环境,我们对这种争议进行了充分的论述和反思。第二章为"社交媒体对危机的塑造:逻辑与机制",剖析社交媒体是如何对危机的产生、演化产生影响的,在社交媒体的作用下,危机中的意义建构、集体行动、个体行为和行动空间呈现怎样的特征,以及在危机中信息是如何通过社交媒体进行传播、聚合、交互和衰变的。第三章为"善用社交媒体:地方政府危机应对的新能力",将地方政府视为危机应对的核心行动者,对危机中地方政府的角色、责任和功能进行了全面剖析。社交媒体环境下地方政府危机应对模式需要从过去的压力式危机应对、策略式危机应对模式向参与合作式的危机应对模式转型。在社交媒体环境下,地方政府在危机感知方面更加敏感和主动,在危机回应方面更加灵敏和有效,在信息发布方面更加权威和及时,在态度方面更加谦虚和亲民。

中篇为"现状与表现"部分,共五章,通过收集大量的数据和经典案例,对当前阶段地方政府运用社交媒体应对危机的能力和策略进行了全面展示。具体包括:第四章"未雨绸缪:地方危机沟通部门的社交媒体日常效能",试图剖析地方政府危机应对机构在危机前的社交媒体日常管理效能。社交媒体不仅仅是在危机发生后的一种临时性的应急性的运用,危机前的社交媒体账户的日常管理和维护对于建立政府与公众之间稳定的合作关系和信任是非常重要的。本书以地方政府新闻办的官方微博为分析对象,建立分析框架和评价标准,在大量数据的基础上对地方政府新闻办微博的日常管理效能进行了全面的评价。第五章为"活跃度与回应力:危机中地方政府社交媒体表现及影响因素",试图对当前地方政府在危机中的表现的影响要素进行分析,从地方政府的制度体系出发,基于制度和技术的两种逻辑分析这种内在的影响机制。本章以暴雨自然灾害中地方政府社交媒体的活跃性表现、近年来130多起各类危机中地方政府运用社交媒体对危机进行及时性回应的状况为分析对象,对其中的影响因素进行了深入剖析。第六至八章为案例分析部分,分别以新冠肺炎疫情中地方政府运用社交媒体进行危机建构消除不确定性的能力、深圳"5·26"飙车事件中地方政府运用社交媒体进行双向沟通的能力,以及丽江女游客被打事件中地方政府运用社交媒体应对危机的策略进行了全方位的剖析。通过对这些案例中地方政府运用社交媒体应对危机的能力和策略的表现进行评价,对其中存在的问题进行反思。

下篇为"经验与对策"部分,即第九章"最佳实践:地方政府运用社交媒体应对危机的对策",对过去危机中政府运用社交媒体应对危机的经验和原则进行了总结,从危机前、危机中和危机后三个阶段对地方政府运用社交媒体应对危机的具体路径和对策进行了非常详细的说明,更具有操作性和针对性。

六、研究方法

本书主要采用以下两种研究方法,对危机中地方政府运用社交媒体的能力和策略进行较为全面的呈现:

一是定量分析法。本书采用了定量分析法,建立相关的指标体系,通过收集近年来不同地区地方政府危机应对中的相关数据,建立不同类型危机中地方政府运用社交媒体的数据样本,对变量进行操作量化,导入软件进行分析。本书对同一类危机,也就是2016年全国暴雨受灾地区的地方政府微博数据进行了收集,同时也收集了近些年不同类型的危机中地方政府运用社交媒体的能力与策略等信息,试图了解地方政府在危机中运用社交媒体的基本能力表现与背后的影响因素。在数据的获取方面,我们采用了网络数据获取和挖掘的相关手段和方法,通过爬虫软件获得大量的网络信息。

二是案例研究法。案例研究法将案例研究所强调的对于真实世界动态情景的整体全面的了解与归纳思考过程整合在一起。① 公共事件过程中的社交媒体运用在很大程度上是基于事件—过程的分析,也就是需要深入事件发生、发展和演化的整个过程,在事件过程中分析地方政府运用社交媒体应对危机的过程,脱离了具体的事件过程就会使整个研究显得非常苍白。本书选取了近年来所发生的引起较大关注的典型危机事件,包括 2020 年引发重大危机的新冠肺炎疫情、2017 年丽江女游客被打事件、2012 年深圳"5·26"飙车事件。之所以选择这几个案例,是因为两个方面的维度:一是时间维度,三个案例代表了社交媒体从发展到现在的三个不同时期;二是能力维度,三个案例较好地呈现了地方政府运用社交媒体应对危机的不同能力和策略。新冠肺炎疫情中的地方政府社交媒体运用凸显了地方政府社交媒体的消除不确定性的能力;丽江女游客被打事件表现了地方政府社交媒体沟通策略方面的能力现状,而深圳飙车案则体现了地方政府运用社交媒体进行双向沟通和舆情引导方面的能力。

之所以选择地方政府为研究对象,是因为一方面地方政府本身是危机应对的核心行动者,处于危机应对的第一线,地方政府危机应对能力在很大程度上决定了危机演化的趋势和政府形象的树立。另一方面,地方政府在当前阶段在运用社交媒体应对危机方面的能力和策略依然存在诸多问题,甚至引发广泛的关注和质疑,如何提升地方政府的这种能力对于危机应对机制的完善有着重要的意义。这里指的"地方政府"并没有具体的指代,是广义的地方政府概念,也就是把相对于中央政府之外的省级、地级和县级以及基层政府都纳入这一概念之中。

另外,需要强调的是,本书主要以微博作为社交媒体的分析对象,是因为两个方面的原因:一是尽管当前中国社交媒体平台类型非常多,但是由于本身的特性,微博依然更加适合危机中的信息传播和沟通,在危机中,地方政府依然主要依赖微博作为对外沟通的渠道。二是信息采取方便的便利性。由于微博的开放性,一些重要的信息可以比较方便地获得,从而有利于研究的开展。

---

① 参见李平、曹仰锋主编:《案例研究方法:理论与范例——凯瑟琳·艾森哈特论文集》,北京大学出版社 2012 年版,序言。

上 篇
背景与理论

第一章

社交媒体与危机管理

正如加拿大著名学者麦克卢汉(Marshall McLuhan)所言,"媒介是社会发展的基本动力,也是区分不同社会形态的标志,每一种新媒介的产生与运用,都宣告我们进入了一个新时代"[①]。20年前,在中国,很多人还不知道互联网为何物,对电脑的印象也只是停留在庞大笨重、精英专属和遥不可及的想象之中。但是,今天,互联网早已经跨入了Web2.0的时代,网络之于普通民众就像喝水吃饭一样平常,已经成为日常生活的一部分。计算机的信息处理能力每18个月翻一番,互联网神话与现实的距离每18个月翻一番。[②] 当人们还在浏览网页,为网络虚拟世界带给我们不可思议的感觉而惊叹的时候,新的社交媒体开始登堂入室,带给人们前所未有的交互性体验。仿佛就在昨天,当人们还在讨论微博热潮的时候,微信似乎已经在不知不觉中成为人们智能手机中不可或缺的媒介工具。社交媒体不仅仅是日常生活的一部分,当危机来临时,越来越多的人通过社交媒体寻求帮助、发布信息、协同行为,这种交互性、共享性和协同性似乎也代表着危机沟通的一个潜在的范式转变,但是,在这种无限制的表达与自我信息化的传递机制中,也潜藏着新的危机。正如C.罗伊特(C. Reuter)所言,一方面,社交媒体有利于人们有效地克服危机;另一方面,它可能导致新的危机。[③]

[①] 〔加拿大〕麦克卢汉:《理解媒介——论人的延伸》,何道宽译,商务印书馆2000年版,第33—34页。

[②] 参见〔加拿大〕文森特·莫斯可:《数字化崇拜:迷思、权力与赛博空间》,黄典林译,北京大学出版社2010年版,第1页。

[③] See C. Reuter *et al.*, Social Media in Conflicts and Crises, *Behaviour & Information Technology*, Vol. 39, Iss. 3, 2020, pp. 241-251.

第一节　Web2.0 与社交媒体

从技术发展的进程来说,互联网的发展本身其实并没有清晰的阶段或者说界限之分,但人们在总结其技术特征的基础上出于便捷性的目的往往会进行人为划分。通常来说,很多人习惯于把 2004 年之前的阶段称为 Web1.0,而把 2004 年年底到现在称为 Web2.0。[①] 之所以会作这种划分,是因为在 2004 年之后,越来越多的社交媒体工具开始涌现,这种社交媒体在很多人看来是互联网技术发展的一个重要转型,与之前的网络技术有着明显的区别。

一、Web2.0 的历史

说到 Web2.0,还得从 20 世纪末到 21 世纪初的互联网泡沫谈起。20 世纪 90 年代初,随着互联网浏览器的出现,网络改变世界的观点越来越被认同。在西方,越来越多的人为之而疯狂,一些人更加为基于互联网的全新商业模式而着迷,越来越多的人和风险资本纷纷加入到这一商业模式中来,不少网络公司股价飞涨,迅速地累积了巨额财富,创造了网络经济的繁荣,也制造了互联网的巨大泡沫。这种泡沫终于在 1999 年左右被捅破,大量的网络公司在这场危机中纷纷倒下,纳斯达克指数急跌。在经历了自 1995 年以来的互联网泡沫以后,一些在这场泡沫中幸存的科技企业开始反思互联网发展模式中的深层次问题,逐渐意识到必须改变过去科技公司那种高高在上的姿态,放下身段,以更加理性和谦卑的态度与普通的网民建立更加良性的伙伴关系才是互联网发展的根本之道,也是对互联网自身价值的尊重。网民不是被动的客体,而是互联网真正的主体,是互联网的创造者、使用者、参与者、生产者,让其充分地参与进来,才是互联网的真正价值的体现。因此,互联网公司应该改变思维,从广大网民的切身利益和感觉入手,从个性化的服务和用户体验入手,转变模式才能顺应互联网的发展潮流。

正是基于这样的深刻反思,自 2000 年之后,一些先知先觉的公司开始推出以网络用户为中心的、注重交互性的新服务和新的应用工具。此后几年,

---

[①] 当然,早在 2006 年就有人提出了"Web3.0"的概念,认为其基本特征是"社交网络、移动设备和搜索"。但是,这一概念并没有得到普遍的认同,更多的依然是一种营销术语。See Victoria Shannon, A' more Revolutionary Web, *International Herald Tribune*, 2006-06-26.

类似的服务和程序不断涌现。美国联机出版的先锋——奥莱利媒体（O'Reilly Media）公司副总裁戴尔·多尔蒂（Dale Dougherty）认为，随着这些令人兴奋的新应用和站点的涌现，互联网不但没有坍塌，而且比以前更加重要，这是互联网泡沫后一次新的重要的转折点。① 在戴尔·多尔蒂等人的积极呼吁和推动下，2004年10月，全世界第一次Web2.0大会在美国的旧金山召开，"Web2.0"的概念和理念得到了越来越多人的认同，并迅速传播，日益深入人心。

表 1-1　西方国家主要社交媒体工具情况

名称	成立时间	主要功能特征	2019年月活跃量（亿人次）
Facebook	2004.2	互动交流，分享图片、链接和视频	25
YouTube	2005.2	视频短片分享服务	20
WhatsApp	2009.2	跨平台应用程序	20
Instagram	2010.10	图片分享	10
Reddit	2005.6	在线评论讨论社区	4.3
Twitter	2006.3	微博、即时通讯	3.3

资料来源：根据相关资料整理。

也许是受到这次会议的启示或激励，此后，基于Web2.0的各种应用和工具在全球范围内得到了极为快速的发展，以维基（Wiki）、博客（Blog）、大众分类标签（Tag）、社交网络服务（SNS）、简易聚合（RSS）和微博（Micro-blog）等为代表。在西方发达国家，以这些社交服务为核心特征的网站平台，如YouTube、Facebook、Myspace、Flickr和Twitter等迅速崛起并得到使用者尤其是年轻人的追捧。以Twitter为例，作为一个微博服务平台，Twitter在2006年开通运营后的几年经历了爆发式的发展。2007年，通过Twitter平台产生的消息大概是40多万条，但是，这一数据仅仅过了一年就达到了惊人的1亿多条。而到了2010年年初，Twitter用户每天平均发送的消息达到5000多万条。据Twitter官方发布的数据，2012年3月，Twitter所拥有的活跃用户总数是1.4亿。② 目前，社交媒体的发展态势更是惊人（具体见

---

① See Gottfried Vossen and Stephan Hagemann, *Unleashing Web 2.0, From Concepts to Creativity*, Elsevier, 2010, XI.

② 相关数据来自Twitter官方的博客（2012年3月21日）以及《每日电讯报》（*The Daily Telegraph*, 2010年2月23日）和《新政治家》（*New Statesman*, 2011年2月7日）的报道。

表1-1)。而在世界各国,越来越多的公司基于本国的实际纷纷投入这一新的领域,基于Web2.0的社交媒体工具在全世界各地落地开花。尽管在不同的国家和地区,这种基于Web2.0技术的媒介工具在名称上五花八门,但是内在的价值逻辑和技术特征都是一致的。借助于这一新的模式,一批网络公司抓住了机遇并迅速崛起,又一次创造了网络财富的神话。可以说,正是Web2.0的出现,网络公司在寒冬之后又迎来了自己的春天。对于个人来说,一开始是追求个性和独立的年轻人,但是后来越来越多的群体日益被这种新的媒介工具所吸引,每个人都越来越深刻地认识到这种技术变革带来的影响,都应该理解在21世纪的新媒体环境中是如何被影响和影响别人的,否则就很难适应这个时代。[①] 当今,一个人同时是几个社交媒体的用户已经是很平常的事情,而如果一天离开这些社交媒体的话,估计很多人就会感到很不适应。

二、社交媒体的基本特征

蒂姆·奥莱利(Tim O'Reilly,也有人译为"拇姆·奥莱理")认为,Web2.0的基本原则和特征主要体现在以下几个方面:标签而非分类、用户是贡献者、参与者而非出版者、彻底的去中心、丰富的用户体验、顾客自主服务和彻底的信任。[②] 社交媒体是Web2.0技术特征的集大成者,其产生的主要目的在于满足快节奏的现代人对于网络无所不在的互动与交往需求。它从诞生的那一刻起就在全世界掀起了热潮,引发了很大的关注。之所以能够在全球范围内引发如此热潮,从根本上说是因为社交媒体迎合了长期以来很多人对传统互联网模式的不满,也改变了很多人对互联网的冷冰冰的刻板印象,满足了大部分人内心深处的社交和互动的需求,实现了互联网从精英到大众、从贵族到平民的转变。更重要的是社交媒体以全新的方式重新定义了普通人在其中的角色和功能。在社交媒体的环境中,个人的主体性特征和对独立性自由的渴望得到了前所未有的满足。虽然表面上看来,这只不过是一种技术上的革新,就像过去无数新技术的产生一样,但是在不少人看来,其蕴含着全新的价值与理念。概括起来,社交媒体具有以下几个方面的特征:

[①] See Rob Brown, *Public Relations and the Social Web: How to Use Social Media and Web2.0 in Communications*, Kogan Page, 2009, p.4.

[②] See T. O'Reilly, What Is Web 2.0: Design Patterns and Business Models for the Next Generation of Software, *Communications & Strategies*, No.1, 2007, p.17.

（一）个体性

Web1.0 被很多人所诟病的一个重要原因在于，作为互联网用户的个人在很大程度上被由少数网络资源垄断者所支配的自上而下的单向式的过程所约束，总体上是一种被动的受众。在过去，人们所能做的只是通过单纯浏览事先经过编辑、选择和"推出"的网页，并进行简单的评论，来实现信息获取和互动。在其中扮演主导角色的是各大门户网站，各大门户网站由于垄断了网络资源从而拥有主导性的话语权，当然，虽然网络论坛（BBS）的出现在一定程度上让一部分人有了话语权，但总体来说，依然无法改变处于被支配和从属地位的现实。除此之外，这种被支配地位还表现在普通人在技术和设备方面的尴尬地位。只有那些精通计算机技术并能够支付昂贵设备的人才能在互联网中游刃有余，而一般人能做的只是点击网页，被动地接受各种信息。从根本上说，这是一种基于精英主义逻辑的权威式信息过程。

Web2.0 在很大程度上改变了这点，Web2.0 的核心思维是创造一种以用户为中心的，强化用户体验，服务于用户的互联网使用习惯，把个人从互联网过去的束缚中释放出来，使其从过去的被动性受众角色转变为主动者，从而成为网络的原动力。几乎在所有的 Web2.0 应用中，"人"都被放到了核心的地位，每个人都作为一个平等的主体存在，从前仅仅作为被动的信息接受者的用户转变成为主动性的、能够充分发挥自我主体性的行动者，通过各种 Web 2.0 技术将用户的个人潜能发挥到了极致。借助 Tag、XML 和 RSS 技术，用户可以依照自己的喜好，自由地选择信息。Web2.0 的这种特征被一些人概括为一切"属于用户、源于用户，更重要的是为了用户"（of the user, by the user, for the user）。[1] 例如，通过 Tag 技术，用户可以自主定义社会化分类，可以方便地拉进各种信息。同时，Web2.0 的网络应用能够更大程度地满足用户的个性化需求，这种个性化并不仅仅体现在用户可以随心所欲地定制自己的博客，更体现在服务的个性化方面，让每个用户都可以获得独特的上网体验。[2] 社交媒体构建了一种以个人为中心的多元、扁平的互动网络，跳过了中介性的过滤和修剪。

---

[1] See Heting Chu and Chen Xu, Web2.0 and Its Dimensions in the Scholarly World, *Scientometrics*, Vol. 80, Iss. 3, 2009, pp. 717-729.

[2] 参见邓建国：《强大的弱连接——中国 Web2.0 网络使用行为与网民社会资本关系研究》，复旦大学出版社 2011 年版，第 11 页。

(二) 共享性

在 Web1.0 阶段,互联网的内容是通过少数人(如网站编辑或者网站负责人员)有选择的定制而产生的,而内容一般也是相对静止的。而 Web2.0 非常强调"用户生产内容"的理念,注重用户之间的交互性、动态性的内容创建和修改。Web2.0 试图为用户创造一种人人参与、共同表达、持续修改、高度分享的环境,从而凝结集体的智慧,实现全民"织网"。所有的人同时是生产者、传播者、浏览者,更是行动者。如果把互联网比喻成一个舞台,那么在 Web1.0 时期,在这个舞台上呈现的只是少数人,而且其表演的节目也是经过事先确定和深思熟虑的,大多数人只是坐在下面注视着舞台的观众,能做的要么是鼓掌,要么是唏嘘。但是,在 Web2.0 时期,所有人都是演员,所有的节目都是大家一起参与,没有事先的剧本,表演的内容是即兴的和时刻变化的,所有的人都可以尽情发挥,而且人数越多,效果越好。之所以能够实现这一点,在很大程度上源于 Web2.0 强大的超级链接功能。用户在添加新的内容和新的网站的时候,将被限定在一种特定的网络结构中,这种网络结构是由其他用户发现内容并建立链接的。如同大脑中的神经突触,彼此的联系通过复制和强化变得越来越强,而作为所有网络用户的所有活动的直接结果,互联的网络将有机地成长。① 在 Web1.0 阶段,知识的呈现方式主要是把信息从其他地方转移或搬运到网络平台上,并没有实现知识的增值。但在 Web2.0 阶段,是通过新的技术力量将每个人潜在的求知欲望和能力激发出来,通过动态化的协作,把知识更好地整合和组织起来,并不断地深化、激发新的思想。通过用户的集体行为改变信息的内容或组织形式,从而涌现出新的或更高级的信息秩序,具有明显的集体协作特征。②

这种共享性在 Wiki、Mashup、百度百科等社交媒体平台上得到了充分的体现。例如,维基百科其实就是一个开放式的知识交互平台,其内容可公开自由编辑,基于 Wiki 技术,用户可以轻松地通过网页浏览器编辑其中的内容。某一用户的内容可以借助于其他用户轻松地实现修改和完善。又如,Mashup 被称为"糅合",也就是将两种或更多使用私有数据库或公共数据库的 Web 应用加在一起,形成一个新的整合应用。通过开放性的 API,众多的

---

① 参见〔美〕提姆·奥莱理:《什么是 Web 2.0?》,玄伟剑译,载《互联网周刊》2005 年第 40 期。
② 参见张燕:《Web2.0 时代的网络民意:表达与限制》,复旦大学出版社 2014 年版,第 118 页。

用户贡献自身的内容，从而构建一个新的价值附加的信息，让每个人足以为自己的参与性和创造性感到兴奋。目前越来越多的 Mashup 类型被创造出来，如地图 Mashup、视频或图像 Mashup、新闻 Mashup、购物和搜索 Mashup 等等。

（三）社交性

互联网对这个世界的一个非常明显的负面效应就是人的关系被日益虚拟化，虚拟化的个人在网络漫无边际的虚拟场景中永远都是一个孤独者。互联网把越来越多人从真实的生活场景中抽离出来，进入虚无缥缈的虚拟世界，这无形中疏离了人与人之间的关系。但是，Web2.0 在不少人看来在很大程度上改变了过去人们头脑中对互联网的这种印象。Web2.0 创造了一种新的社会关系形态，这至少体现在两个方面：一是使得现实生活中的弱关系最大程度地被激活；二是创造了一种新的集体圈子。所谓弱关系，就是相对于亲戚、朋友、同事等强关系而言，在生活中我们经常会遇到一些不常见面的人，相互间不存在结实的感情纽带，也没有频繁的交往互动，也就是我们所说的点头之交或一面之交。在一般人的认知里，这种弱关系被认为是无关紧要的。但是，斯坦福大学的格兰诺维特（M. S. Granovetter）的研究改变了这种看法。在他看来，弱关系对个人和社会是很有意义的，它能让你与更多的人相联结，拓展个人的社会交往半径。很多有价值的东西往往是通过弱关系而不是通过亲朋好友等强关系来获得的。[①] 弱关系更重要的意义是其能够联通不同的社会群体，创建更有效的信息流，通过信息的分享而不是日常的交往来实现相互的提升。有时候两个人之间尽管距离很近，但是由于没有机会直接进行面对面的交流，相互之间不可能建立联系，而通过其他间接的人际网络，通过不同的圈子之间套嵌性的人际传递，二者之间的联结就可能建立起来。Web2.0 在信息的分享性、跟随性和交互性方面前所未有的技术特征使得人与人之间的弱联系最大程度地被激活，各种过去可能无法形成的弱关系成倍地加以放大。在 Web2.0 的环境中，人与人是建立在互动性的关系基础之上的，通过持续性的网络交往行为形成特殊联结网络。这种连结尽管有的时候很脆弱，但是有时候却更有价值。

---

① See M. S. Granovetter, The Strength of Weak Ties, *American Journal of Sociology*, Vol. 78, Iss. 6, 1973, pp. 1360-1380.

另外,Web2.0 的社交性特征还体现在新的集体圈子的形成。以"用户创造内容"为特征的 Web2.0 让更多具有共同爱好和兴趣的人联结在一起,形成各式各样的网络共同体。在 Web2.0 的环境中,网民的主要行为表现为信息的发布和分享,但是,网民在发布和分享这些信息的同时,更在意寻找到志趣相投的同路人,更希望通过信息的跟随、互动和关联,影响周围其他人的类似的意识和行为,具有明显的群体行为取向。由于 Web2.0 技术带来的高度交互性和自主性,网民之间的互动更加频繁,信息的聚合更加容易,因此,群体的交往圈子也就更加容易形成,并更加容易维系。一般来说,在社交媒体的环境中,更容易形成两种类型的网络群体:第一种是基于相似性的网络群体,也就是基于共同的兴趣爱好而形成的群体;第二种是基于吸引因子的网络群体,此类群体是围绕代表性的人物或内容所形成的群体。[①] 值得注意的是,在这种媒介环境中形成的集体圈子往往具有较强的凝聚性和稳固性,因为对于网民个人来说,参与这样的圈子完全是出于自身兴趣的一种主动性的行为,而这种参与往往能够给曾经相互孤立的个人带来较为强烈的共同体感觉和身份认同。

除此之外,Web2.0 的开放性、聚合性[②]以及沟通的便利性和实时性等特点也使得社交媒体极大地获得了用户的青睐,尤其是基于智能手机的各种应用的开发,更是让越来越多的人实现了"随时随地"的信息分享和互动。

三、社交媒体在中国的发展

在全球化、一体化日益明显的今天,随着中国改革开放以来经济的快速发展,互联网基础设施的日益完善以及互联网普及率的不断提升,从 Web2.0 技术在西方世界兴起的那天起,中国就已经与世界同步了,甚至在一些人看来,中国已经成为 Web2.0 强国。早在 2008 年世界知名的波士顿咨询公司发布的针对中国城市地区互联网应用的一份报告就表明,在一些指标上,中国 Web2.0 的应用甚至超过了西方发达国家,如中国城市地区网民的博客使用率就高达 51%,远远高于作为世界网络强国的美国 21% 的使用率;文件共

---

① 参见邓胜利、冯利飞:《Web2.0 环境下网络用户的群体动力分析》,载《图书情报知识》2011 年第 2 期。
② 参见张燕:《Web2.0 时代的网络民意:表达与限制》,复旦大学出版社 2014 年版,第 122—124 页。

享(P2P服务)的使用率也非常高,网络流量有60%来自这一服务。① 近年来,社交媒体在中国更是呈现出极为快速的成长。

(一) 中国社交媒体的兴起与发展

早在20世纪末,中国就已经出现了社交类型的BBS,如猫扑、天涯等为人熟知,但是,这些依然是传统的单向页面浏览的Web1.0的代表。真正代表Web2.0技术的社交媒体应用要数微博。在中国,早在2007年就开始出现了微博网站,但是在最初的两三年,微博的发展由于管理和技术等原因并不顺利,直到2009年,新浪等门户网站开始涉足微博领域,在借鉴新浪博客发展模式的基础上,通过发挥名人效应,以名人微博作为突破口,使微博的发展取得了出人意料的成功。随后,人民网、网易、腾讯和搜狐等各大门户网站也纷纷推出了自身的微博服务。最多的时候甚至出现了100家微博网站,中国成为世界微博品牌的第一大国。② 尤其是在2011年和2012年两年,中国微博用户数量呈现出爆发式的增长态势,依据中国互联网络信息中心发布的相关报告,2010年年底,中国的微博用户数量只有6311万,但是仅仅过了半年,也就是到了2011年6月,这一数字就暴涨到1.95亿,半年增长率高达208.9%。在经历了两年左右的爆发式发展后,中国微博进入相对平稳的发展期。此后,尽管从增长速度上逐渐放缓,但是,从总体规模上说,一直呈现增长的势头,2012年6月底,中国微博用户总量为2.74亿,到了当年年底这一数据变为3.09亿;2013年6月,这一数据更是达到了最高的3.31亿。此后呈现出下降的趋势,到了2014年年底,微博用户规模为2.49亿,基本上回到了3年前的水平。从微博使用率上看,2010年年底微博使用率只有13.8%,但是半年之后的2011年6月底,微博使用率猛增到40.8%,到2013年6月这一数据达到56.0%。此后同样呈现出下降趋势,到2014年年底,为38.4%(如图1-2)。③

---

① 参见《中国成为Web2.0强国》,http://tech.163.com/08/0911/09/4LI35CF9000915BD.html,2020年6月20日访问。
② 参见唐绪军主编:《中国新媒体发展报告No.5(2014)》,社会科学文献出版社2014年版,第54页。
③ 相关数据来自中国互联网络信息中心发布的《中国互联网络发展状况统计报告》(第28—35次),http://www.cnnic.net.cn/hlwfzyj/hlwxzbg/,2020年6月20日访问。

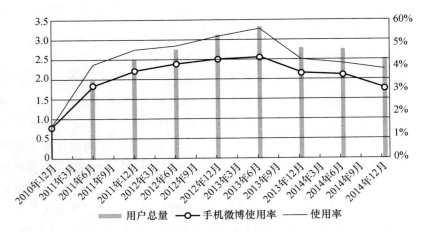

图 1-1　2010—2014 年中国微博发展状况

资料来源：根据中国互联网络信息中心近年发布的《中国互联网络发展状况统计报告》中的数据整理。

（二）当前中国社交媒体发展的基本态势

随着智能手机用户的快速增长与中国互联网产业的蓬勃发展，基于 Web2.0 的各类社交媒体应用得到了迅猛的发展。2011 年以来，以微信为代表的社交媒体应用呈现出蓬勃的发展态势。2011 年 1 月，腾讯公司推出了集通信和社交功能于一体的即时通信软件——微信，它只需花费少量流量费，可以跨平台、跨运营商发送文字、图片、语音等信息，依托于移动智能端，微信的社交功能得到充分的凸显，可以实现语音、视频聊天，添加好友及实现对讲功能，尤其是朋友圈功能可以实时地与朋友分享个人动态、评论等，加上丰富的插件功能，如 QQ 邮箱提醒、私信助手、QQ 离线助手、通讯录安全助手、漂流瓶、附近的人、摇一摇、语音记事本，以及越来越丰富的各种小程序，迅速获得了大量网民的青睐，微信已经成为不少人的"一种生活方式"。据统计，2012 年第一季度，微信的月活跃用户还不到 6000 万，但仅仅过去 3 年时间，这一数字就达到了 5 亿，到 2018 年年底，微信已经拥有了 10 亿的月活跃度，①发展态势十分惊人（见图 1-2）。与此同时，各类社交媒体应用工具在中国如雨后春笋般纷纷兴起，从类型上看已经非常丰富，主要包括即时通信工

---

① 参见《2018 年中国微信行业发展现状及未来行业发展趋势分析》，http://www.chyxx.com/industry/201806/647969.html，2020 年 6 月 20 日访问。

具、综合社交应用和垂直细分社交应用。即时通信工具以微信、QQ 为主要代表,主要满足用户交流互动的社交需求;综合社交应用以新浪微博、微信朋友圈、QQ 空间为代表,主要满足用户进一步展现自我、认识他人的社交需求,使用率介于即时通信工具和垂直社交应用之间;垂直社交应用主要包含婚恋社交、社区社交、职场社交等类别,在特定领域为用户提供社交关系连接,用户相对小众。另外,各种短视频、美食、游戏类移动社交应用更是令人眼花缭乱。① 据统计,目前每人每天平均花 2 小时在社交媒体上点赞、分享、发帖、更新和获得各类信息,2019 年 89％左右的流量都来自社交媒体视频分享,中国已经进入了名副其实的以社交媒体为主流的粉丝经济时代。② 其中,年轻人占据主导,移动互联网和社交媒体改变了中国青少年的交流方式,③改变了中国人的生活方式和习惯。

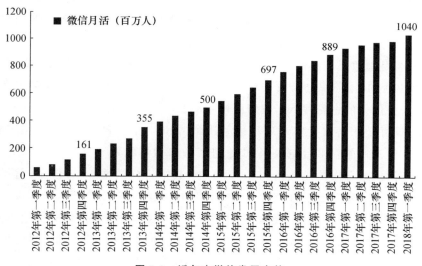

图 1-2 近年来微信发展态势

资料来源:《2018 年中国微信行业发展现状及未来行业发展趋势分析》,http://www.chyxx.com/industry/201806/647969.html,2020 年 5 月 20 日访问。

---

① 参见中国互联网络信息中心:《2016 年中国社交应用用户行为研究报告》,http://www.cnnic.net.cn/hlwfzyj/hlwxzbg/sqbg/201712/P020180103485975797840.pdf,2020 年 6 月 20 日访问。
② 参见沈浩卿:《中国六大社交媒体巨头 360°竞争力对比》,https://www.sohu.com/a/322949717_505816,2020 年 6 月 20 日访问。
③ See W. Wang, G. Qian, X. Wang, et al., Mobile Social Media Use and Self-Identity Among Chinese Adolescents: The Mediating Effect of Friendship Quality and the Moderating Role of Gender, Current Psychology, 2019, pp. 1-9.

(三) 政务社交媒体的发展

随着社交媒体日益进入寻常百姓的日常生活,并在公共沟通中扮演着越来越重要的角色和功能,社交媒体从开始的弱关系联结不断演变成为公共舆论新的重要场域,在收集舆情、发布消息和实现有效的公共沟通方面有着传统大众媒体不可比拟的优势。社交媒体所具有的开放性和自由性为政府把握真实的民意、实时发布官方信息提供了平台。越来越多的政府机构和官员日益认识到,应该主动适应并积极拥抱这种新媒体技术变化的环境。2009年微博刚兴起的时候,各级政府和政府官员纷纷开通了实名认证的微博,政务微博呈现出快速发展的态势。2011年3月,全国实名认证的政务微博(机构微博和官员微博)一共只有2400多个,①但到2011年年底,仅在四家网站(新浪、腾讯、人民网和新华网)认证的政务微博就超过5万个,其中机构微博数达3.2万个,官员微博为1.8万个。一年之后,四大网站政务微博的总数更是暴增到17万多个,其中机构微博达到11万多个,官员微博达到6万多个,不管是总数还是机构和官员微博数,增速都达到了250%左右。2013年10月出台的《国务院办公厅关于进一步加强政府信息公开回应社会关切提升政府公信力的意见》强调,政府应该主动及时地回应公众期待,积极公开政府信息,并要求各级地方政府积极利用微博和微信等Web2.0新应用工具,搭建官民沟通的新平台,这进一步推进了政务微博的发展。2013年年底,上述四家网站政务微博总数达到25万多个,其中机构微博18万多个,官员微博7万多个,②几乎涵盖了各个地区、各级地方政府和各个部门。中国微博总体规模在2013年6月达到顶峰后呈现出负增长的趋势,总体数量快速下降。然而,政务微博不同,尽管没有了2012年左右的爆发式发展态势,尽管增速总体在减缓,但是,政务微博的总数一直在稳步增长之中。在一些普通人的习惯中,随着微信的出现和快速发展,微博逐渐受到了冷落甚至"抛弃",但是政务微博并没有出现这种状况,更多的政府是微博、微信"双微合璧",充分发挥二者的优势互补。

为了进一步发挥社交媒体在政务方面的功能,自2011年开始,国务院几

---

① 参见张志安、贾佳:《中国政务微博研究报告》,载《新闻记者》2011年第6期。
② 参见国家行政学院电子政务研究中心编:《2012年中国政务微博客评估报告》,国家行政学院出版社2013年版,第11页。

乎每年都会发布有关运用新的媒体工具推动政务创新的文件通知。在国务院的鼓励和推动下,各级政府纷纷注册了自己的社交媒体账号。自 2012 年 8 月腾讯推出"微信公众平台"后,微信延伸成为兼具通信、社交、媒介与平台等综合属性的新锐"移动即时信息媒介"。在微信空间充斥着各种政治传播风险的形势下,"政务微信"应势而生。仅仅半年的时间,政务微信就达到了 5000 多个。① 此后政务微信发展迅猛,截止到 2019 年上半年,中国 31 个省(自治区、直辖市)全部开通了微信城市服务,服务累积用户达到 6.2 亿。同时,一些政府在今日头条开通了政务头条号。据统计,截止到 2019 年 6 月底,各级政府共开通政务头条号 8.1 万个,较上一年年底增加近 3000 个。② 随着 2017 年短视频成为年轻一代的主流媒体传播形式,一些政府机构借此机会入驻抖音,期望以别样的视频内容传播正能量,促进政府与人民之间的相互了解。相关报告显示,截至 2018 年 8 月,抖音短视频平台政务媒体账号超过 2800 个,包含官方认证的黄 V 和蓝 V 账号,发布视频近 10 万条,播放总量超过 500 亿。③

　　为了能让政府机构更好地适应新媒体平台,更好地改变人们对政府职能部门的刻板印象,一些地方政府不断地拓展社交媒体原有的功能,从原有的信息发布、网络沟通到现在为公民提供越来越多的个性化服务,如水电缴费等等,从而赋予社交媒体新的活力。

第二节　危机、公共危机与危机管理

　　危机具有普遍性,不管是个人、组织、政府还是国家,可以说危机似乎都相伴相随。每个人总是难免会陷入巨大的压力和困境中,从而对个人前途或家庭生活产生重要影响;一个组织也会面临外部巨大的声誉压力和艰难的经营处境;对于政府和国家来说,火山、地震、瘟疫、群体性事件、外敌入侵等等

---

① 参见侯锷:《2013 年中国政务微信发展报告》,载唐绪军主编:《中国新媒体发展报告 No.5 (2014)》,社会科学文献出版社 2014 年版,第 131 页。
② 相关数据来自中国互联网络信息中心发布的《第 44 次中国互联网络发展状况统计报告》,http://www.cac.gov.cn/pdf/20190829/44.pdf,2020 年 6 月 20 日访问。
③ 参见《抖音政务媒体视频播放量半年破 500 亿》,http://media.people.com.cn/n1/2018/0904/c14677-30271155.html,2020 年 6 月 20 日访问。

毫无疑问更是意味着巨大的危机。

一、危机

"危机"从字面含义来说,是指"危险的时机",潜伏着巨大的风险,对一个组织具有重要影响,需要作出重要决定和选择的关键时刻,因此,危机含有"转折点""分水岭""紧要关头"等内涵。危机常常意味着负面的、糟糕的事情降临到某个人和组织身上,从而产生重要的威胁。不少学者对危机的定义进行了分析,总体上说,危机的定义主要包含三个关键的组成部分:威胁、不确定性和紧迫性。首先,危机是指客观上会造成重大的负面损失和影响的事件和时刻。从广义的角度来说,当(隐约可见的)暴力、破坏或者其他形式的灾难导致共同的价值观,如安全和保障、福利和健康、诚信和公平,变得不稳定甚至没有任何意义时,危机将会发生。受到威胁的人越多,危机的影响就越深。[①] 其次,危机具有高度的不确定性。斯蒂文·芬克(Steven Fink)把危机视为"事件即将发生决定性变化的一段不稳定的时间或一种不稳定的状态"[②]。在美国危机管理学者西格(M. W. Seeger)等人看来,危机是"一种能够带来高度不确定性和高度威胁的、特殊的、不可预测的、非常规的事件或一系列事件"[③]。危机事件通常"演变迅速、事件的独特性无法照章办事,而且消息不完全,小道消息流行"[④],危机"有关信息很不充分,事态发展具有高度不确定性和需要迅速决策等不利情景的汇聚"[⑤]。最后,危机是一种紧急状态,具有强烈的时间紧迫性。例如,赫尔曼(Charles F. Hermann)认为,危机是威胁到决策集团优先目标的一种形势,在这种形势下,决策集团作出反应的

[①] 参见〔荷兰〕阿金·伯恩等:《危机管理政治学——压力之下的公共领导能力》,赵凤萍等译,河南人民出版社2010年版,第3—4页。

[②] Steven Fink, *Crisis Management: Planning for the Inevitable*, American Management Association, 1986.

[③] M. W. Seeger, T. L. Sellnow, & R. R. Ulmer, Communication, Organization, and Crisis, in M. E. Roloff(ed.), *Communication Yearbook 21*, Sage, 1998, pp. 231-276.

[④] 〔荷兰〕乌里尔·罗森塔尔等编:《应对危机:灾难、暴乱和恐怖行为管理》,赵凤萍译,河南人民出版社2014年版,第2页。

[⑤] 米红、冯广刚主编:《公共危机管理:理论、方法及案例分析》,北京大学出版社2018年版,第6页。

时间非常有限,且形势常常向令决策者惊讶的方向发展。① 正因为如此,危机往往被称为"突发事件""紧急事件"等。

另外,危机定义的另一个共同点是,危机需要一个可识别的影响。也就是说,负面的影响已经发生并且能够被识别和感知,在某些情况下,这种影响可能是感性的。例如,费迪克(T. A. Fediuk)等人就强调对危机的感知和识别,认为危机是"威胁或违反重要价值预期的事件或对事件的感知"②;邦迪(Jonathan Bandy)等人认为,所谓的危机就是"被管理者和利益相关者所感知的、非常突出、出乎意料,并且具有潜在的破坏性,可能威胁到组织的目标,并对组织与利益相关者的关系产生深远的影响的事件"③。综合以上几点,本书对于危机的定义是,危机就是对组织的使命、价值和利益产生严重的威胁,并为管理集团所识别和感知,在高度的不确定性和时间压力下需要作出关键决断的紧急状况。

二、公共危机

公共危机是众多危机中的一种。所谓公共危机,也就是危机影响的对象不是某一些人,也不仅仅是某一组织内部的问题,而是指由于突发事件引起严重威胁与危害社会公共利益和公共安全,并引发社会混乱和公众恐慌,需要运用公共权力、公共政策和公共资源紧急应对和处理的威胁境况和非常事态。④ 这些威胁往往超出了政府和社会正常状态下的管理能力,而需要采取特殊的措施加以应对。⑤ 而在学术研究和应急管理实践中,对于公共危机,人们更多地用"突发公共事件"或"突发事件"来替代,更加强调发生的突然性和

---

① See Charles F. Hermann, Some Issues in the Study of International Crisis, in Charles F. Hermann (ed.), *International Crisis: Insight from Behavioral Research*, Free Press, 1972, pp. 3–17.

② T. A. Fediuk, W. T. Coombs, & I. C. Botero, Exploring Crisis from a Receiver Perspective: Understanding Stakeholder Reactions During Crisis Events, in W. T. Coombs and S. J. Holladay (eds.), *The Handbook of Crisis Communication*, Blackwell Publishing Ltd., 2010, pp. 635–656.

③ Jonathan Bundy *et al.*, Crises and Crisis Management: Integration, Interpretation, and Research Development, *Journal of Management*, Vol. 43, Iss. 6, 2017, p. 1662.

④ 参见米红、冯广刚主编:《公共危机管理:理论、方法及案例分析》,北京大学出版社 2018 年版,第 7 页。

⑤ 参见张成福、唐钧、谢一帆:《公共危机管理:理论与实务》,中国人民大学出版社 2015 年版,第 2 页。

破坏的广泛性。所谓突发公共事件,是指突然发生,造成或者可能造成严重社会危害,干扰日常生活和影响大量的人,需要采取应急处置措施予以应对的紧急公共事件,包括与天气有关的事件(如洪水和火灾)、交通事故、人为事件和社会失序等。[①] 与其他危机不同的是,突发公共事件由于涉及公共安全和社会稳定,涉及广泛的公众,更涉及方方面面的领域,可以说应对的压力和面临的复杂性是其他危机所无法比拟的,稍有不慎,应对不及时、不恰当就可能引发更大的困境,甚至严重影响到政府和国家的形象,危及权力的合法性,在一些极端的情况下,可能导致整个国家和社会陷入崩溃。因此,任何国家和政府都高度重视突发公共事件的应对。

突发公共事件依照不同的标准可以分为不同的类型,根据突发事件发生的诱因领域,可以将突发公共事件分为内生性突发公共事件、外生性突发公共事件和内外交互性突发公共事件;根据事件发生的领域,可以将突发公共事件分为政治性突发公共事件、社会性突发公共事件、经济性突发公共事件、自然性突发公共事件等。另外,有学者依照事件发生的过程、性质和机理将突发公共事件分为自然灾害、事故灾难、突发公共卫生事件、突发社会安全事件和经济危机五大类。[②] 而在应急实践中,根据第十届全国人大常委会第二十九次会议于2007年8月30日通过的《中华人民共和国突发事件应对法》(以下简称《突发事件应对法》),突发事件分为自然灾害、事故灾难、公共卫生事件和社会安全事件四类,并依照社会危害程度、影响范围等因素,分为特别重大、重大、较大和一般四级。为了更好地为各地区、各部门制定突发公共事件总体应急预案和专项应急预案提供依据,国务院还颁布了专门的《特别重大、重大突发公共事件分级标准(试行)》,对突发公共事件的四种类型所包含的具体内容进行了较为详细的论述(具体分类见表1-2),这为我们更好地了解和把握突发公共事件或公共危机类型提供了权威的参考和标准。

---

① See Arjen Boin and Paul't Hart, Organising for Effective Emergency Management: Lessons from Research, *Australian Journal of Public Administration*, Vol. 69, Iss. 4, 2010, pp. 357-371.

② 参见薛澜、钟开斌:《突发公共事件分类、分级与分期:应急体制的管理基础》,载《中国行政管理》2005年第2期。

表 1-2　突发公共事件分类情况

事件种类	下属类型	具体事例
自然灾害类	水旱灾害	洪水、决堤、大面积干旱等
	气象灾害	暴雨、大雪、寒潮、龙卷风、沙尘暴、台风等
	地震灾害	
	地质灾害	山体崩塌、滑坡、泥石流、地裂等
	海洋灾害	风暴潮、巨浪、海啸、赤潮、海冰等
	生物灾害	蝗虫、稻飞虱、水稻螟虫、小麦条锈病、草地螟等灾害
	森林草原火灾	
事故灾难类	安全事故	安全生产事故；民用运输航空器事故；供电、供水中断；通信网络中断；踩踏、铁路网络毁坏等
	环境污染和生态破坏事故	水资源污染、危化品泄露、核设施事故、生物入侵、森林资源毁坏
公共卫生事件类	公共卫生事件	肺鼠疫、肺炭疽、"非典"等疫情；新传染病；烈性病菌株、毒株、致病因子等丢失；食品安全事故
	动物疫情	高致病性禽流感、口蹄疫、疯牛病等人畜共患病感染
社会安全事件类	群体性事件	
	金融突发事件	证券、期货等突发事件
	涉外突发事件	境外国家利益、机构和人员安全及财产重大损失；撤离驻外机构和人员、撤侨
	影响市场稳定的突发事件	抢购粮食；重要生活必需品市场异常波动；供应短缺
	恐怖袭击事件	生物战剂、化学毒剂袭击；攻击核设施；袭击党政机构、重要场所和设施；劫持公共交通工具；攻击信息系统
	刑事案件	杀人、爆炸、纵火、毒气、投放危险物质和邮寄危险物品；吸毒、走私等后果严重的

资料来源：根据《特别重大、重大突发公共事件分级标准（试行）》整理。

三、公共危机管理

有组织地应对危机对于减少生命损失和社会秩序破坏至关重要，简单地说，如果没有有效的危机管理，危机就会失控，会对各种关系产生短期或长期，或者短期加长期的破坏。[①] 公共危机不可避免，但是，公共危机完全可以通过有效的应对加以消除，甚至可能变危机为契机，推动制度的创新和经济

---

① See Jack Gottschalk, *Crisis Management*, Capstone Press, 2002, p.2.

社会新的发展。公共危机管理就是政府相关部门采取有效的措施及时应对危机的一系列机制和手段,以有效消除不确定性和各种威胁。从主体上说,对一个危机的管理通常是一项重大、复杂且持续的活动,它涉及很多组织,包括公共组织、私人组织。① 公共危机应对通常以政府为主体,同时需要社会组织、企业和民众有效参与和配合。政府主体包括危机应对的职能部门,也就是专门的应急机构,包括危机发生领域的主管部门,也包括其他相关部门,涉及不同层级、不同机构之间复杂的领导和协同体系。成功的危机管理,组织必须建立联盟,与关键主体在危机中保持有效的沟通。②

从危机管理的内容来说,危机管理通常需要处理好两个方面的关系,第一是内部关系,主要关注管理内部风险,监督具有复杂性和技术性的组织内动态。危机管理涉及复杂技术和关系的协调以及组织结构的设计,以防止危机的发生,减少危机的影响,并从中吸取教训。第二是外部关系,主要关注组织和外部利益相关者之间的互动。依照社会感知和形象管理的理论,危机管理包括塑造观念和与利益相关者协调,以预防、解决危机,并从危机中成长。③ 其中最重要的是政府与公众之间的关系,在危机中与公众进行有效的沟通对危机管理尤其重要,甚至在很多时候,危机管理其实就是危机沟通。需要特别关注在沟通过程、行使权力和发展协调方面存在的管理问题。在危机沟通过程中,至少有五个不同的困难领域,即组织间、组织对公众、公众对组织以及组织体系内的组织内和组织间行为。权力的行使困难源于上级人员对不确定状态不同理解的冲突、对新的危机应对任务的权力冲突、对组织管辖权差异的冲突。协调的困难来自各组织之间缺乏共识,致力于共同但与危机有关的新任务,在任何危机沟通中都难以实现全面协调。尽管几乎所有的危机管理都会有事前的计划和预案,但是事先计划可以限制这些管理困难,却不能完全消除所有这些困难。④

---

① 参见〔荷兰〕阿金·伯恩等:《危机管理政治学——压力之下的公共领导能力》,赵凤萍等译,河南人民出版社 2010 年版,第 2 页。
② See C. M. Pearson and J. A. Clair, Reframing Crisis Management, *The Academy of Management Review*, Vol. 23, Iss. 1, 1998, pp. 59-76.
③ See Jonathan Bundy et al., Crises and Crisis Management: Integration, Interpretation, and Research Development, *Journal of Management*, Vol. 43, Iss. 6, 2017, p. 1664.
④ See Enrico L. Quarantelli, Disaster Crisis Management: A Summary of Research Findings, *Journal of Management Studies*, Vol. 25, Iss. 4, 1988, pp. 373-385.

从危机应对的阶段来说,危机管理是指在危机的不同阶段所需要采取的不同策略和手段。依照危机生命周期理论,危机的发展可以大体划分为不同的阶段,如危机的征兆期、爆发期、发展期、恢复期。斯特奇斯(D. L. Sturges)把危机划分为潜伏期、演化期和消退期三阶段。[①] 而根据公共危机的发展周期,公共危机管理过程可以划分为危机预警及准备、识别危机、隔离危机、管理危机与善后处理阶段,各个阶段之间体现了危机发展的一个循环周期。公共危机管理的任务就是在危机爆发前尽早地识别危机,在危机发生后尽可能控制事态,把损失控制在一定范围内,在事态失控后应该争取重新控制局面。[②] 可见,公共危机管理是一个高度动态化的、情景化的过程。

第三节 社交媒体之于危机管理:机会还是问题

技术是危机管理中非常重要的因素,尤其是作为媒介的技术一直以来都在危机管理中扮演着非常重要的角色,涉及人与人之间基本的关系、信息的交换,也涉及政府危机管理所能发挥效能的时空范围。社交媒体作为一种全新的媒介形态,自从兴起的那刻起,有关其对于危机管理的影响方面的话题就从来没有停止过。在一些人看来,社交媒体为危机管理带来了全新的机会,尤其是为政府和公众之间的危机沟通提供了前所未有的便利,而另外一些人则更加强调新的媒体可能带来的新的问题,由此可能引发新的困境。

一、问题的由来

在公共危机应对中,如何实现资源的有效整合,如何实现政府、公众、社会组织之间的合作以及危机中公民之间的相互协同和帮助,始终是一个非常重要的问题。危机管理在一些人看来就是危机沟通管理,也就是说,最根本的在于沟通,包括政府内部、政府内外部以及相关的个人和组织之间的沟通。在过去的危机管理中,之所以危机应对效能很差,公民之所以对政府的表现不满,一个重要的原因是不同主体、不同组织之间存在着严重的信息不对称,

---

① See D. L. Sturges, Communication Through Crisis: A Strategy for Organizational Survival, *Management Communication Quarterly*, Vol. 7, Iss. 3, 1994, pp. 297-316.

② 参见米红、冯广刚主编:《公共危机管理:理论、方法及案例分析》,北京大学出版社 2018 年版,第 18 页。

包括政治领导人和政府官员之间、公民与公职人员之间以及公民与政治领导人之间。① 所以,提升危机响应能力的一个重要前提是能够有效地获得各种必要的信息,同时必须掌握娴熟的沟通技巧,能够与形形色色的人进行有效的沟通和协商,且参与过程中至少信息是不存在明显不对称的。在危机中,如果没有有效的沟通网络支撑,缺乏获取信息的有效手段,政府就难以实现内部及内外部,尤其是与公民有效的合作,公民之间也无法建立互助性网络。尽管第二次世界大战(以下简称"二战")以来广播、电视和其他媒体技术得到了非常快速的发展,极大地拓展了人类嗓音所能到达的物理空间,让普通公民能够在很短的时间里获得有关危机的重要信息,并有机会获得危机现场的重要直观性感知,但是,这还显然不能满足危机中的合作性和参与性需求。由于大众媒体在信息传递方面的单向性和过滤性的特点,使得互动性的深入沟通依然不太可能实现。应急机构通常是按特定"筒仓"运作的,其内部存在具有特定专业知识的等级组织结构。

与过去的电话和电视等传统大众媒体相比,社交媒体最大的特点在于其提供了一种及时的、互动的、快捷而廉价的沟通模式,这对政府与民众的沟通产生了革命性的影响。② 以去介质化、互动、分享和关系为核心特征的社交媒体应用如雨后春笋般地涌现,也改变了公共危机沟通模式,普通人在媒介环境中的主体性地位得到了前所未有的凸显,第一次以技术的手段和形式重新塑造着普通人在危机沟通过程中的角色。但是,社交媒体时代的危机沟通似乎给人们呈现出两种截然相反的印象:一方面,这种以互动、分享和关联为核心特征的技术创造了一种新的社交空间,网络空间的互动新模式使彼此联结,危机中的信息不对称在很大程度上被打破,开放性资源和强大的信息分享机制也使得信息的获得变得轻而易举。各国公共应急组织也日益把社交媒体作为重要的危机沟通工具来对待。在社交媒体环境中,公众的参与似乎得到了更加清晰的彰显,政府的回应更加灵敏,全方向的信息流和公民参与

---

① See S. J. Eom, H. Hwang, & J. H. Kim, Can Social Media Increase Government Responsiveness? A Case Study of Seoul, Korea, *Government Information Quarterly*, Vol. 35, Iss. 1, 2018, pp. 109-122.

② See Peter Ferdinand, The Internet, Democracy and Democratization, *Democratization*, Vol. 7, Iss. 1, 2000, pp. 1-17.

机制成为治理过程中政府与公民最为重要的纽带。① 但是,另一方面,这种信息不对称的打破也为信息的流动去除了必要的约束和规范,在危机应对中,社交媒体似乎正成为普通民众发泄不满、撕裂社会、制造仇恨与谣言的"罪恶工具"。一些人对此感到迷茫,社交媒体对于当今危机管理来说到底意味着什么?

二、社交媒体:危机应对的新机会吗

作为新媒体的互联网从技术的层面为公民更加深入和具体地参与治理过程提供了全新的机会和途径,一种技术手段的革新能够给治理体系和结构带来如此广泛的影响,估计是很多人未曾预料到的。社交媒体这种共同创作、组织活动、开放资源的网络空间的新互动模式使得危机过程中彼此的联结更加容易,也更容易找到志同道合的伙伴。社交媒体以一种全新的形式重新定义着草根群体在危机中的角色和功能,而在新一代云计算技术的支持下,信息的创建、交换与分享变得无与伦比的便捷。在这种全新的技术面前,此前所宣称的制约危机沟通的种种现实障碍似乎被轻而易举地破除了。对于政府来说,社交媒体带来的最大好处在于创造了一种持续性的对话空间,提升了政府的透明度和公民的参与度。② 不少人乐观地认为,过去多数人认为的危机应对过程中的种种信息非对称问题已经通过 Web2.0 的新技术得到彻底解决,信息垄断将被彻底扫除,意味着危机应对新模式的到来。社交媒体与危机沟通存在着高度的契合性,社交媒体是目前为止最为出色的信息沟通技术,是一种包含着不同沟通模式和内容的聚合性媒体,不管是自上而下还是自下而上的对话与交流都变得轻而易举,对拓宽参与的意义不言而喻。③ 具体来说,这种意义体现在以下几个方面:

第一,社交媒体有效提升了政府和公众关于危机的信息获取能力。在社交媒体环境中,危机中的每个人都是信息灵通者。每个普通人都可能是当事

---

① See C. G. Reddick and S. K. Aikins(eds.), *Web 2.0 Technologies and Democratic Governance: Political, Policy and Management Implications*, Springer, 2012.

② See E. Bonsón *et al.*, Local E-Government 2.0: Social Media and Corporate Transparency in Municipalities, *Government Information Quarterly*, Vol. 29, Iss. 2, 2012, pp. 123-132.

③ See Michael Anthony C. Dizon, Participatory Democracy and Information and Communications Technology: A Legal Pluralist Perspective, *European Journal of Law and Technology*, Vol. 1, Iss. 3, 2010, pp. 1-13.

人、发言人,都可能是被关注的对象,也可以自主地选择关注的对象。所有人都可能是"公民记者",对身边发生的或经历的事情都可以通过随身携带的智能手机等移动终端发布相关信息,而在发达的信息分享与跟随机制的作用下,这一信息瞬间变得人尽皆知。这种自主性很大程度上来源于社交媒体给人带来的在场感,社交媒体在很大程度上消除了过去不可逾越的时空迟滞感。实时性是社交媒体非常重要的特征,任何一个在过去看来是一件微小的事情都可能在瞬间传遍网络,信息的迟滞和垄断变得不太可能。在过去的危机过程中,个体往往需要花费巨大的成本来获取相关的信息,信息的不对称也可能带来参与的扭曲。但是,在社交媒体环境中,相关信息甚至不需要主动搜索,在相关事件发生的那一刻就会自动地呈现在人们的手机或电脑上。例如,在微博强大的时间轴功能中,被关注的社交媒体账户的更新都会在其"粉丝"的账户中迅速自动地呈现出来,一目了然。在这种环境中,每个人都是危机治理过程中的行动者,都觉得自身不可或缺,主体性地位的自我感知和低成本的信息获取有效地激发了参与者的自信与热情。这将彻底改变人们寻求帮助的方式,以及急救人员和管理人员接收和交换信息的方式。无论是应急管理人员还是公众,沟通和信息共享的结构都在发生变化。[1] 正是由于社交媒体在信息跟随和分享方面的强大能力,在危机期间利用熟悉的工具,可以为专业应急人员和公民提供有效的应急响应,[2]大大提升了危机应对的效率。

第二,社交媒体能够激发危机中更加真实的集体参与力量。在社交媒体环境中,众包(crowdsourcing)与协同开发,交互性的内容创建、生产与组织,并通过所有用户参与和协作的方式来实现持续性的修改,是危机中公众主动依靠自发的贡献的体现,这赋予了社交媒体积极的反馈功能,因为它们被使用得越多,就越受欢迎,也越能鼓励用户为它们做出贡献。[3] 在危机中,这种众包显得非常有价值和意义。如在地震中,公民、非政府组织、政府和私营公司共同努力收集大量数据,以创建灾害地图。众包平台能够快速创建不同类

---

[1] See David E. Alexander, Social Media in Disaster Risk Reduction and Crisis Management, *Science and Engineering Ethics*, Vol. 20, Iss. 3, 2014, pp. 717-733.

[2] See R. M. Merchant, S. Elmer, & N. Lurie, Integrating Social Media into Emergency-Preparedness Efforts, *The New England Journal of Medicine*, Vol. 365, Iss. 4, 2011, pp. 289-291.

[3] See H. Gao, G. Barbier, & R. Goolsby, Harnessing the Crowdsourcing Power of Social Media for Disaster Relief, *IEEE Intelligent Systems*, Vol. 26, Iss. 3, 2011, pp. 10-14.

型的地图,从而有助于将现有的有限资源转移到其他任务,可向现场应急管理人员提供实时或按请求提供的信息,并可创建虚拟团队或虚拟操作支持团队。① 另外,由于社交媒体所强调的关系性是建立在现实真实个人关系的基础之上的,这种与现实社会关系的套嵌性特征使得危机中的每个人都感觉自己并不是孤立的。在相互关注过程中,相互之间的关系会嵌套到不同的用户圈子里,迅速扩展自己的社会网络。也就是说,传播者在进行网络传播之前或者传播开始进行时就存在某种预定的社会关系,折射出现实的社会关系,有利于建立起较为经常和稳定的关系。② 这种关系的套嵌性对于危机中的普通民众来说无疑具有非常重要的意义,这种套嵌在真实社会关系上的参与行为更具有持久性,而且更容易引起共鸣,在危机中,可以更加容易找到这种关系性的凝聚性力量。更重要的是,这种网络参与行为更容易转变危机中的互助行动。当社交媒体广泛参与时,危机中的人们感觉得到了更多的支持,会对未来更加乐观。社交媒体可以通过增加志愿组织的知名度和联系性来增强志愿性。③ 通过这种方式,他们可以对成员的团队精神产生积极的影响。

第三,社交媒体能够创建出一种去中心化的危机沟通网络。在 Web1.0 阶段,用户更多的是单纯通过浏览网页的方式进行单向的内容的组织与获取,从本质上说,与报纸和电视媒介形式下个人向编辑传递线索,然后经由"把关人"进行挑选并赋予其意义的形式基本上是一样的。社交媒体创造了一种所有人对所有人的互动模式,创造了全新的交互式讨论和协商的形式,不仅通过 Web1.0 的电子邮箱、网络聊天室,而且通过新的更为简捷便利的交互式工具,普通人能够更加积极地参与到相关讨论中来。由于摆脱了组织的垄断和介入,公民进入公共领域更加便利,网络提供了彻底改变政治沟通

---

① See M. Zook, M. Graham, T. Shelton, & S. Gorman, Volunteered Geographic Information and Crowdsourcing Disaster Relief: A Case Study of the Haitian Earthquake, *World Medical & Health Policy*, Vol. 2, Iss. 3, 2010, pp. 7-33.

② 参见邓建国:《强大的弱连接——中国 Web2.0 网络使用行为与网民社会资本关系研究》,复旦大学出版社 2011 年版,第 8 页。

③ See M. Taylor, G. Wells, G. Howell, & B. Raphael, The Role of Social Media as Psychological First Aid as a Support to Community Resilience Building: A Facebook Study from "Cyclone Yasi Update", *Australian Journal of Emergency Management*, Vol. 27, Iss. 1, 2012, pp. 20-26.

和公共舆论形成的可能性。① 目前几乎所有重要的社交媒体都是一种交互性的平台,在这种平台中,用户实现了创造性与自主性的自我,控制沟通实践的能力大大增强,通过自我性的大众沟通,使得公民参与更具有实际意义。② 尤其重要的是,通过这种交互性的平台,过去那些在危机中处于边缘化的草根群体能够迅速地找到集体归属感,从而在参与过程中形成合力,并发出自己的声音,不需要担心受到嘲弄从而产生参与自卑感和恐惧感。③ 社交媒体展现了一种新的治理过程,在这一过程中,所有的公民都能够发挥自身在政治和媒体方面的能力,尽管一些人比另一些人更加有影响力,但是,所有人都能够参与到政治过程中。个人创造内容,随时随地可以提供给别人,危机过程中个人发现了有价值有意义的内容,可以推荐转发给别人。没有门槛的参与、回帖和转发是没有负担的参与,"联系"成为一种需求满足,参与变成一种生活方式。④ 过去固定僵化的"公共屏幕"变得高度流动和无所不在,从过去的电视到计算机再到现在口袋里的智能手机,我们生活在一种渗透了多种媒体交织的 WiFi 云的移动空间,在任何时间和地点只要动动手指就能实现参与。参与变得如此简单且轻而易举,以至于任何人只要愿意,都可以以完全可忽略的成本,不需要跨越任何门槛就能加入到危机沟通过程中来,这在以前是难以想象的。

  正是基于以上几个方面的原因,在一些人看来,社交媒体对于危机应对的推动,似乎正越来越沿着一些乐观主义者的预期向前发展。这无论对于陷入参与冷漠的公民和面对日益强烈的官僚主义指责的政府组织,还是对于期望更加有效监督政府的非政府组织来说,都意味着一种新的机会来临。这一切似乎都在表明,随着社交媒体时代的到来,普通公民有效参与、有效沟通和协同的危机管理已经不可逆转,各个国家能够做的事情就是顺应这种趋势,为之创造更好的条件,如推动和规范网络基础设施建设等。

---

 ① See Heather Savigny, Public Opinion, Political Communication and the Internet, *Politics*, Vol. 22, Iss. 1, 2002, pp. 1-8.
 ② See M. Castells, *Communication Power*, Oxford University Press, 2009, p. 414.
 ③ See Michael Cornfield, The Internet and Democratic Participation, *National Civic Review*, Vol. 89, Iss. 3, 2000, pp. 235-242.
 ④ 参见蔡文之:《网络传播革命:权力与规制》,上海人民出版社 2011 年版,第 51 页。

三、危机中的社交媒体:新的问题吗

很显然,上述就社交媒体对危机管理的意义的溢美之词从一开始就伴随着来自各方面的批评和质疑。早在 20 世纪末,危机管理权威学者勒兵杰(O. Lerbinger)就指出,危机事件的数量和严重程度伴随着社会和技术的日益复杂而变得越来越明显。① 不可否认的是,社交媒体是出色的沟通媒介,在信息沟通方面有着不可替代的优势,但它只是一种技术手段、一种工具,一些公共治理的价值只不过是外人强加其头上的,其实它本身并不能深化危机中的公民参与和合作,也不包含影响危机沟通的其他因素。社交媒体在危机中的功能和角色被不恰当地夸大了,社交媒体在危机中也有黑暗的一面。② 对于危机管理来说,最大的问题在于,社交媒体打破了原本较为容易控制的危机沟通过程。大部分的时间里,在非数字化的空间中,多数危机都是可控的,因为危机基本上都是遵循冲突—消解模式来影响公共关系和危机情境的。但是,社交媒体的出现完全打破了这样的模式,使得危机沟通面临着更为明显的不确定。同时,社交媒体的出现,使事情变得更加复杂了:任何一个组织今天都面临着比以往任何时候都要多的潜在危机情景(这一事实对问题管理、危机规划和资源分配等都有明显的影响);危机局势病毒式蔓延,打破了地理和时间上的障碍。③ 所以,工具的进步与危机沟通的深化并没有多少实质性的联系,恰恰相反,可能会带来新的更加棘手的问题。

首先,社交媒体在危机中可能是信息质量的"麻烦制造者",使得人们在杂乱的信息大海中失去方向,甚至误入歧途。危机中信息的准确性、真实性的重要性不言而喻,而社交媒体的自主性往往意味着自我性和随意性,在自主性方面的彰显在很大程度上使得个人的自我意识被释放出来,个人依照自我的意志随心所欲地支配自己的行为。在危机事件中发现有用信息有点像

---

① See O. Lerbinger, *The Crisis Manager : Facing Risk and Responsibility*, Lawrence Erlbaum Associates, 1997, p. 172.
② See I. J. Chung, Social Amplification of Risk in the Internet Environment, *Risk Analysis*, Vol. 31, Iss. 12, 2011, pp. 1883–1896.
③ See A. Gonzalez-Herrero and S. Smith, Crisis Communications Management 2.0: Organizational Principles to Manage Crisis in an Online World, *Organizational Development Journal*, Vol. 28, Iss. 1, 2010, pp. 97–105.

在汹涌的河流中淘金。① 斯塔伯德（K. Starbird）等人指出，今天应急管理的挑战之一是知道如何使用社交媒体应用程序。新的数字世界为应急管理提供了一个机会，但同时也带来了一个现实的、可以理解的难题：如何确保"存在"的信息在紧急事件发生期间是准确的？② 在社交媒体的世界中，所有人都可以是信息的生产者，也可以是信息的传递者和接受者，而 Web2.0 的自主性及信息的即时效应很难让人有机会去辨识信息的真伪，在极为发达的信息跟随机制和分享机制的作用下，谣言可能瞬间引爆网络，而其中的所有人都可能不知不觉成为这种谣言的制造者和传播者。Web2.0 为个人自主性的行为提供了更为便利的信息基础，但是便利性不一定意味着信息获取的有效性。尽管 Web2.0 技术使信息传递成为一件轻而易举的事情，但这并不意味着公民或组织能够及时获得参与公共政策所需的真实、客观和理性的信息。事实上，社交媒体只是形式上意味着信息的自主性，由于排斥了所有必要的信息审查机制，社交媒体在信息传递上的自主性也为传播虚假信息、散布谣言提供了前所未有的条件。例如，卡斯蒂略（C. Castillo）等人观察到，2010年智利地震发生后，官方消息来源稀缺，一些谣言在 Twitter 上反复发布，加剧了当地民众的混乱感和不安全感。③ 瞬间引发的谣言往往裹挟着强烈的情绪渲染和情感共鸣，这容易使人失去理性和变得不负责任。社交媒体更具有可操作性，个人可以把不同地理位置、不同时间序列的事件进行"同时同地"的组合和拼贴，由于过滤和整合功能的缺失，信息的混乱和扭曲变得不可避免，个人往往成为信息泛滥的被支配者。④ 在这方面，社交媒体对事件的影响无疑是负面的，因为它传递的是歪曲的、不准确的和危言耸听的信息。当一种情况更简单、更容易解释时，人们可能会依靠社交媒体用户的自我监督来获得正确的事实，但当真实的信息在瞬间难以获得或存在争议时，情况就不

---

① See R. Goolsby, Lifting Elephants: Twitter and Blogging in Global Perspective, in H. Liu, J. J. Salerno, & M. J. Young(eds.), *Social Computing and Behavioral Modeling*, Springer, 2009, pp. 2–7.

② See K. Starbird and L. Palen, Pass It on? Retweeting in Mass Emergency, in *Proceedings of the 7th International Conference on Information Systems for Crisis Response and Management*, Seattle, USA, 2010, p. 9.

③ See C. Castillo, M. Mendoza, & B. Poblete, Information Credibility on Twitter, in *Proceedings of the 20th International Conference on World Wide Web*, March 28—April 1, 2011, Hydrerabad, India, 2011, pp. 675–684.

④ 参见刘力锐：《基于网络政治动员态势的政府回应机制研究》，东北大学出版社 2012 年版，第 104 页。

一样了。

其次，危机中的社交媒体可能引发新的不平等困境。从形式上看，社交媒体似乎让所有人都可以很轻松地获得危机中的各种信息，轻松地参与到危机过程中来，实现合作与协同。但是，这忽略了一个非常重要的前提和基础，那就是社会环境中的不同个体和组织本来就是不可能真正地无差异的平等，任何新技术下的个体行为都很难真正挣脱现有的各种社会机制和结构的强大形塑力，个人的权利、能力、资源等方面的不平等依然客观地存在，不可能仅仅因为一种新的沟通技术的出现就得以改观。社交媒体作为一种技术，也不可能自动地使参与危机过程的不同群体获得平等话语权和参与能力。实际上，在现有的社交平台中，那些表现得非常活跃、具有强大动员能力的人往往就是深谙公共事务之道、善于在危机中把握机会的现有体制中原本的精英，社交媒体的技术特征比较容易被这些人充分利用，从而更有效地"放大"了传统媒介环境中就有影响的精英的声音。[1] 而那些在现实中处于边缘的弱势群体在网络上同样可能处于被边缘化的地位，虽然社交媒体打开了更多的发言渠道，但是如果线下边缘性话语仅能发出微弱的声音，在线上被重新边缘化，那么Web2.0依然只能是"精英公共空间"。[2] 从流程和机制上看，在危机事件中，在社交媒体的交互平台中，由于网络是全开放的、个人化的，在这种各说各话的情景中，共识往往更加难以达成，这为一些人有意识地进行控制提供了机会，一些人可以误导舆论，操纵舆论，从而在内容和议程设置等方面施加影响，牵引舆情朝着有利于自身的方向发展，以及在危机中获得更多的注意力和资源配置。从这个角度来说，危机中的社交媒体的交互性特征进一步加大了现实民主参与中已经存在的偏见和不平等，形成新的参与排斥，并且以新的并不易被察觉的形式重现。

最后，社交媒体的关系性可能虚化危机中的集体协同。社会资本即公民之间的规范、信任与网络，对于治理的重要性早已被诸多学者所证明，社会资本的质量和数量是民主进步重要的决定性因素，改革者必须从基层做起，切实鼓励普通公民之间订立民间约定，鼓励民间组织和民间网络的发展，即促

---

[1] See Rowena Cullen and Laura Sommer, Participatory Democracy and the Value of Online Community Networks, *Government Information Quarterly*, Vol. 28, Iss. 2, 2011, pp. 148-154.

[2] 参见高岩：《公共空间2.0？——论Web2.0视角下网络公共空间的转型》，载《新闻与传播研究》2011年第5期。

进社会资本的累积。① 现代治理不仅仅强调个人自主性的彰显,同时也更加强调公共责任和公共精神,尤其是在危机状态中,强调在危机应对过程中相互的合作、基于相互信任的互帮互助显得更加珍贵。缺乏这种公共精神、公共责任和信任网络,危机中充满个性化和自我性的参与往往意味着新的混乱。而这种公共责任、公共精神和彼此间的信任如果离开了真实的社会关系,离开了人们日常生活中的密切交往行为,离开了面对面的生活场景,是很难想象能形成的。帕特南(Robert D. Putnam)所言的社会资本,是来自邻里组织、社区、合作社等密切的横向参与网络。在一个共同体中,此类网络越密,其公民就越有可能进行为了共同利益的合作。② 尽管社交媒体在很多时候确实是现有社会关系的一种呈现,但不可忽略的问题是,这可能在一定程度上产生对现实社会关系的替代效应,这不知不觉可能疏远了人与人之间的关系,对于社会资本的提升来说不见得是一件好事情。不少人习惯了通过社交媒体进行互动与交流,反而忽略了现实中更为密切的交往,而在危机中,线下的现实的、面对面的协同和参与显得非常重要。此外,社交媒体不同"圈子"之间的链接也可能会稀释原本的"强关系",而变为"弱关系"。社交媒体可能弱化和虚化原本牢固的社会关系和信任网络,淡化社会关系中珍贵的情感纽带和共同体感知,从而消解公共责任和价值,而在危机中,这种基于共同感知的精神力量往往能够带来更强有力的战胜危机的支撑。扭曲的使用或滥用可能导致疏远感、社交性丧失、对他人的全面不信任。③ 社交媒体不一定能创造一个建立在共识基础上的新社区,相反可能让一些人变得更加极端、更加好斗,以至于越来越多的人对网络参与的不满更甚于面对面的参与。④

除此之外,不可忽视的是,社交媒体的便捷性可能导致危机过程中的"闲散主义"(slacktivism)行为。社交媒体不受时空约束的随时随地的参与便利性同样可能产生显而易见的负面效应,一些人认为,这种浅薄的、边缘的、不稳定的参与往往牺牲了更为有效的现实参与,对于现代不少繁忙的人来说,

---

① 参见燕继荣:《投资社会资本——政治发展的一种新维度》,北京大学出版社2006年版,第41页。

② 参见〔美〕帕特南:《使民主运转起来》,王列、赖海榕译,江西人民出版社2001年版,第203页。

③ See Chiara Valentini, Is Using Social Media "Good" for the Public Relations Profession? A Critical Reflection, *Public Relations Review*, Vol. 41, Iss. 2, 2015, pp. 170-177.

④ See Rowena Culle and Laura Sowmer, Participatory Democracy and the Value of Online Community Networks, *Government Information Quarterly*, Vol. 28, Iss. 2, 2011, pp. 148-154.

这种便利性可能让他们产生一种懒汉主义的行为取向,认为危机中的参与无非就是在工作生活之余动动手指,在有意无意间轻触手机屏幕而已。[1] 这看起来省时省力,但对于危机应对来说并无裨益,并可能导致更为明显的参与的冷漠症,而实际上,危机中的公民参与需要更多有牺牲精神的公民以实际行动参与进来。另外,诸如病毒、网络犯罪等也使得 Web2.0 时代的公民参与危机重重。早在 2000 年的时候,有人就说互联网是当今民主政治最大的威胁,是一种"令人丢脸的工具,应该加以抵制"[2]。实际上,问题远比单纯的社交媒体在危机中的运用复杂得多,前面提到的危机中的合作、参与、沟通和共享往往更大程度上取决于政府与公民之间的信任以及政府本身对新技术所持的态度等因素。珍妮克斯(M. E. Jennex)得出的结论很能说明问题,即"虽然社交媒体的功能是有用的,但社交媒体可用性的成熟度不足以保证将社交媒体作为可操作的危机响应系统"[3]。

公共危机事件的应对对各国政府来说都是一个严峻的挑战,然而,更大的挑战出现在社交媒体兴起后,过去公共危机事件发展的逻辑和机制发生了改变,对于不习惯于这一变化的政府来说,这种挑战可想而知。对于不少政府来说,如何有效地应对公共危机事件无疑成为衡量政府治理能力和水平的重要内容。尽管一开始对于许多政府来说,接受这一新的事务并不容易,但是,当政府发现社交媒体成为公共危机事件治理中的一个新的重要因素,甚至是关键因素时,当其发现社交媒体能够为危机事件的有效解决提供一个新的途径时,特别是其发现社交媒体在近年来危机事件中对政府应对带来的冲击时,积极拥抱新的媒体技术,学会运用社交媒体应对危机事件成为一种必然。社交媒体环境下的公共危机事件对政府的危机应对能力提出了更高的要求和挑战,政府需要在复杂纷繁的信息变化和公众情绪波动中娴熟地驾驭社交媒体技术,从社交媒体的内在逻辑出发,更好地把握舆论、引导舆论,并从源头上最终平息事态,这显然不是一件轻松的事情。

社交媒体会不会成为一种威胁,取决于危机管理的责任者如何看待和选

---

[1] See Stefano Passini, The Facebook and Twitter Revolutions: Active Participation in the 21st Century, *Human Affairs*, Vol. 22, Iss. 3, 2012, pp. 301-312.

[2] Matt Hern and Stu Chaulk, Roadgrading Community Culture: Why the Internet Is So Dangerous to Real Democracy, *Democracy & Nature*, Vol. 6, Iss. 1, 2000, pp. 111-120.

[3] M. E. Jennex, Social Media—Viable for Crisis Response? Experience from the Great San Diego/ Southwest Blackout, *International Journal of Information Systems for Crisis Response and Management*, Vol. 4, Iss. 2, 2012, pp. 53-67.

择如何运用社交媒体。① 正如任何新事物都存在两面一样,社交媒体对于危机管理来说也是一把"双刃剑":社交媒体为危机沟通、公民协同和政民互动提供了前所未有的条件,但其本身存在的一些问题也让人们必须谨慎行事。正如法罗兹曼德(A. Farazmand)所言,技术既是创造者也是破坏者,是机会也是困境。② 对于政府来说,面对社交媒体工具,必然的选择是将其更好地纳入危机管理过程的同时建立好的制度规范,对其可能产生的问题有充分的认识,并有效地解决好社交媒体与已有的制度框架之间的融合性问题。萨德(J. Sutton)等人很好地总结了政府对社交媒体在危机管理中运用的态度:数据表明,社交媒体支持现有的公共方信息生产和传播的影响。由于社交媒体的效用越来越大,点对点通信无处不在,因此,危机管理模式将会发生变化,尽管没有正式承认这些广泛分布、组织非常良好的信息活动,但仅仅让这些不可避免的变化发生,仍然会导致不必要的拖延、冲突和失误。相反,政府官员应积极考虑如何与点对点信息交换相结合,并为救灾信息生产和传播功能设定新的概念。③ 换句话说,将社交媒体纳入现有的危机管理系统是不可避免的。温德林(C. Wendling)等人就警告说:"选择在危机期间不使用社交媒体的组织可能会被公众视为没有组织,甚至发出漠不关心或蔑视的信号。"④ 但是,社交媒体归根结底只是实现治理的工具与手段,尽管它不可或缺。当然,它必须在政治价值体系的框架中才具备意义,否则技术就只能成为一种漂亮的摆设。

---

① See G. Modéus, H. Olsson, & R. Paulsson, Crisis Management in Social Media, Linnæus University, 2012, p. 19.

② See A. Farazmand, The Future of Public Administration: Challenge and Opportunities—A Critical Perspective, *Administration & Society*, Vol. 44, Iss. 4, 2012, pp. 487-517.

③ See J. Sutton, L. Palen, & I. Shklovski, Backchannels on the Front Lines: Emergent Uses of Social Media in the 2007 Southern California Wildfires, in F. Fiedrich and B. Van de Walle (eds.), *Proceedings of the Fifth International ISCRAM Conference*, Washington, DC, May 2008, pp. 1-9; T. F. Sykes and E. A. Travis(eds.), *Social Media and Disasters: Uses, Options, Considerations*, Nova Science Publishers, 2012.

④ C. Wendling, J. Radisch, & S. Jacobzone, The Use of Social Media in Risk and Crisis Communication, OECD Working Papers on Public Governance, No. 24, Paris: OECD Publishing, 2013, p. 10.

第二章

社交媒体对危机的塑造：逻辑与机制

媒体作为信息传播的核心渠道，对危机有着特殊的意义。从危机爆发的那一刻起，甚至是危机爆发前，有关风险的符号和象征就会进入媒介的传播体系，连接着危机事件与公众、政府及相关组织。危机管理处于更加媒介化的政治体系之中，媒体是发现危机、传播危机和促使危机升级或降级的关键力量。① 从某种意义上说，媒体塑造着公共危机的过程、形式和结果。与传统的大众媒体不同，社交媒体有着自身特殊的逻辑和内在机理。这是我们理解社交媒体环境下危机管理和危机沟通的前提和基础。

第一节　媒介化的公共危机：从传统媒体到社交媒体

从事实本身来说，危机的产生和爆发当然源于社会运行机制的失灵，源于某些不可抗拒的自然因素的突变。然而，随着社会媒介化的趋势越来越明显，所有的人都成为被媒介化的个体，媒介的逻辑日益支配人的思维、行动，支配组织和社会的活动，媒介所营造的"虚拟世界"与"真实世界"的边界变得越来越模糊，人们甚至无法脱离媒介理解什么是"真实"。② 而在危机过程中更是如此，危机本身发生了什么事情与人们认为和感知发生了什么事情往往存在着很大的偏差。在社交媒体环境下，人们感知的公共危机过程和模式都可能与过去有很大的不一样。

---

① 参见〔荷兰〕阿金·伯恩等：《危机管理政治学——压力之下的公共领导能力》，赵凤萍等译，河南人民出版社2010年版，第96页。
② 参见马凌：《媒介化社会与风险社会》，载《中国传媒报告》2008年第2期。

一、以媒体为中介的危机呈现

自从现代化的媒体兴起并不断发展以来,媒体在危机过程中的各个环节始终扮演着不可或缺的角色,无论是危机的酝酿、爆发,还是危机的演变与消解。① 在风险沟通理论看来,从危机的产生到危机的传播再到人们的危机感知,在很大程度上是一个"客观事实"与"主观建构"之间的关系问题。从公众的角度来理解危机,最关心的是危机可能带来的风险以及对自身的负面影响。人们对危机所潜藏的风险的认知实际上是对客观事实的一个主观性的判断和感知的问题,是一个客观存在与主观认知的结合体。② 客观的不确定性是实际结果与预期结果之差,可以使用数学工具加以度量;主观的不确定性是个人对客观风险的评估,它同个人的知识、经验、精神和心理状态有关。③ 人们的认知可能夸大事实上存在的真实风险,也可能缩小这种风险,可以被社会所界定和建构。④ 而在这种社会建构过程中,媒体扮演着关键性的角色。⑤ 1988 年,卡斯帕森(Roger E. Kasperson)等人提出了此后引起广泛关注的风险的社会放大分析框架,对这一问题进行了非常系统和深入的分析。他们努力实现的一个中心目标是系统地将风险的技术评估与社会科学研究不断增长的发现联系起来,试图从理论上解答最令人困惑的问题:为什么一些技术专家评估的相对较小的风险或风险事件往往会引起公众的强烈关注,并对社会和经济产生重大影响?他们提出了一个新的框架,旨在系统地将风险技术评估与风险感知及风险相关行为的心理、社会学和文化观点联系起来。⑥

风险的社会放大分析框架认为风险放大发生在两个阶段:第一阶段是风

---

① See Steven Fink, *Crisis Management: Planning for the Inevitable*, American Management Association, 1986, pp. 15-19.
② 参见杨雪冬等:《风险社会与秩序重建》,社会科学文献出版社 2006 年版,第 16—17 页。
③ 参见米红、冯广刚主编:《公共危机管理:理论、方法及案例分析》,北京大学出版社 2018 年版,第 1—2 页。
④ 参见〔德〕乌尔里希·贝克:《风险社会:新的现代性之路》,张文杰、何博闻译,译林出版社 2018 年版,第 20 页。
⑤ See G. E. Machlis and E. A. Rosa, Desired Risk: Broadening the Social Amplification of Risk Framework, *Risk Analysis*, Vol. 10, Iss. 1, 1990, pp. 161-168.
⑥ See Roger E. Kasperson et al., The Social Amplification of Risk: A Conceptual Framework, *Risk Analysis*, Vol. 8, Iss. 2, 1988, pp. 177-187.

险事件或风险的传播阶段。在这个阶段,媒体、风险评估专家和人际网络等成为信号的放大站。风险在此阶段经历了放大(或减少)。第二阶段是产生风险的社会涟漪效应阶段,风险在社会不同团体组织和相关者中产生影响。在整个过程中,媒体扮演着从一个信息源到中介传输器再到接受者的信息传递中信号加强或减弱的处理角色。① 从理论上说,除了极少数危机或风险的在场见证者外,绝大多数人都是通过信息传播系统所获得的间接信息形成风险感知的。普通大众对于媒体的依赖比对专家等"放大站"的依赖显得更加明显。对于他们来说,媒体成为风险事件进入传播过程的最重要的信息传播网络之一。当危机事件发生后,媒体往往会在第一时间出现在风险事件语境中,对有关事件的发生、缘由、过程和社会影响等信息进行呈现,媒体进入风险放大的第二环节,即补充新的风险事件证据、深度挖掘风险事件背后的成因和责任归属以及探讨对未来的社会影响等,传播进入纵深化,社会化网络和平台为风险事件提供更宽广的讨论语境与议题,对由风险事件产生的一些相关议题出现分支化讨论和报道,各类媒体在此时开始分化,朝不同方向进行传播努力。在风险放大的第三环节,与涟漪效应相匹配,媒体重塑公众的风险感知、触发改革,形成对事件和社会的长效反思。② 相关信息进入媒体运作体系以后,经过媒体对信息过滤、处理、选择与裁剪等方式改变风险信号的强或者弱,实现对"风险信号"的放大。在风险传播过程中,媒体通过文字、图像以及各种象征性符号建构和具象化风险,对风险事件进行选择性报道、议程设置等,直接影响普通受众对于风险的感知。因此,媒体通过参与风险传播与其他"放大站"一起定义与建构了风险。甚至有些社会风险就是在信息传播的过程中产生的,它依赖于媒体而存在,随着信息的传播而不断生长,进而发展成为社会问题。③

可以说,普通民众所接受到和所感受到的所谓的风险,实际上是一种经由媒体加工的"再现危机",这种"再现危机"与事实上的危机可能已经产生了严重的偏差,或者被大大地放大,或者被有意识或无意识地削弱了。这种危

---

① See M. L. DeFleur and S. J. Ball-Rokeach, *Theories of Mass Communication*, David McKay Publications, 1996.

② 参见马妍妍:《风险的社会放大框架下风险事件的媒体表征与整合路径》,载《浙江树人大学学报(人文社会科学版)》2017年第5期。

③ 参见刘玮:《社会风险媒介化传播的反思》,载《现代传播(中国传媒大学学报)》2013年第11期。

机的社会建构反过来会影响公共危机中的社会关系和行为,产生行为层面的放大效应。例如,以媒体为纽带的社会建构机制使得民众产生高风险的感知时,可能会凝聚强大的政府责任归因和不满情绪,从而触发强烈的集体行动和社会运动,引发新的危机。公众风险感知及扩大化的争议常常引发大规模的群体抗议,其中既包括消极的抗议,也包括积极的抗议即群体性事件。群体抗议及其演化升级是现代社会风险放大的突出标志,也是判定风险放大的可靠标准。[①] 当然,在危机应对的实践中,这种风险建构过程和行为放大过程之间没有清晰的边界,二者之间往往是相互强化、相互影响,共同推动着危机的演化。

二、传统媒体环境下的危机事件

在现代公共事务治理过程中,媒体的作用不言而喻,很难想象缺乏媒体作为中介的治理会怎么样。同样,不存在完全离开媒体的公共危机,如果离开了有效的媒介,危机事件很难被公众所关注,也很难引起政府和相关组织的介入,而危机的参与者、经历者也很难与外界建立有效的互动与协同。对于一些公共危机事件,如突发性社会事件,媒体的意义还在于可以创造全社会甚至是全球关注的焦点,形成强大舆论压力。在马里奥·迪亚尼(Mario Diani)看来,社会性的危机事件是社会不断变迁背景下各种冲突中的一种,是基于集体认同感,由个人、团体和组织之间所形成的多元主义非正式网络的危机事件。[②] 对于事件的参与者来说,有效的媒介平台对于建构这种非正式网络非常重要,原因很简单,如果能够借助媒体形成强大的舆论压力,让更多的人关注并参与到事件中来,往往成为其行动是否成功的重要因素。媒体关注能使运动组织者感到自己和自己正在做的工作的重要性,这种被关注的感觉往往会激发群体性运动参与者的潜在变现欲望和自信心,同时媒体报道还可以是集体抗议运动参与者传播其理念、主张和认同感的一个最为有效的渠道,是动员大众和寻求同盟的有力武器,是取得社会同情和关注以及从舆论

[①] 参见邹霞:《风险放大的四级判定框架——基于 SARF 的理论拓展及典型案例的放大检视》,载《西南民族大学学报(人文社会科学版)》2017 年第 10 期。

[②] See M. Diani, The Concept of Social Movement, *The Sociological Review*, Vol. 40, Iss. 1, 1992, pp. 1-25.

上击败对手的法宝。① 尽管媒体在危机感知度社会建构以及连接危机事件与公众之间扮演着核心的角色,但是,由于媒体本身是随着经济社会的变迁而不断发展的,媒体的具体形式也一直处在不断变化之中,不同时期的媒体由于其本身的特性和外部环境的规定性,这种建构方式和连接方式也会发生很大变化。一开始,危机事件只能通过现场的参与者与旁观者的口耳相传来实现内部和外部的信息传递和建构认知。由于嗓音所能传达的物理空间极为有限以及稍纵即逝的时间效应,这种危机建构过程往往需要花费较为高昂的时间和物质成本,而且很难产生广泛的影响,一些公共危机也可能因为无法引起足够的社会关注,公众无法产生强烈的感知,从而蕴含更大的风险。

  15世纪中叶左右,随着印刷技术的发展,传单、小册子和纸质通信成为运动中的主要媒介。但是,它的传播成本高昂,传播范围也非常有限。17世纪中叶以后,报纸兴起,特别是廉价报纸的出现,使得处于社会底层的人有机会接触到这一媒介,报纸的受众和影响范围有了极大的提升。20世纪初广播开始出现,代表着媒介从过去的无声时代走向了有声的新阶段,而到了20世纪60年代,因为电视的出现,人们有机会透过小小的屏幕了解到千里之外发生的事情,通过动态和直观的方式直播,电视以一种全新的方式改变着信息的传递以及普通人与这个世界的联系。同样,电视的出现也在很大程度上改变了公共危机与普通人之间的关系,在人类历史上第一次实现了"全世界都在观看"的危机事件。② 大众媒体的兴起无疑为危机事件在较短的时间内引起广泛的关注,并动员更多的人参与进来提供了更好的机会。媒介通过报道内容让个体和群体形成对风险的观点,包括提供大量的信息,对风险的框架进行报道,对人们关心的风险信息进行解读,描述风险的象征、隐喻和话语系统。③ 大众媒体作为重要的平台和纽带将政府与公众联系起来,也为各方创设了沟通对话的平台。

  但问题在于,大众媒体本身有着与危机事件完全不一样的逻辑。媒体对危机事件的关注很大程度上取决于事件本身的新闻价值,其所谓的专业性和

---

  ① 参见赵鼎新:《社会与政治运动讲义》,社会科学文献出版社2006年版,第268页。
  ② See T. Gitlin, *The Whole World is Watching*: *Mass Media in the Making and Unmaking of the New Left*, University of California Press, 2003, pp.137-139.
  ③ 参见蒋晓丽、邹霞:《新媒体:社会风险放大的新型场域——基于技术与文化的视角》,载《上海行政学院学报》2015年第3期。

职业素养把相关的信息与个人偏好隔离开来。更重要的是,大众媒体鼓励静态和被动的政治文化更是加强了这个体系对危机的信息的过滤和编辑。新闻记者永远不可能摆脱对于一小部分公关专家、政府发言人和强力领导的依赖,这些人为满足自我之利而发表的各种言论早已构成了每日新闻的内容。①在精英垄断的大众媒体时代,并不是所有的危机事件都能够影响大众媒体的议题设置。在特殊的权力体系、社会结构和集团利益的影响下,以"把关人"为特征的大众媒体也经常出现信息的减弱效应,具体体现在因信息不对称、不透明或各种因素制约下的信息不对称和失真等方面。对于危机事件来说,尤其是社会安全类的事件对大众媒体有着天生的依赖,一些运动的组织者为了上版面甚至会采取极端和暴力的方式,极力寻找自己的同盟。② 大众媒体本身没有"反对者"的概念,尽管危机事件中很多行动者往往具有许多特征,如激情、规模和冲突等对于大众媒体是有吸引力的,但是出于经济利益的考量,寻求尽量多的人的关注是其基本的行动原则。

很多时候,大众媒体与危机事件之间存在着明显的非对称关系,危机事件离不开大众媒体,但是大众媒体并不一定需要危机事件。③ 大众媒体对危机事件的态度常常具有明显的选择性,经常使用隐喻、统计数据和其他手段来塑造预期,并证明与风险事件相关的行动是正确的。④ 从报纸到广播,再到电视,每次媒体的新发展对这个世界、社会和普通人来说都是意义非凡的事情,但是,对于危机事件来说,从公共沟通的角度而言,这无疑意味着媒体影响世界和社会的垄断地位得到了进一步的强化,它们之间的非均衡性特征得到了进一步的凸显。

三、当公共危机与社交媒体相遇

20世纪90年代以来,以互联网为代表的新媒体快速发展,公共危机事件

---

① 参见〔美〕本奈特、恩特曼主编:《媒介化政治:政治传播新论》,童关鹏译,清华大学出版社2011年版,第46页。
② See R. H. Turner, The Public Perception of Protest, *American Sociological Review*, Vol. 34, Iss. 6, 1969, p. 815.
③ See D. Rucht, The Quadruple "A": Media Strategies of Protest Movement Since the 1960s, in W. Donk, B. Loader, P. G. Nixon, & D. Rucht (eds), *Cyberprotest: New Media, Citizens and Social Movement*, Routledge, 2004, p. 30.
④ See B. Nerlich and C. Halliday, Avian Flu: The Creation of Expectations in the Interplay Between Science and the Media, *Sociology of Health & Illness*, Vol. 29, Iss. 1, 2007, pp. 46-65.

与媒体之间的不均衡性逐渐被打破。这种不均衡性被打破的主要原因是互联网在很大程度上消解了沟通过程的精英垄断地位。随着互联网进入到Web2.0时代,尤其是2005年之后,微博等社交媒体作为一种新的媒体形态出现,新媒体以社交性的技术特征正在以一种全新的方式被重新定义,公共危机事件与媒体之间的关系模式也发生了很大的变化。

　　社交媒体对公共危机带来的改变主要体现在以下几个方面:一是这种以互动、分享和关系为核心特征的新媒体工具创造了一种真正意义上的去中介化的社交空间和网络,创造出了一种扁平化和全方位的信息流模式,信息的过滤和垄断变得异常困难。任何人都可以依照自己的信息和情感对危机和风险进行自主判断,在去中心化的个体交往中建构风险感知。个体自主寻找相关风险信息,并能与其他人进行积极的讨论,通过交互性的关系网络扩散有关风险的信息。① 二是这种共同创作、共同组织、开放资源的网络空间的新互动模式使得彼此联结更加容易,为原本高度离散的个体参与组织某种大规模的集体合作性行动提供了更多的可能。在传统媒体世界中,危机中的集体合作只不过是一幅轻描淡写的讽刺画,但是在社交媒体的世界里则完全不同,这是一幅由微博、Twitter和Facebook用户等一起组成的色彩斑斓的镜像。社交媒体已经日益成为危机事件中一个不可或缺的部分,而近年来的无数例子已经清晰地告诉我们社交媒体是如何推动公共危机事件的兴起与发展,如何激发和动员危机事件中的参与激情的。② 三是以"微"为特征的碎片化时间和空间效应,让所有人都可以在不经意间关注并参与到危机事件的整个过程,从而无限放大了危机事件的人员规模,甚至一些人在不知不觉中就成了事件的参与者,增加了事件本身的不确定性和不可控性。正因为如此,在公共危机事件中,事件的组织者和参与者对社交媒体工具似乎都有一种矛盾的心态:一方面都试图通过社交媒体传递自己选择或倾向的信息,以扩大影响并赋予所认可的意义,但另一方面,又担心谣言或其他负面信息使得事件朝着不可预期的方向发展。对于政府来说,同样呈现出这种矛盾的心态:一方面社交媒体无疑在很大程度上虚化了政府在媒体与群体性事件中的角

---

　　① See C. J. W. Ledford and L. N. Anderson, Online Social Networking in Discussions of Risk: Applying the CAUSE Model in a Content Analysis of Facebook, *Health, Risk & Society*, Vol. 15, Iss. 3, 2013, pp. 251-264.

　　② See M. Castells, *Communication Power*, Oxford University Press, 2009, pp. 346-364.

色与地位,增加了对事件管控的难度,但另一方面,社交媒体又为政府及时收集民意和舆情提供了新的途径和平台,并在公共危机事件中开辟了政府与公众之间沟通的新渠道和新模式。

社交媒体对危机事件影响最令人深刻的莫过于2008年以来席卷世界的社会性危机事件,那时,社交媒体正处于爆发式的发展阶段,而不少国家正经历着经济社会结构的困局,社会性危机与社交媒体在特殊的时空条件下相遇,迸发出令人震撼的效果。在2008年以来席卷世界的社会运动浪潮中,社交媒体已经成为一个新的要素。尽管突尼斯政府早在2007年就关闭了视频分享网站YouTube,但是在Facebook上用户还是可以上传和分享视频,于是Facebook就成为社会危机中的一个互动平台,自2010年年底起的两个月内,就有超过30万突尼斯人注册了Facebook账户。① 2010年11月,突尼斯的社会危机揭开了"阿拉伯之春"的序幕,并对整个国家的治理模式产生了极大的影响。在2009年的伊朗骚乱中,Twitter的角色"功不可没",甚至成为美国干预这场运动的重要工具。而在西方所谓的民主国家,不管是欧洲还是美国,普遍的财政危机与年轻人的日益不满情绪所引发的大规模街头抗议也同样令当局头痛不已。这些运动之所以会引起人们的普遍关注,不在于抗议运动本身的规模、程度和结果,而在于Twitter等新媒体第一次以这种震撼的方式向外界展示了其之前不被大多数人所认识的"意外"的力量。社交媒体成功地进行了社会动员、组织协调和激发街头参与运动,尤其是在过去难以想象的跨国行动似乎也因为社交媒体的出现变得轻而易举。类似的情况同样发生在西班牙和希腊等西方国家,在2011年的英国社会危机中,参与者利用黑莓手机和Twitter等新媒体工具,让政府难以招架,以至于英国时任首相卡梅伦(David Cameron)在骚乱刚一平息,就在下议院发言,指责社交媒体是混乱的罪魁祸首,并考虑在必要的时候关闭有"前科"的社交网站,以防止一些人非法串联。在美国2011年的"占领华尔街"运动,以及2014年和2015年因为警察枪杀黑人事件引发的抗议浪潮中,Facebook、YouTube等社交媒体的角色同样引人注目。同样,2009年H1N1病毒流行期间和2010年海地地震期间,社交媒体也被认为在危机合作和沟通中发挥了关键性的作用。

---

① See H. U. Buhl, From Revolution to Participation: Social Media and the Democratic Decision-Making Process, *Business & Information Systems Engineering*, Vol. 3, Iss. 4, 2011, pp. 195-198.

在中国,第一次让人们感知到社交媒体在公共危机事件中的重要角色的应该是2010年的玉树地震。那一年,微博在中国正快速发展,不少人开始习惯于运用这种便利的社交媒体工具,一些新闻媒体和政府组织也开通了微博账号。不少人通过微博第一时间了解到灾情,通过微博为灾区祈祷、捐助和参与救助。① 在社会安全性公共危机事件中,这种感觉同样强烈。尽管20世纪90年代以来公共危机事件呈现出多发的趋势,但由于远离事件中心,大多数普通人似乎对此没有直接的感受。而随着互联网在中国的快速发展,尤其是2010年以来微博的迅速兴起,公共危机事件更加直观地呈现在公众面前,并以新的方式参与、关注,甚至推动着事件的进程,从而带来前所未有的参与感和在场感。在微博等社交媒体兴起之前,很多时候公共危机事件对很多人来说只是一些遥远的地方发生的与自己不相干的事情,其传播的范围只限于有限的地理空间,只与涉事的相关人有关。近几年,几乎在所有的公共危机事件中都能或多或少地看到社交媒体的影子,社交媒体在危机事件中扮演着越来越明显和独特的角色,其在组织动员、信息传播、情感渲染和政府应对方面都有着不可忽视的影响,甚至有些事件从发生到发展演化到最后的解决,都是在社交媒体的推动下进行的。当然,这种影响也包含着一些负面的影响。例如,2009年的湖北石首事件、2010年的江西宜黄拆迁事件、2011年的广东乌坎事件、2012年的宁波镇海PX事件、2013年昆明PX事件以及2014年杭州中泰事件等引发全国关注的危机事件,都可以明显地看到社交媒体的影子。尽管在不同的事件中,社交媒体在具体的角色影响方面会有不同,但是,社交媒体在信息传播、政民沟通和情感渲染方面都发挥了重要作用。同时,社交媒体也是谣言发酵的重要场所。

社交媒体的出现在很大程度上改变了过去人们对于公共危机事件与媒体之间关系的认知,并建构了人们对于未来危机沟通和危机应对图景的新想象。社交媒体对于公共危机事件到底意味着什么,尽管这依然是一个充满争议的问题,但是,毫无疑问,它正以一种全新的方式塑造着公共危机。任何国家和政府都必须对此有充分的认识,并认真地面对这种挑战。

---

① 参见王锋:《灾难性事件中的"微"力量——青海玉树地震中微博应用探析》,载《新闻世界》2010年10月下半月刊。

第二节 基于社交媒体的公共危机逻辑

在高度媒介化的社会里,媒介将"真实"带入了"当前"和"在场",致使人们无法摆脱媒介来理解什么是确实的"真实"。媒介设定了议题,使风险从隐性变为显性,普通人也只能通过媒介的视野来认识什么是"风险"。[①] 风险和危机很多时候是被媒介所建构的,然而在社交媒体环境中,这种建构过程更加复杂和充满不确定性。实际上,在社交媒体环境中,风险放大过程是动态的、复杂的,而不是线性的。[②] 风险的社会放大分析框架将社交媒体视为"放大站"的概念,可以认为,信息的翻译和传播有更大的空间,其方式不仅反映了使用信息的不同受众,还反映了信息的自我产生过程。[③] 社交媒体环境下的风险放大过程充满了更多的不确定性和复杂性,更加重要的是,存在着时间上的突然性。这种风险放大过程的特征,使得社交媒体环境下的危机演化变得更加令人措手不及。

一、社交媒体环境下的风险放大与危机演化

任何公共危机事件都不是突然毫无征兆地发生的,都有其自身独特而具体的内在演化逻辑。从传播的角度来说,危机事件从信息触发到不断地扩张再到最后成为全社会关注的焦点,产生强大的涟漪效应,是媒体与不同组织、个人之间复杂的交互影响的结果。不同的是,在社交媒体环境下,风险扩大和危机演化的过程更加复杂,社交媒体有潜力改变最初设想的 SARF 的媒体景观,对风险传播提出新的修正。[④] 在社交媒体环境下,风险的扩大和危机的演化一般经历四个动态的过程:

[①] 参见全燕:《媒介与风险放大:风险传播的关键议题》,中国社会科学出版社 2019 年版,第 49 页。

[②] See S. Vijaykumar, Y. Jin, & G. Nowak, Social Media and the Virality of Risk: The Risk Amplification Through Media Spread (RAMS) Model, *Journal of Homeland Security and Emergency Management*, Vol. 12, Iss. 3, 2015, pp. 1–25.

[③] See T. P. Newman, Tracking the Release of IPCC AR5 on Twitter: Users, Comments, and Sources Following the Release of the Working Group I Summary for Policymakers, *Public Understanding of Science*, Vol. 26, Iss. 7, 2016, p. 815.

[④] See John Fellenor *et al.*, The Social Amplification of Risk on Twitter: The Case of Ash Dieback Disease in the United Kingdom, *Journal of Risk Research*, Vol. 21, Iss. 10, 2018, pp. 1163–1183.

一是风险感知自我建构阶段。以社交媒体为网络的公众建构着自我的风险感知,并与精英和专家团队的风险框架竞争。而这往往会产生不同的认知和判断。

二是基于不同感知的话语表达博弈和框架聚合。来源于不同信息渠道的个体或群体在社交媒体的去中介化的网络空间中产生强烈的信息对立,通过不同的语义表达差异化的认知,在不断的信息交互中逐渐扩大认知认同和框架聚合。

三是基于共同的感知和认同集体行动,在危机中逐渐形成统一的网络行动团体,产生网络协同、合作,并以虚拟的在线或线下的行动参与到危机过程中。这种行动往往是短暂的,成员身份不固定,甚至只是语言上的相互支持和协同。

四是风险和危机的升级。当集体化的在线和线下行动成为一种危机参与的方式,并裹挟越来越强烈的情绪表达时,越来越多的网络聚集和线下行动会产生越来越大的影响,从而超越原有的危机或风险领域,产生风险溢出和危机扩散。当危机应对的负责机构无法作出有价值的应对时,这种危机就会升级,并产生次生风险和危机,风险的扩大与危机升级往往相伴相生。

借助于风险的社会放大分析框架,我们可以简单地建构出社交媒体环境下风险扩大和危机升级的基本框架(见图 2-1)。① 在自然危机事件中,社交媒体的中介效果可能使得风险转型,从自然风险转化为社会风险,从自然危机事件转化为社会性的公共危机事件,这样的例子屡见不鲜。

图 2-1　风险扩大与危机升级的基本框架

---

① 本框架受到邹霞研究的启示,参见邹霞:《风险放大的四级判定框架——基于 SARF 的理论拓展及典型案例的放大检视》,载《西南民族大学学报(人文社会科学版)》2017 年第 10 期。

从媒体的角度来说,公共危机事件的发生过程被视为一种信息、资源和情感在社交媒体工具的作用下,通过有效的沟通网络和互动平台,实现有效的整合、聚合和流动,从而凝结成一种强烈的群体感知,在共同的时空中连接着某种潜在的统一的行动,当这种集体行动包裹着负面情绪的时候,危机或风险就可能转向。在外界的成员看来,由于没有进入到这种发生过程,更多的感知是事件发生的那一刻的激烈行为,因此会有"突然"的感觉。

基于上面的分析,我们认为,风险或危机是否会演化成为引人关注的公共危机事件,除了危机本身客观的破坏力和影响力大小外,还往往取决于几个关键的要素:

一是风险或危机的意义建构。也就是风险或危机能否被强烈地感知,并赋予负面的认知,如公共安全威胁、非正义。在社交媒体环境下,如果某一风险信息或危机事件被识别、迅速地传播,并引发强烈的内在心理焦虑、不满或其他负面情绪,那么这种风险就意味着在社会建构机制下被完全放大,一旦这种建构完成,新的危机或危机升级就成为必然。

二是行动的组织和动员。即能够通过有效的媒体沟通、分享和整合资源,对外传递刺激信息,吸引足够多的人参与到行动中来,并组织分工,协调行动。当这种行动具有对立性的时候,次生的危机可能会被触发。

三是行动空间。即媒体所能发挥影响的空间和场所。在这一空间和场所中,相关的人、物和其他要素能够有机地联结起来。在网络时代,尤其重要的是,能否将线上抗议的参与者动员到线下的统一行动中来具有不同的结果:协助政府更好地应对危机,成为政府的合作性资源;成为政府的压力源头,面临更大的危机。

四是行动者的特征和能力。即行动参与者相互之间的模仿、刺激,媒体成为维系共同行动的情感支持纽带。这些要素之间有着自我的强化机制和重构机制,在特殊事件或助燃性因素的作用下,媒体的这些功能可能成倍放大,瞬间激化矛盾,推动着事件朝着激烈的方向发展。

二、危机定义:多元化的意义建构

从传播意义上说,公共危机事件通常是"一个行动者借以生产意义、相互沟通、协商和制定决策的过程"①,是一场不同利益、不同主张的人或组织对事件赋予不同意义的过程,这是一个围绕同一事件的不同意义和解释而进行的象征角逐,在这场角逐中,一些组织和个人逐渐占据意义的中心,形成不同的意义框架,完成意义建构。在传统媒体环境下,这种意义建构从一开始就为某一组织或某些人所垄断,这是基于传统媒体的信息过滤和把关功能。在过去,大众媒体主导了公共话语,也就主导了对现实事件的解释和定义权,并在很大程度上形塑着人们行动选择的态度和意愿。这种依赖于大众媒体的意义建构模式是过去长期以来不同组织竭力寻求大众媒体版面并追求正面报道的重要原因。② 随着社交媒体平台的出现,传统的传播模式和传统媒体的垄断地位正受到越来越多的挑战,一些组织、公众在影响和塑造风险及危机认知方面正发挥越来越明显的作用。③ 任何新闻都会被纳入一定的解释性集束(interpretive package),而集束的核心则是新闻框架,旨在为新闻建构意义。框架由八个符号性元素组成,包括:隐喻、例证、警句、描写和视觉形象,主要是提示框架的作用,被称为"框架装置"(framing devices);本因、后果和诉求原则,旨在阐述框架观点的正当性,被称为"理性策略"。④ 社交媒体环境下的危机意义建构是一种多元化主体参与的动态化模式。例如,在社会安全危机事件中,意义建构包括三个层次:公共话语的层次,在这一层次上集体认同感得以形成和转化;由危机中的参与主体、各种组织和它们的对手所发起的劝说性沟通的层次;在集体行动进程中所发生的意识提升的层次。⑤ 正因为如此,公共危机的"共意"形成过程往往需要复杂的意义博弈和竞争结果。

用户并不是简单被动地从权威来源接收信息并将其传递出去。现有的文献表明,随着更多的信息出现在网上,个人能非常便捷地找到和分享自己

---

① 〔美〕艾尔东·莫里斯、卡洛尔·麦克拉吉·缪勒主编:《社会运动理论的前沿领域》,刘能译,北京大学出版社 2002 年版,第 94 页。
② See D. Rucht, The Quadruple "A": Media Strategies of Protest Movement Since the 1960s, in W. Donk, B. Loader, P. G. Nixon, & D. Rucht (eds.), *Cyberprotest: New Media, Citizens and Social Movement*, Routledge, 2004, p. 30.
③ See Cynthia Chew and Gunther Eysenbach, Pandemics in the Age of Twitter: Content Analysis of Tweets During the 2009 H1N1 Outbreak, *PLoS ONE*, Vol. 5, Iss. 11, 2010, pp. 1–13.
④ See W. A. Gamson and K. E. Lasch, The Political Culture of Social Welfare Policy, in Shimon E. Spiro and Ephraim Yuchtman-Yaar (eds.), *Evaluating the Welfare State: Social and Political Perspectives*, Academic Press, 1983, pp. 397–341.
⑤ 参见〔美〕艾尔东·莫里斯、卡洛尔·麦克拉吉·缪勒主编:《社会运动理论的前沿领域》,刘能译,北京大学出版社 2002 年版,第 102 页。

的信息。① 社交媒体"用户生产内容"的逻辑营造出一种去中心化的网络世界,鼓励用户开放讨论,创造分享文化,并不断丰富用户经验。社交媒体的核心在于把网络视为一种全新的互动平台,透过用户与用户之间、用户与网站之间的多元互动、协作和分享等核心理念,提升用户的参与意识,通过用户之间的共同参与合作完成群体意识的共同创建,共同定义着危机到底是"事故""悲剧""意外"还是"灾害",共同定义着危机可能带来的危害。社交媒体让每个过去被动的"受众"拥有了发声的权利,"用户生产内容"意味着过去被大众媒体边缘化的个体可以通过持续性的互动激荡出不同的意义。普通人可以依照自身的价值体系和道德评价重新赋予现实事件以新的意义。传统媒体环境下"沉默的大多数"在社交媒体环境中很容易凝聚成一种强有力的"我们"的概念,并试图依照自己的理解对散布各处、彼此无所归属的危机事件,透过社会化的媒介符号和表达体系转变成具有关联意义的一致性认知,并基于此构建自我的行动力量。例如,在"占领华尔街"运动中,《纽约时报》《卫报》以及电视台等传统媒体对该运动报道不多,或者干脆视而不见,或者把这一运动描述成负面意义的事件,是一群不务正业、漫无目的的乌合之众进行的运动。而社交媒体则提供了不同群体建构自己不同框架的新的空间,不同阵营以各种社交媒体为平台建构着"我们"对于这一事件的不同看法,②与大众媒体展开了一场激烈的"象征角逐"。

在社交媒体环境中,危机事件的意义建构总体上并没有事先精心设计的基本框架,也没有固定的解释性框架,而是在信息的高度互动与分享过程中,通过个人与个人之间的网络交往互动所凝结的共同感和集体认知,框架整合是通过社交媒体平台的信息交互和情感传染实现的,正如酒吧交谈和日常聚会过程中所产生共识的形式一样,也就是说这是一种无意识的意义生产过程。危机中的个体、组织和形形色色的参与者往往也是身份模糊、高度离散甚至是虚幻的,是围绕某一"事件"而临时汇集的边界不清晰、身份不确定的数量众多的个体。但正是这种离散、虚幻的行动者,以自我创造的内容以及

---

① See Joost van Loon, Remediating Risk as Matter-Energy-Information Flows of Avian Influenza and BSE, *Health, Risk & Society*, Vol. 16, Iss. 5, 2014, pp. 444-458.
② See K. M. DeLuca, S. Lawson, & Y. Sun, Occupy Wall Street on the Public Screens of Social Media: The Many Framings of the Birth of a Protest Movement, *Communication, Culture & Critique*, Vol. 5, Iss. 4, 2012, pp. 483-509.

日常化、个体化、草根化的表达形式,使看似不经意、不专业的行为日益演变为一场能够与组织化、精英化、专业化的大众媒体内容与意义生产相提并论甚至竞争的新的意义建构模式。正如列弗·格罗斯曼(Lev Grossman)所言,这是一则关于前所未有规模的群体协作的故事,也是一则关于维基百科、YouTube 以及 MySpace 的故事。它还是一则有关普通的多数人从少数人手中争夺权力并不求回报地互帮互助的故事,一则有关这一切不但将改变世界,还将改变世界变化的方式的故事。① 在自然灾害的危机事件中,普通公众通过个人化的、多元化的信息交互构建着自我的知识框架和认知体系,与专家和精英的认知形成强化或相互竞争的格局。

三、行动主体:互联网一代的年轻人

在过去的认知中,二战以来的年轻人存在普遍的"参与冷漠症",他们不愿意参与日常的公共事务和政治活动,也不愿意轻易地表达自己的政治偏好。在社交媒体环境中,危机参与的主体却恰恰是年轻人。年轻人似乎与社交媒体有着天然的亲近感,他们在公共危机中通过社交媒体表现出了令人意外的热情。例如,近年来的危机事件呈现出三个明显的特点:年轻人主导、政党缺席以及社交媒体的广泛运用。② 不管是在美国、希腊、西班牙、塞浦路斯还是突尼斯和埃及的危机中,年轻人在其中都扮演着绝对重要的角色。例如,在"占领华尔街"运动中,不但发起者是几十个年轻人,而且在整个运动中,30 岁以下的年轻人,特别是大学生成为其中的主导力量。这些原本对传统的参与模式呈现出普遍冷漠的群体似乎突然间对公共事务表现出极大的热情。这其中当然与年轻人的生活状态有着很大的关系。近年来不少国家经济不景气,年轻人对由此带来的高失业、高房价等现状不满,但是,社交媒体在激发年轻人的公共参与热情方面同样"功不可没"。有人以 2010 年在智利收集的调查数据为样本,分析社交媒体使用和年轻人参与公共危机事件的行为之间的关系以及调和这种关系的机制。研究发现,即使考虑了物质和精

---

① 参见〔英〕琼尼·琼斯:《社会媒体与社会运动》,陈后亮译,载《国外理论动态》2012 年第 8 期。
② See N. Kulish, As Scorn for Vote Grows, Protests Surge Around Globe, *The New York Times*, http://www.nytimes.com/2011/09/28/world/as-scom-for-vote-grows-protests-around-globe.html, visited on 2020-05-20.

神资源、对现状不满、价值观和新闻媒体使用等因素后,社交媒体的使用与公共危机事件中年轻人的参与活动仍呈显著相关关系。[①] 而对于埃及年轻人在开罗塔哈利广场(Tahrir Square)的参与行为研究也表明,人们不是通过广播媒体,而是通过使用 Twitter、Facebook、电话或面对面交谈的人际沟通了解到此次危机。在具有统计学意义的影响因素中,社交媒体的使用大大增加了受访者参与第一天活动的可能性,[②]年轻人在公共危机事件中对微博等社交媒体呈现出明显的偏好。

从互联网发展的历史来看,近年来社交媒体参与主体与日益倚重网络的年轻一代密切相关。中国的 90 后被称为"互联网的一代",其成长过程伴随着互联网技术的不断发展,网络已经成为其生活中的一部分,这些年轻人不仅把网络视为新的生活方式和沟通手段,也把网络视为改变社会现状的自组织工具。社交媒体从出现的那一刻起,就表现出与年轻人天生的亲和感。独立性强、个性鲜明、追求时尚的年轻人在社交媒体中可以随心所欲地表达自己的想法。而年轻人依赖社交媒体已经成为一种生活习惯,在公共危机中,大部分年轻人不太习惯于通过传统的相对滞后、缺乏选择性的媒介来了解信息,社交媒体不但为几乎人手一部智能手机的年轻人随时随地获取相关信息提供了无限的可能,而且为年轻人以其独特的超酷、超炫并充满娱乐性的表达方式提供了前所未有的展示平台,如讽刺性视频、网上涂鸦和文化恶搞等等,在一定的情境下,这些看似漫无边际的线上行为同样可能转变为线下年轻群体的集体行动,如颇受年轻人喜爱的"快闪"行动。一般来说,年轻人运用社交媒体的主要目的无非是满足日常生活中的娱乐、社交和信息需求,一些人也会对公共问题表达个人观点,尽管并不是所有的年轻人都对公共事务感兴趣。但是,对于那些对公共问题本来就保有热情和比较关注的年轻人来说,他们很容易通过社交媒体个性化的表达方式激发出参与热情,更加容易

---

① See S. Valenzuela, A. Arriagada, & A. Scherman, The Social Media Basis of Youth Protest Behavior: The Case of Chile, *Journal of Communication*, Vol. 62, Iss. 2, 2012, pp. 299-314.

② See Z. Tufekci and C. Wilson, Social Media and the Decision to Participate in Political Protest: Observations from Tahrir Square, *Journal of Communication*, Vol. 62, Iss. 2, 2012, pp. 363-379.

找到"志同道合"的人,并会在公共危机事件中积极参与到线下的行动中去。[①]而对于整天忙于工作、生活和家庭的年轻人来说,他们肩负着很大的压力,社交媒体为他们提供了新的表达途径,让他们找到了情感纽带。另外,社交媒体毫无疑问提供了一种低成本的危机参与途径,年轻人可以在不放下手头工作的前提下轻松地参与到公共危机中,而参与成本往往是过去年轻人对参与普遍表示出冷漠的重要原因之一。

四、参与行为:涌现与自组织

如何让普通人更好地参与到危机应对过程中,并形成具有协助性的能量,与政府一起共同面对危机带来的挑战,是公共危机应对中一件重要的事情。在过去的认知中,由于公共危机中的这种参与可能面临某些风险,因此,"有理性的、寻求自我利益的个人不会采取行动以实现他们共同的或集团的利益"[②],而克服这一困境的重要方式之一就是以强有力的组织权威和选择性的激励保障为前提,这一点对于社会性安全事件来说尤其重要。在资源动员理论看来,社会性安全事件很大程度上是一种资源竞争行为,而不管是动员群体内部的资源还是群体外部的资源,都必须建立强有力的组织机制,组织化程度和组织能力是集体运动成败的核心要素。一项具有某些风险的集体运动应该建立在强有力的领导、稳固的集体认同、细致且清晰的任务分配以及层次分明的组织权威基础上。[③] 但是,社交媒体创造了一种新的自下而上的或草根性的不受传统组织制度控制的参与模式,使得以组织为基础的沟通向以个人和个人之间的沟通转型。[④] 社交媒体对于公共危机事件最大的影响在于,人数众多的个人参与行为的发生、演化到最终目标的达成从过去仰赖于有效组织权威和激励机制转变为源于个体的活水源头。社交媒体的兴起与发展完全改变了技术作为一种控制工具的印象,而实现了个人的自我赋

---

① See T. Macafee and J. J. D. Simone, Killing the Bill Online? Pathways to Young People's Protest Engagement via Social Media, *Cyberpsychology, Behavior, and Social Networking*, Vol.15, Iss.11, 2012, pp.579-584.

② 〔美〕曼瑟尔·奥尔森:《集体行动的逻辑》,陈郁等译,格致出版社、上海三联书店、上海人民出版社2011年版,第2页。

③ See Malcolm Gladwell, Small Change, *New Yorker*, Oct. 4, 2010, http://www.newyorker.com/reporting/2010/10/04/101004fa_fact_gladwell, visited on 2020-05-20.

④ See A. Manago *et al.*, Self-Presentation and Gender on Myspace, *Journal of Applied Developmental Psychology*, Vol.29, Iss.6, 2008, pp.446-458.

权,营造出一种"自我的精神生态"。在斯蒂格勒(B. Stiegler)看来,个体化(individuation)对于社会的变迁是非常重要的,个体化通过"大声说出来"的行动而变得可能。大众媒体和广告损害了言谈创造对话的可能,个体成为被动的受信人,他们不被允许通过大声发出自己的声音来建立自我独立性的印象,而社交媒体则包含了精神个体化的原始过程。① 与斯蒂格勒不同,卡斯特尔斯(M. Castells)则提出了"创造性自主"(creative autonomy)的概念。在他看来,Web2.0的出现意味着沟通实践的重要转型,"自我的大众沟通"出现,"创造性的受众"控制沟通实践的能力大大增强,从而大大提升了自主性的水平。通过自我性的大众沟通,社交媒体使得公民参与更具有治理上的意义。② 这种趋势在一些人看来背离了集体行动的组织原则,高度离散和自主的个体使得协调一致的行动的实现更加困难。但是,恰恰相反,在另一些人看来,正是这种个体化和自主化以一种前所未有的形式对危机参与行为的发生、发展和演化产生重要的影响,③哪怕是在一些高风险的危机事件中。

  与过去仰赖于自上而下的组织动员的发生机制不同,社交媒体中个体化与自主化趋势的加强使得危机中的参与行为具有明显的"涌现行为"(emergent behavior)的特征。所谓涌现行为,是指行动的发生是从独立个体的行动中所产生的协调性,是彼此高度回应的个别行为而产生的集体结果。这些个体行为表面上看很复杂或有目的,但实际上却是根据非常简单的原则自然而然地作出的,个体完全依照自己的原则行动,一开始并没有集体的概念。正如街头巷尾人们之间的闲聊和接触,看似杂乱无章,但是个体之间的举手投足都向对方传递了微妙的社会线索,从而传达出了相互的期望与安全感。而社交媒体的高度的分享性和互动性使得网络涌现行为发生的可能性大为强化。在这些不断累积和扩散的涌现行为的推动下,一种庞大的自组织可能形成。④ 更为重要的是,微博等社交媒体为这种高度离散和自主的个人

---

  ① See B. Stiegler, *Teleologics of the Snail*: *The Errant Self Wired to a WiMax Network*, *Theory*, *Culture & Society*, Vol. 26, Iss. 2-3, 2009, pp. 33-45.
  ② See M. Castells, *Communication Power*, Oxford University Press, 2009, p. 414.
  ③ See N. Fenton and V. Barassi, *Alternative Media and Social Networking Sites*: *The Politics of Individuation and Political Participation*, *The Communication Review*, Vol. 14, Iss. 3, 2011, pp. 179-196.
  ④ 参见邓建国:《强大的弱连接——中国Web2.0网络使用行为与网民社会资本关系研究》,复旦大学出版社2011年版,第44—49页。

网络行为提供了独特的聚合机制和平台,当这种自组织与某种共同的认知相结合时,一些危机事件就可能被触发。自然灾害期间,如在地震中,人们纷纷自发地把自身的社交媒体页面设置成黑白色以悼念死难者。在飓风桑迪发生后的第一时间里,大量网民就自发地聚集在社交媒体生成的主题中,提供各种信息,寻求帮助和建议等等。① 同样在社会性危机事件中,如在 2010 年突尼斯骚乱事件发生后不久,一个名为"总统先生,突尼斯正在引火自焚"的 Facebook 群就建立起来了,而突尼斯的 Twitter 用户也在相关的"话题"中聚集。只要关注相关的"话题",相关的信息就会立刻呈现在眼前,这能够让人非常轻松地获得对相关议题的信息并参与到话题讨论中来。② 2011 年澳大利亚昆士兰州和维多利亚州发生洪灾期间,Facebook 成为向公众传播信息的主要工具。在山洪暴发后的 24 小时内,昆士兰警察局 Facebook 页面的"粉丝"数量从 1.7 万个成倍增加到 10 万个,两天后,这一数量超过了 16 万个,社交媒体让危机中的个人自发地汇集到权威的信息来源之下。③ 这些一开始看似平淡无奇的个人网络行为,在社交媒体强大的分享和互动功能中迅速汇集成一种一致性的参与行为。所以说,社交媒体是一种有效的组织工具,不需要僵化的组织权威和统一的支持就能够让松散的个人和团体迅速地建立联系。④

五、行动空间:线上线下统一体

从社会网络的角度来看,"强关系"是有效维系社会交往行为的重要纽带,人与人之间关系亲近、联系密切,社会网络具有较高的同质性,并且有较强的情感基础。这种强关系使得人与人之间的关系有稳固的基础,在危机状

---

① See A. T. Chatfield and C. G. Reddick, All Hands on Deck to Tweet #Sandy: Networked Governance of Citizen Coproduction in Turbulent Times, *Government Information Quarterly*, Vol. 35, Iss. 2, 2018, pp. 259-272.

② See S. Stiegiltz and L. D. Xuan, Political Communication and Influence Through Microblogging, in *Proceedings of the 2012 45th Hawaii International Conference on System Sciences*, 2012, pp. 3500-3509.

③ See D. Bird, M. Ling, & K. Haynes, Flooding Facebook—The Use of Social Media During the Queensland and Victorian Floods, *Australian Journal of Emergency Management*, Vol. 27, Iss. 1, 2012, pp. 27-33.

④ See S. Passini, The Facebook and Twitter Revolutions: Active Participation in the 21st Century, *Human Affairs*, Vol. 22, Iss. 3, 2012, pp. 301-312.

态下的个人之间基于这种强关系更加容易形成互帮互助、共克时艰的行为取向,显得更加弥足珍贵。但是,这种强关系通常只有在面对面的生活、工作以及学习的物理空间中存在。人们居住得越紧凑,他们之间的被动接触和主动交往就会越频繁。在同一居住环境下,人们不但更容易与近邻交朋友,甚至连小到信箱和楼梯设置、住房的房门朝向以及住房在整个公寓中的位置等,都会对一个群体中的个体的空间活动形式、信息和谣言的传播方式以及网络和组织的形成起到关键作用。① 这种强关系只能在小圈子的、有效行动空间的"熟人"之间形成。在一些人看来,互联网所产生的虚拟关系只能进一步隔绝已有的社会联系,一些珍贵的价值将会被抛弃。由于缺乏面对面的互动,公共责任和共同性情感被网络消解殆尽,网络论坛制造了深度隔离的政治社团,导致低质量的互动,网络创建的看似没有中介的亲密关系即使在小的团体中也是脆弱的。② 互联网不能创造信任和强关系,这对于低风险的、低成本的在线集群行为,如转发、点评、点赞、关注等等,③也许不是问题,但是对于需要付出较高成本并可能伴随较高风险的线下实际参与行为,如自然灾害中的救助行为,则是一件比较困难的事情,④即使可能出现,也会是短暂的。

但是,社交媒体的出现及兴起也许在很大程度上改变了过去人们的这种认知,社交媒体与过去 Web1.0 时代的网络媒体的一个重要区别是,它打破了过去"赛博空间"(Cyberspace)与"现实空间"的二元分割,创造了一种线上与线下的空间统一连续体,"将古老的面对面的社会运动表演与虚拟的表演结合"⑤。与过去严格地区分物理空间和信息空间不同,社交媒体技术和社会趋势都清晰地显示这两种领域越来越紧密地交织在一起。正如马诺维奇(L. Manovich)所言,在 Web2.0 的环境中,各种新的沟通方式不断出现,现实的

---

① 参见赵鼎新:《社会与政治运动讲义》,社会科学文献出版社 2006 年版,第 248 页。
② See C. Sunstein, *Republic.com*, Princeton University Press, 2001, p. 95.
③ 参见杨国庆等:《社会危机事件网络微博集群行为意向研究》,载《公共管理学报》2016 年第 1 期。
④ See P. Gerbaudo, Get off the Keyboard! Internet Usage, and the Continuing Need for Sociability and Trust in the Context of Anarcho-Autonomous Activism, Paper Presented at the 5th ECPR General Conference, Potsdam, Germany, 10-12, September 2009.
⑤ 〔美〕查尔斯·蒂利:《社会运动,1768—2004》,胡位钧译,上海人民出版社 2009 年版,第 145 页。

内容、观点和对话深深地渗透其中。① 为了更好地解释社交媒体环境中的这种虚拟与现实的空间连续体,有人提出了"赛博场所"(Cyberplace)的概念,与过去的"赛博空间"不同,"赛博场所"试图将虚拟的"赛博"与现实的"场所"有机地结合起来,以更好地展现互联网的物理功能以及具体事件或时空中的赛博互动。② 如在2011年的伦敦骚乱事件中,众多素不相识的志愿者们纷纷带上扫把上街清扫被暴徒损毁的街道,他们大多是因为Twitter上的一个信息而聚集到一起。一个名为"清理伦敦"的账号发推,号召人们上街清理垃圾,吸引了众多网民关注,不少人以实际行动加入到这场运动中来。③ 社交媒体营造了一种关系传播的空间和场所,超越地理边界的限制而把分散的个人联结在一起,危机中的人们利用社交媒体成功地创建了超越虚拟与现实的统一性的行动空间。

公共危机事件中的这种线上与线下空间连续体能够成为现实,关键的原因在于社交媒体与现实生活的嵌套性,这种嵌套性主要体现在两个方面:一是社交媒体深深地嵌套在人们现实的日常生活之中。互联网在很长时间里被认为是脱离人们的日常生活的,个人只有在家里或网吧的电脑中才能够实现网上的信息流动或互动,而个人的网上身份也完全被虚拟化。而社交媒体与智能手机的有机融合,使得社交媒体平台已经成为人们日常生活中不可或缺的部分。随着智能手机的出现,通过社交媒体交流成为人们的一种日常生活方式,"公共屏幕"(public screen)变得高度流动和无所不在,从过去的电视到计算机再到现在口袋里的智能手机,我们生活在一种渗透了多种媒体交织的WiFi云的移动空间,在任何时间和地点只要动动手指就能实现政治参与。④ 二是社交媒体嵌套在真实的社会关系之中。与过去虚拟化的网民身份不同,社交媒体是嵌套在真实情景空间中的朋友、同学和同事等社会网络中。

---

① See L. Manovich, The Practice of Everyday (Media) Life: From Mass Consumption to Mass Cultural Production? *Critical Inquiry*, Vol. 35, Iss. 2, 2009, pp. 319-334.

② See D. Meek, YouTube and Social Movements: A Phenomenological Analysis of Participation, Events and Cyberplace, *Antipode*, Vol. 44, Iss. 4, 2012, pp. 1429-1448.

③ See P. Panagiotopoulos *et al.*, Citizen-Government Collaboration on Social Media: The Case of Twitter in the 2011 Riots in England, *Government Information Quarterly*, Vol. 31, Iss. 3, 2014, pp. 349-357.

④ See K. M. DeLuca, Y. Sun, & J. Peeples, Wild Public Screens and Image Events from Seattle to China: Using Social Media to Broadcast Activism Beyond the Confines of Democracy, in S. Cottle and L. Lester (eds.), *Transnational Protests and the Media*, Peter Lang, 2011, pp. 143-158.

在社交媒体中,以每个用户为中心的人际关系网络(圈子),通过关注他人或被他人关注,会嵌套到另外一个用户的圈子中。而社交媒体的群组功能将现实社会中的人际关系应用于网络社交图谱中。也就是说,社交媒体并不像过去的网络一样完全抽离了人们生活的现实场景,而是以一种更加便捷的方式把真实的空间环境连接起来。正因为社交媒体的这种嵌套性,使得危机中的人们不仅仅停留在离散且短暂的线上运动,而且是让每个人都有"在场感"的线下参与行动。

第三节　公共危机中的社交媒体信息机制

在社交媒体已经成为普通人之间重要的沟通媒介的今天,每天使用社交媒体的人不计其数,而每天发送的信息数量更是大得惊人,涉及的内容也是无所不包,无奇不有。与格式化、单一化和具有清晰传播路径的传统媒体不同,社交媒体碎片化、离散化和超时空化的信息传播方式给人的感觉似乎总是杂乱无章,毫无头绪。但是,在公共危机中,大量的研究已经表明,通过定位源头信息,搜索关键词并通过相关的模型演化,社交媒体可以有效地呈现公共舆情,追寻政治活动的轨迹,甚至可以追踪地震的发生和传染病的暴发。[①] 社交媒体的信息传播本身是有规律可循的,在公共危机事件中,社交媒体的信息传播与演化同样也有其内在的机制,在 Web2.0 时代,对这种机制的了解对于从信息传播的角度把握公共危机的逻辑和机制,并采取有效措施加以应对有积极的意义。

一、社交媒体信息传播的基本要素

并不是所有的社交媒体信息都能够得到快速和广泛传播,大多数社交媒体的用户信息大部分时间都是"默默无闻"的。社交媒体的信息传播能力总体上说取决于两个方面的要素,一是信息的特征,二是用户的特征。所谓信息的特征,就是一条信息本身的一些要素往往会决定其传播的效应。通常来说,一条信息要得到有效传播应该具备至少两方面的要素:其一是技术的要

---

① See Neil Savage, Twitter as Medium and Message, *Communications of the ACM*, Vol. 54, Iss. 3, 2011, pp. 18-20.

素,也就是这一信息包含了足够的有利于信息分享和跟随的工具和符号。社交媒体运营平台一般都提供了一系列的工具以便于信息分享和跟随,但是并不是所有的用户都愿意很好地加以使用。例如,微博使用的标签和网址提示就在很大程度上会影响到信息有效传播的机会,标签的使用会大大增强信息搜索的能力,由于140字的限制,一条微博信息很难有效地呈现更为丰富的内容,而网址的使用则会为他人提供额外的信息链接,这可以是一篇新的文章、一幅图片、一个视频等。统一资源定位符(URL)和标签的使用提高了信息对接受者的价值度,自然也会增加信息传播的广度和深度。其二是内容要素。一条社交媒体信息的传播更大程度上是受到这一信息内容本身是否引起关注或让大家感兴趣的影响。研究表明,流行的话题和当前的热点话题,尤其是这一信息符合受众的期待,会大大增强信息的活跃度和分享性。[①] 这意味着这种信息可以围绕着正在讨论的话题而更多地被人关注和转发,获得更多的呈现机会。这也可以解释为什么一些人为了让自己的信息更加引起关注并广泛传播会在标题和内容上费尽心思,甚至故意起一些标新立异和耸人听闻的标题,或者捏造事实,制造谣言,这在公共危机事件中屡见不鲜。

除了社交媒体信息本身的特征,影响社交媒体信息传播的另一个重要因素是用户的特征,这些特征包括用户使用习惯、账户的使用年限,以及粉丝的数量、结构和关系等方面的特征。也就是某一社交媒体用户与其他用户之间的互动性如何。例如,社交媒体用户在信息方面的使用习惯显然会影响到信息的传播,一些用户比较倾向于采取提醒、回复等双向互动的方式来传递信息,而一些用户,特别是一些机构和组织的社交媒体用户则较少采取这种方式,而是习惯于通过刻板的、单向的信息发布的方式来实现信息的传递,这无疑在一定程度上拉开了其与其他社交媒体用户之间的距离,也不利于吸引粉丝。而社交媒体用户在多大程度上把社交媒体视为一种信息交流的工具和平台,在一定程度上也决定了粉丝的黏度。[②] 一些社交媒体用户喜欢转发其他来源的信息,而一些用户只发布自身的原创信息。对后者来说,原创信息

[①] See H. C. Wang and H. S. Doong, Does Government Effort or Citizen Word-of-Mouth Determine E-Government Service Diffusion? *Behavior & Information Technology*, Vol. 29, Iss. 4, 2010, pp. 415–422.

[②] See H. Kwak, H. Chun, & S. Moon, Fragile Online Relationship: A First Look at Unfollow Dynamics in Twitter, in *Proceedings of the International Conference on Human Factors in Computing Systems*, ACM Press, 2011, pp. 1091–1100.

往往会降低自身信息的关注度,除非这种原创信息能够足够引人关注。实际上,一个社交媒体账户有众多信息接入链接,这些链接能够使一些信息自动呈现在自身账户中,从而能够保持本账户较高的信息灵敏度,社交媒体用户粉丝自然就成了这一账户的"信息守护人"(gatekeeper),用户可以决定是否把相关信息转发给自己的粉丝,从而能够增强为粉丝信息服务的能力。① 而粉丝的数量特别是粉丝的关系结构,对于社交媒体信息的传播意义更加明显,粉丝中关系比较亲近的人往往更加倾向于转发信息,而如果得到"大 V"的关注,对社交媒体用户信息的传播意义不言而喻。

二、公共危机中的社交媒体信息演化

与其他的危机一样,公共危机最根本的诱因无疑是内源性的紧张关系,无论是大自然的内在紧张还是社会运行中的内在矛盾,只不过在媒介的作用下,这些矛盾和紧张会以不同的形式呈现出来,从而演变成为引人关注的公共事件。而一件事情一旦进入到媒介过程,就有可能脱离事情原来的发展轨迹,在不同舆论的交锋中产生严重偏离。正如约翰·菲斯克(John Fiske)所言,"这其实是一种超现实的幻象,任何事件都有自身原发性的真实诱因,然而,重点是这些事件在经过媒介化的过程后,其文化意义已经超越了事件过程的本身"②。而不同的媒介在信息传播方面的不同形式在很大程度上影响着事件媒介化的过程和结果。从信息传播的角度来说,社交媒体的交互性、离散性和去介质性特征无疑让公共危机事件更具有了"突发"性的特征。事实上,公共危机事件的发生和发展过程与信息传播的过程是两个相互交叉但是又往往分道扬镳的不同轨迹,很多时候公共危机的发生是内外各种因素耦合共变机制作用的结果。③ 通常的情形是,一个公共危机事件已经发生,在社交媒体舆论场才刚刚酝酿成舆论,也可能公共危机事件已经结束,但是这一事件并没有成功地实现议程设置,最后并没有引起大众的关注,而归于无声

---

① See Bob van de Velde, Albert Meijer, & Vincent Homburg, Police Message Diffusion on Twitter: Analysing the Reach of Social Media Communications, *Behavior & Information Technology*, Vol. 34, Iss. 1, 2015, pp. 4-16.

② John Fiske, *Media Matters: Everyday Culture and Political Change*, University of Minnesota Press, 1994, p. 226.

③ 参见高贵源、张桂蓉、孙喜斌等:《公共危机次生型网络舆情危机产生的内在逻辑——基于40个案例的模糊集定性比较分析》,载《公共行政评论》2019年第4期。

无息。同样的情形也可能是,当一个可能导致公共危机事件的话题在社交媒体上早已群情激奋,但是因为政府有效应对或因为舆情逆转而使得公共危机事件最终没有发生。基于信息传播和演化的角度,我们可以把公共危机事件中的社交媒体舆论过程划分为四个阶段:话题酝酿、舆论引爆、舆情演化和舆情消减。每个阶段的社交媒体信息传播的特点如下:

1. 信息聚合与话题酝酿

某一矛盾和冲突最终能否成为公众普遍关注的话题,在很大程度上取决于能否构建一种强烈的集体认知和情感共鸣。所谓集体认知,就是让潜在的行动群体和一般社会大众对事件的"真相"和意义的认识和感知,通过信息的传递从而塑造成一种悲情、不公或弱势的集体映像。然而,认知的微妙之处在于其很依赖于信息接收主体的判断,因此任何一种信息都能激起"我"的疑虑。[1] 当离散化的信息通过社交媒体这一工具有效地聚合并"拼接"成一个给人感觉完整的、相互印证的信息体系的时候,这种集体认知也就意味着基本上被构建出来,也意味着公共话题正在酝酿形成。通常来说,在集体认知构建中,社交媒体是通过几种方式来实现信息聚合的:一是现身说法,也就是社交媒体用户以当事人的名义,或转述当事人的叙述,向外界传递事件的自我感知,试图让外界更好地了解事件中的利益受损群体的"真实"心理状态,同时也更好地凝结事件中原子化个人的情感共鸣。二是现场呈现,也就是通过微博等社交媒体把事件中的现场情形通过照片和视频等直观的方式呈现出来,从而试图向外界传递出"事情就是这样"的信息。为了更好地吸人眼球,在短期内以最快的速度扩散信息,在照片和视频的选择上往往会把那些具有视觉冲击力的放在突出的地位。三是观点引证。就是通过转发其他专家的观点、相关证据以及其他有过相似经历的地方的相关数据,以构建出一种可能的后果的共同认知。这种方式在邻避冲突事件,如垃圾焚烧厂建设、PX事件中表现得更加明显。当然,在这种信息的聚合过程中,往往裹挟着浓厚的情感,如兴奋、震惊、悲情和愤懑等叙事方式,通过社交媒体特有的情绪符号直观地表现出来。

一般来说,矛盾或冲突出现后的这种信息聚合在很大程度上是为了更好

---

[1] 参见何艳玲、陈晓运:《从"不怕"到"我怕":一般人群在邻避冲突中如何形成抗争动机》,载《学术研究》2012年第5期。

地凝聚集体共识而进行的话题酝酿过程,更多的是一种集体动员过程,也是对外的一种情绪渲染和行动合法性的塑造过程,一旦这种话题成功凝聚并上升为公共话题,接下来的舆论升级就成为可能。

2. 信息聚变与话题引爆

网络媒介的"大众性""赋权性""连接性"等为舆情的发酵与持续发展提供了"物质性"的基础。① 在社交媒体环境中,信息聚合最终能够上升为公共舆论并且引发舆论风暴,在很大程度上有赖于信息传递过程中是否能够聚变升级,而这种聚变升级过程通常有几种路径:一是"大V"关注。在社交媒体的信息传播过程中,双向沟通网络中的关键节点往往对信息的传播效果有着重要的影响,尤其是那些粉丝量多、影响力大的"大V",一条信息一旦得到"大V"的转发或评论,其影响力可能呈现无限级的放大。所谓通过节点性的社交媒体引爆舆论模式,也就是某一处在舆论酝酿期的信息被拥有众多粉丝的"大V"或者"意见领袖"的关注、同情并加以转发,而在"大V"充满"道德正义感"的评论和引导下,在众多粉丝的关注和跟随、转发、评论中可能迅速地上升为公共舆论,这就像核能的裂变过程一样,瞬间产生惊人的能量。但是,如何引起"大V"们的关注并得到转发并不是一件容易的事情,有时候往往带有偶然的成分。二是个人爆料。所谓个人爆料,是指透过个人社交媒体账号揭露一些不为人知的具有冲击力和视觉震撼的消息。这种路径之所以能够引发舆论风暴不在于社交媒体用户本身的影响力,爆料者甚至有可能是一个微不足道或者临时注册的用户,而在于其揭露的信息本身的"爆炸性",这种信息往往挑战普通人的道德底线和情感认同,也挑战普通人的视觉观感,如自然灾害中无助的受害人群、重大伤亡现场,事件过程对手无寸铁的抗议者凶狠的暴力攻击、"富二代"的嚣张跋扈、权力部门的傲慢与偏见、官商之间的利益输送和共谋行为等等,从而瞬间点燃公众强烈的关注,以及潜藏的集体情感共鸣,最终引发舆情危机。三是社交媒体与其他新媒体、传统媒体之间的互动推拉。这一途径通常不像前面两种具有瞬间引爆的特征,而是一个逐渐升级的过程,一般是某一时间或矛盾冲突通过社交媒体的传播而逐渐被报纸、广播和电视等大众媒体所关注、介入,并持续不断地报道,形成有效的互

---

① 参见李翠敏、徐生权:《媒介化视域下公共危机事件的网络舆情演化研究》,载《新闻界》2019年第7期。

动,最后推高舆论,从而形成舆论风暴。

有时候,危机的形成是事件中参与者或当事人刻意为之,但是在社交媒体的环境中,种种刻意为之不一定能够达到目的,反而旁观者一个不经意的照片或视频能够以一种"意外"的方式推高舆论。

3. 信息的交互与话题演化

一旦某一话题进入公众关注的中心,就意味着该议题进入全媒体的议程设置,作为标题被醒目地呈现在各种媒体上,而这也意味着全媒体的立体式的信息交互过程被全面激活。在社交媒体的高度互动性、分享性和跟随性的带动下,围绕这一话题的各种信息可能在瞬间使得舆情发生变化,甚至朝着相反的方向演进。传统媒体在一次性传播效率上具有优势,但是存在传播时间特定化、传播工具固定化和缺乏立体反馈的劣势,而网络舆情的滚雪球优势是任何其他媒体不能抗衡的。① 在各种信息高度交互性的作用下,跨媒体互动,特别是社交媒体特殊的"话题"功能能够让话题把各种相关信息有机地连接起来,而各个大众媒体开设的社交媒体账号在强大的粉丝群体的交互作用下能够实现全媒体的无缝隙对接。博客、RSS、SNS 和即时通信(IM)平台以及各大门户网站都会积极跟进,主动转载,并出现在新闻标题的醒目行列中,从而形成跨媒体的立体传播态势。在智能手机这一无所不在的平台推动下,所有人都可能成为这一话题的关注者、传播者和评论者,而一旦电视媒体跟进,通常也就意味着这一话题已经进入了舆论的高潮。在这种立体化的全媒体高度信息交互中,舆论的演化通常会朝着几种不同的方向发展:一是舆论逆转。在多元媒体的立体信息互动中,越来越多的信息呈现出来,越来越清晰,如果真相与一开始舆论引爆阶段的信息呈现出极大反差,舆论方向就会发生逆转。二是舆论激化。当相关的信息越来越清晰地显示事实的真相远比一开始的描述更加令人难以接受,当政府部门在舆论应对方面力度不够或者失当时,舆论就会进一步升级,线上与线下会形成相互刺激的互动效应,伴随着强烈的情绪共振和情感共鸣,线下的群体性抗议行为就可能发生。三是谣言可能扰乱舆论的发展形态。由于互联网的传播速度和影响广度往往

---

① 参见顾明毅、周忍伟:《网络舆情及社会性网络信息传播模式》,载《新闻与传播研究》2009 年第 5 期。

异常惊人,谣言一旦出现,便可能形成谣言风暴。① 谣言试图争夺舆论的注意力,并成为舆论新的焦点,而这种焦点可能在一定程度上影响到舆论原有的发展形态和方向。在网络戏谑、恶搞、发泄等多种表达的网络空间中,公共舆论也可能失焦。

当然,在公共危机事件中,在全媒体即时性的信息交互过程中,信息的演变方式更加多样化,更加难以捉摸,舆论出现向上循环的螺旋、上下反复循环的螺旋、发散式螺旋、聚焦式螺旋等形式。②

4. 信息消散与舆情的衰退

任何危机都有自己的生命周期,当相关话题的信息随着事态的发展而逐渐消散时,危机的舆情也就进入了拖尾阶段,并最终消失。在社交媒体的世界中,危机话题一般形成得非常快,同时也衰退得非常快。在公共危机事件中,社交媒体的话题衰退主要有以下几个方面的原因:一是当这一话题没有更多新的带有刺激性的消息出现时,社交媒体的注意力会呈现快速下降的趋势。社交媒体对于舆论的推动在很大程度上是基于话题的提醒、跟随和回复的,而这往往基于新的消息源头的不断涌现,当新的消息源逐渐减少时,相关的跟随和互动也就立刻随之松散,甚至枯竭。尤其是一些"大V"不再关注这一话题时,与此相连的点击率、回复率和转发率也就因此而消失,以此为核心的消息聚合失效,危机话题热度也就大大降低。特别是当有与本事件无关的新的其他的焦点事件或焦点话题出现时,公众的注意力也就很快被转移。二是政府相关部门的及时应对使得危机迅速地被化解。如果政府相关部门应对及时得当,积极回应公众的期待,迅速地在舆论方面进行有效干预和引导,与此相关的公众不满、质疑、愤怒等情绪也就能够得到消解,这种危机能够很快得到化解。在很多公共危机事件中,政府及时通过社交媒体工具与网民互动,及时公布相关信息,及时处理相关责任人,以及对谣言等不实消息及时进行辟谣等行为无疑会让舆论的进一步发酵失去空间和土壤。在"事情得到了有效解决"和"真相已经明朗"的期待满足中,以事件为核心的话题和相关消息也就渐渐逝去,甚至很快被人遗忘。三是任何公共危机事件持续很长,对

---

① 参见孙燕:《谣言风暴:灾难事件后的网络舆论危机现象研究》,载《新闻与传播研究》2011年第5期。

② 参见原源:《变幻的螺旋:社会舆论形成的复杂性与多样性——网络时代"沉默的螺旋"面临的挑战》,载《山西师大学报(社科版)》2011年第2期。

与此相关的话题网民本身也会出现关注疲劳的现象,在经过一段时间的网络喧嚣后,当初处于感性支配的表现激烈和冲动的人会逐渐回归理性,在个人叙事方式上更加平缓和客观,这无疑会在一定程度上降低舆论的热度。

三、公共危机中的社交媒体信息模式

根据信息传播和演化的不同路径,我们可以简单地把公共危机事件中的信息演化过程分为三种模式:

第一种是潜伏模式。所谓潜伏模式,也就是有关公共危机的社交媒体信息最终没有成功地引发为引起广泛关注的话题。某一问题只有为社会所感知并赋予其意义时才能成为社会问题,很多时候,尽管一些问题原本已经很严重,但是这些问题由于没有得到社会的广泛关注,没有能够成为公众讨论的话题,因此也就不为人所察觉。① 在某些时候,尽管公共危机事件已经发生,甚至危机比较严重,但是,这一话题只在有限的范围内实现了最初的信息聚合,但因为缺乏信息向纵深传递的节点性社交媒体用户而没有成为公众讨论的话题,只能潜藏在纷繁复杂的信息海洋中。但是,这种潜藏的话题并不意味着彻底消失,其可能通过特殊的形式而被引爆(如在其他类似的公共危机事件中,这些被潜伏的情绪可能以更加激烈的方式发泄出来),并对社会秩序产生冲击。

第二种是引爆模式。这一模式最大的特点就是社交媒体信息从开始的话题酝酿到成为广泛关注的话题具有明显的突变性和突然性。从某一矛盾和事件发生之初的信息聚合到信息的立体式纵深裂变是一种突然的跃升,或者是因为某一社交媒体用户的爆料具有足够冲击力的消息,或者是因为受到社交媒体核心节点的"青睐",使得某一话题在一夜之间成为关注的焦点。需要指出的是,这种模式往往伴随着更加激烈的情绪和不安,普通网民往往在没有时间确认信息真实性的情况下被感性的反应带进情绪中,如果不能及时纾缓可能会带来严重的后果。而这种模式下的舆论也最可能发生逆转,当进一步的信息被不断呈现出来,事实的真相愈加明显,或信息出现相互矛盾的情况,或者应对及时,这种危机也就可以在一段时间内烟消云散。

---

① See Bert Klandermans and Dirk Oegema, Potentials, Networks, Motivations and Barriers: Steps Toward Participation in Social Movement, *American Sociological Review*, Vol. 52, Iss. 4, 1987, pp. 519-531.

第三种为推拉模式。这种模式下的社交媒体信息传播往往是一个相对漫长、相对平缓,从话题酝酿到引起关注再到最后危机状况消失的过程,是一个逐渐演进、逐渐"推拉"的过程。通常一开始,信息的传递和整合过程是通过社交媒体实现的,但随着信息在新媒体间传递的范围和程度越来越强,这一话题逐渐引起了广播、电视和报纸等传统大众媒体的关注,这些大众媒体凭借它们的专业能力和精神,对这一话题不断地跟踪报道,深入调查,不断挖掘这一话题本身的内在逻辑和发展脉络,从而把这一话题不断地推至更高的层次和更广的受众。社交媒体的碎片化和即时性的特性也使得一些信息不断地呈现并汇集起来,与大众媒体之间形成良好的互动,这种"推拉"过程不断地推动着舆论的发展。这一模式从话题酝酿到舆论高潮到最后的危机消除,整个曲线呈现出比较平滑的状态,没有大起大落。一般来说,这种舆论的发展过程也要经历比较长的时间段。

可以看出,随着 Web2.0 时代的到来,社交媒体与公共危机日益紧密地结合在一起,并以自身的逻辑塑造着信息传播和交互模式,普通个人与公共事件之间的连接比以往任何时候都变得更加紧密和轻松,这在很大程度上改变着普通人影响公共事务和政治过程的能力与模式,信息的生产、传播、聚合和变化变得更加捉摸不定。社交媒体本身也不可能改变现存的力量,而仅仅起了增强这些力量、扩大参与过程的作用,但是,正是这些被增强了的力量某种程度上改变了现实。[①]任何国家和政府都应该认真对待这一问题。各国能做的是适应这种新的媒体环境,充分把握社交媒体环境下危机发生、发展和演化的内在逻辑和机制,在此基础上学会在新的技术环境中充分地运用社交媒体平台,更好地与公众沟通,与其他组织合作和协同,并且深刻地反思自身经济社会结构和运行机制中存在的问题与矛盾,适时推动相关体制的改革,从技术和制度相结合的角度真正消解公共危机带来的压力。[②]

---

① 参见许玲:《网络行动:互联网时代的新媒介与对抗政治》,华中师范大学出版社 2011 年版,第 132 页。
② See C. Fuchs, Behind the News: Social Media, Riots, and Revolutions, *Capital & Class*, Vol. 36, Iss. 3, 2012, pp. 383-391.

第三章

善用社交媒体:地方政府危机应对的新能力

危机应对是一个系统性的工程,需要基于战略指引的统一的指挥体系和各行动主体之间一致性的行动准则,需要不同层级的政府以及不同政府部门之间的协同和参与。但是,从危机应对的具体过程、行动中的角色和职责来说,不同层级的政府、不同政府部门面对危机的距离、面临的资源约束和所处的危机情境会有很大的不同,在危机应对中扮演的角色和功能也就存在差异。几乎在所有的国家,在大多数的危机中,地方政府都是最直接面对危机的,是第一行动者,正如奥利里(M. O'Leary)所言,"几乎所有的灾难都是在地方一级经历的,而灾后的最初 72 小时至关重要"[①]。因此,对于危机应对来说,很多时候地方政府的能力和角色至关重要,在新媒体环境下,地方政府在危机应对中运用社交媒体的能力对危机应对的效果同样具有很大的影响。

第一节 危机中地方政府对社交媒体的运用

对于到底是哪一层级的政府更适合运用社交媒体这一问题是很难回答的。中央政府往往有更雄厚的财政资源和数字可见度,而地方政府因为更加接近社区居民以及能更好地协调线上和线下过程,似乎更有利于运用社交媒体。卡尔-韦斯特(J. Carr-West)认为,地方政府运用社交媒体似乎更加适合和有利,但前提是需要在四个方面建立基础:让人们自由创新、尝试新的想

[①] M. O'Leary (ed.), *The First 72 Hours: A Community Approach to Disaster Preparedness*, iUniverse, 2004, pp. 1-6.

法、拥抱开放、允许好的想法出现,尽管这些想法可能会破坏传统的结构和文化。① 对于地方政府的危机管理来说,社交媒体的运用无疑是一个重要内容,但是如何运用以及目的到底是什么则需要认真思考。

一、地方政府:危机应对中的核心行动者

地方政府通常指的是"地方的政府"或者"当地的政府",即最接近民众的一级政府。② 但在中国,"地方政府"通常是一个比较泛化的概念,也就是泛指除了中央政府以外的各级政府,越往基层,地方政府就越贴近民众,越紧密地与民众发生联系。而所谓核心行动者就是在治理过程或行为空间掌握核心资源,具有较强行动能力并产生较大影响的行动者。地方政府作为核心行动者很多时候指的是"在地方政府组织和结构中掌握丰富公共资源,拥有显著公共事务信息优势,其行为策略和行动结果直接决定地方治理绩效和走向的政府官员"③。地方政府作为核心行动者,就是区别于其他类型的组织形态,在公共治理过程中垄断大部分资源,掌握大部分信息,并处于主导性地位的组织和机构。而从政府组织内部的权力关系和运行模式来说,地方政府作为核心行动者的角色和功能更多地体现在整个行为过程和治理场域中拥有较强的支配性意志和话语权的个体成员身上。

从危机应对的角度来说,我们把地方政府视为核心行动者,是把地方政府与中央政府相比较而言的,也是与社会组织、企业组织相比较来说的。在危机应对中,很难鉴别不同层级的政府到底在危机应对中存在哪些行为表现和角色方面的差异。但总体上来说,地方政府与中央政府相比较还是存在着一些不同之处。梅迪纳(R. Z. Medina)和迪亚兹(J. C. L. Diaz)认为,与中央政府相比较,地方政府在危机应对方面的特点主要体现在四个方面④:毫无疑

---

① See J. Carr-West, From E-Democracy to "Here Comes Everybody": A Short History of Government and the Internet, in A. Sawford(ed.), *Local Government 3.0: How Councils Can Respond to the New Web Agenda*, Local Government Information Unit, 2009, pp.4-9.

② 参见《地方政府与政治》编写组编:《地方政府与政治(第二版)》,高等教育出版社 2018 年版,第 2 页。

③ 沈承诚:《地方政府核心行动者的生成逻辑:制度空间与制度规引》,载《社会科学战线》2012年第 6 期。

④ See R. Z. Medina and J. C. L. Diaz, Social Media Use in Crisis Communication Management: An Opportunity for Local Communities? in M. Z. Sobaci(ed.), *Social Media and Local Governments: Theory and Practice*, Springer, 2016, p.326.

问，首先要评估的是在地方层面危机对个人所造成的一系列影响，其中家庭或邻里关系可能对危机管理产生更直接的更大的影响。通常情况下，这种处理危机的"个人"方法甚至比在国家范围内更为重要，在国家范围内，涉及组织或机构声誉的方法更为重要。其次，当地环境中的危机管理更直接、更紧密，尤其是更快速。这是因为危机的后果会更为明显地发生在公民身上，他们对危机的感知更为直接。利益相关者将正在发生的情况与一个组织传播的信息进行对比、核实的难度，要比在国家范围内容易得多。再次，就传播资源而言，大多数地方机构和组织在高度控制的传播系统中都有依赖传统地方媒体的公共传播战略。由于组织的传统信息传递试图被脚本化、控制化，并且是一种特别的危机传播方式，社交媒体的性质表面上似乎与这些特征相悖。最后，当地对危机的预期和准备并非例行公事。地方公共机构远远没有从足够广泛的角度理解沟通，而且往往不了解危机应对专业人员、危机应对工具和危机应对战略的要求。事实上，很少有地方组织对危机局势有专业的准备。因此，地方政府在危机应对过程中往往面临很大的压力，这对地方政府危机应对的能力提出了更高的要求，也体现了地方政府作为危机应对的核心行动者角色。直接面对危机发生的第一线，是危机应对的第一行动体，地方政府的能力和角色在很大程度上决定着危机应对的效果。与企业和社会组织相比，政府垄断公共资源和信息，承载着公共危机应对的法定义务和职责。

从社交媒体运用的角度来说，我们同样认为地方政府是其中的核心行动者，地方政府对社交媒体的运用同样属于"将新的理念运用于政策制定和实施的过程"①，是制度创新的一种体现。就组织层面来说，改革开放以来，地方政府作为一个组织的存在日益成为一个权力和利益相对独立的行动主体，是制度创新或制度变迁的"第一行动集团"角色，②地方政府为了应对危机，提升效率，通过引入新的技术推进治理创新。"被正式制度纳入权力体系的核心成员，他们依托正式组织，依据正式的规则，在管辖领域内享有主导性话语权

---

① 俞可平：《中国地方政府创新的可持续性（2000—2015）——以"中国地方政府创新奖"获奖项目为例》，载《公共管理学报》2019 年第 1 期。
② 参见杨瑞龙：《我国制度变迁方式转换的三阶段论——兼论地方政府的制度创新行为》，载《经济研究》1998 年第 1 期。

和决定性主宰权,是制度变迁的支配性力量。"① 也就是说,社交媒体技术的运用及其效果在很大程度上取决于作为核心行动者的官员的态度。

地方政府作为核心行动者,一方面意味着其在危机应对中具有很强的主导性权力、影响力和行动力;另一方面,这种行动者同时也是理性的、具有自我利益取向的行动主体。也就是说,地方政府及其官员日益成为一个利益相对独立的行为和权力主体,效用最大化的理性人成为地方政府行为的基本逻辑。② 在本书中,我们同样把在危机中的地方政府视为理性化的核心行动主体。

就中国的实际来说,地方政府在危机应对中的核心行动者地位更加凸显。中国传统上虽然是一个强调中央权威的单一制国家,但是,改革开放以来,随着中央地方关系的改革,地方政府日益成为一个相对独立的行为和权力主体,效用最大化的理性成为地方政府行为的基本逻辑。③ 市场化改革进程中制度环境下的深刻演变,特别是持续性的行政放权赋予地方政府越来越大的自主权。④ 更重要的是,地方政府在法律上被赋予了地方经济社会管理的职责。2007 年颁布的《突发事件应对法》明确了危机应对的"分级负责、属地管理为主"的基本原则,同时规定,"县级人民政府对本行政区域内突发事件的应对工作负责;涉及两个以上行政区域的,由有关行政区域共同的上一级人民政府负责,或者由各有关行政区域的上一级人民政府共同负责"。事件发生后,突发事件发生地县级人民政府应当立即采取措施控制事态发展,组织开展应急救援和处置工作,并立即向上一级人民政府报告,必要时可以越级上报。如果突发事件发生地县级人民政府不能消除或者不能有效控制突发事件引起的严重社会危害的,应当及时向上级人民政府报告。上级人民政府应当及时采取措施,统一领导应急处置工作。同时还规定,地方政府应该积极配合中央政府的应急指挥工作。地方各级政府和县级以上地方各级政府有关部门必须依照相关法律法规和本地实际,制定应急预案,组织应急相关的专业培训,成立专业的队伍等。也就是说,地方政府承担了危机预警

---

① 沈荣华:《地方治理中的核心行动者》,载《学习与探索》2013 年第 12 期。
② See J. L. Caulfield, Local Government Reform in China: A Rational Actor Perspective, *International Review of Administrative Sciences*, Vol. 72, Iss. 2, 2006, pp. 253-267.
③ Ibid.
④ 参见何显明:《市场化进程中的地方政府行为逻辑》,人民出版社 2008 年版,第 123 页。

和第一线、第一时间的危机应对角色。

表 3-1 地方政府危机应对的主要责任

危机应对阶段	预防与应急准备	监测与预警	应急处置与救援	事后恢复与重建
地方政府职责	（1）制定和修正突发事件应急预案； （2）定期进行风险检查与评估； （3）调解社会纠纷； （4）突发事件培训，建立专业应对队伍； （5）应急演练； （6）经费保障、储备物资。	（1）建立突发事件信息系统、收集突发事件信息并及时上报； （2）建立健全数据系统、完善监测网络； （3）依具体情况发布警报、向上级汇报； （4）采取应急措施。	（1）依照具体的突发事件采取相应的应急措施； （2）及时准确发布相关信息。	（1）停止应急措施； （2）评估损失，恢复秩序与重建； （3）组织善后工作； （4）总结经验教训。

资料来源：根据《突发事件应对法》整理。

必须承认，在资源方面，地方政府面对危机时很多时候存在困境，如何管理危机方面没有地域或技能限制，当危机发生在地方或一定区域时，我们应该考虑到，面临危机的组织所拥有的资源比国家一级所拥有的资源要少。① 但是，这不影响地方政府作为危机应对核心行动者的角色。从危机应对的实践来看，中国之所以把地方政府视为危机应对的核心行动者，主要是出于以下几个方面的原因：一是公共危机事件大都首先发生在地方或者来自地方。纵观这几年所有的突发公共危机事件，可以看出，不管是自然灾害类、事故灾难类、公共卫生类还是社会安全类，几乎无一例外都是来自地方。地方政府负有最直接的管理责任。从这个角度来说，地方政府是国家长治久安、社会和谐幸福的基础，正所谓"基础不牢，地动山摇"，地方稳定则社会稳定，地方和谐则天下和谐，地方政府是社会和谐稳定的建设者和守护者，是社会和谐稳定和公共安全的基石。二是目前不少公共危机事件本身就与地方政府的行为有着非常密切的联系，一些地方政府的不作为、乱作为，权力滥用和腐败成为公共危机事件的诱因之一。事实上，纵观近几年的社会性公共危机事

---

① See R. Z. Medina and J. C. L. Diaz, Social Media Use in Crisis Communication Management: An Opportunity for Local Communities? in M. Z. Sobaci(ed.), *Social Media and Local Governments: Theory and Practice*, Springer, 2016, p. 326.

件,可以发现,地方政府已经成为网络舆论监督的主要矛头指向。① 三是从能力上看,地方政府在公共危机事件中的应对能力与要求有着不少的差距,地方政府在应对方面的被动、迟滞和不当往往进一步激化矛盾,点燃新的风暴,导致新的不稳定。地方政府危机应对能力的提升在很大程度上决定了中国危机应对和危机管理的整体水平。

二、善用社交媒体:地方政府危机应对的新要求

地方政府是危机应对中的核心行动者,而社交媒体对危机应对的意义不言而喻,因此,对于地方政府来说,社交媒体的引入意味着地方政府危机管理的新机会,尽管也存在着某些风险,如安全性等问题,但是,可以确定的是,如果地方政府把社交媒体拒之门外,那么就意味着更大的风险。② 格雷厄姆(M. W. Graham)等人针对美国 300 多名地方政府官员的研究表明,社交媒体的使用程度与对当地地方官员控制危机局势能力的评估以及对其应对力度的总体评估呈正相关。③ 在当今的媒体环境中,忽略社交媒体的危机应对功能,对地方政府来说,可能会付出难以承受的代价。

在中国,地方政府运用新的媒体工具应对危机的重要性这几年不断地被强调,成为一种新的能力要求。十八大以来,国务院多次出台专门的文件强调各级政府积极运用新的媒介工具及时回应社会关切、提升政府公信力的重要性,尤其是在突发事件和危机事件中。2013 年发布的《国务院办公厅关于进一步加强政府信息公开回应社会关切提升政府公信力的意见》首次强调,发挥政务微博、微信等社交媒体在发布信息方面的积极角色,及时回应公众关切,确保公众及时知晓和有效获取公开的政府信息。此后,社交媒体危机应对能力成为地方政府危机应对的重要内容。2015 年 8 月,天津港发生特大爆炸事故,地方政府在危机中的舆情回应能力受到质疑。2016 年 8 月 12 日,也就是在天津港特大爆炸事故发生一周年之际,国务院办公厅发布了《国务院办公厅关于在政务公开工作中进一步做好政务舆情回应的通知》,对涉

---

① 参见耿国阶、张晓杰、孙萍:《地方政府对网络舆论监督的实用主义回应及其政治意蕴》,载《东北大学学报(社会科学版)》2014 年第 1 期。
② See M. Gibson, Local by Social: How Local Authorities Can Use Social Media to Achieve More for Less, https://media.nesta.org.uk/documents/local_by_social.pdf, visited on 2020-05-20.
③ See M. W. Graham, E. J. Avery, & S. Park, The Role of Social Media in Local Government Crisis Communications, *Public Relations Review*, Vol. 41, Iss. 3, 2015, pp. 386-394.

特别重大、重大突发事件的政务舆情,要求快速反应、及时发声,特别要求各地区各部门应该积极运用新媒体有效应对危机。进一步提高政务微博、微信和客户端的开通率,充分利用新兴媒体平等交流、互动传播的特点和政府网站的互动功能,提升回应信息的到达率。2018 年 12 月底发布的《国务院办公厅关于推进政务新媒体健康有序发展的意见》对地方政府运用社交媒体进行危机回应的能力作了更加细致的要求:要把政务新媒体作为突发公共事件信息发布和政务舆情回应、引导的重要平台,提高响应速度,及时公布真相、表明态度、辟除谣言,并根据事态发展和处置情况发布动态信息,注重发挥专家解读作用。对政策措施出台实施过程中出现的误解误读和质疑,要迅速澄清、解疑释惑,正确引导、凝聚共识,建立网上舆情引导与网下实际工作处置相同步、相协调的工作机制。县级政务新媒体要与本地区融媒体中心建立沟通协调机制,共同做好信息发布解读回应工作。① 可以说,这已经成为中央政府衡量地方政府危机应对能力的一个新的标准。

三、地方政府运用社交媒体应对危机的价值

作为危机应对的核心行动者和直接面对者,相较于中央政府,地方政府有更大的动机和压力运用社交媒体应对危机。除去来自中央政府和上级政府的压力外,原因在于,地方政府与公民关系最密切,是最直接地与公民互动和为公民服务的一级政府,地方政府必须与居民在同一空间内进行信息传播和互动,社交媒体平台越来越成为这一空间的一部分。② 地方政府与社区之间成为联系更加密切的关系网络,如邦森(E. Bonsón)等人所说,地方政府需要居住在"网络中",而不是做被动的旁观者。③ 而在危机中,地方政府更需要通过社交媒体与居民保持更加密切的互动与合作。另外,与中央政府相比,由于地方政府直接面对民众,作为直接的危机应对责任者,地方政府无疑会面对来自民众更加强烈的问责压力,在危机应对中的表现可能直接引发当地

---

① 参见《国务院办公厅关于推进政务新媒体健康有序发展的意见》,http://www.gov.cn/zhengce/content/2018-12/27/content_5352666.htm? tdsourcetag=s_pcqq_aiomsg,2020 年 5 月 20 日访问。

② See J. K. Scott, "E" the People: Do U. S. Municipal Government Web Sites Support Public Involvement? *Public Administration Review*, Vol. 66, Iss. 3, 2006, pp. 341-353.

③ See E. Bonsón *et al.*, Local E-Government 2.0: Social Media and Corporate Transparency in Municipalities, *Government Information Quarterly*, Vol. 29, Iss. 2, 2012, p.131.

民众的反应。因此,从最为现实的理性角度来说,地方政府会积极主动地在危机中运用社交媒体。卢宝周(Baozhou Lu)等人在吸收梅格尔(I. Mergel)研究成果的基础上,从政府与公民关系的角度建立了一个社交媒体应用的收益框架(如图3-1)。从政府的使命来看,作为一种双向合作网络,社交媒体可以实现政府的透明、参与和合作的目标,从结果来看,可以提升公众对于政府的满意度、责任感、信任度等等。尽管如此,地方政府对于社交媒体的运用与否以及到底在多大程度上加以运用,依然是建立在一种成本收益基础上的理性选择和考虑文化等因素影响的结果。从地方政府的角度来说,危机管理中运用社交媒体的价值主要表现在以下几个方面:

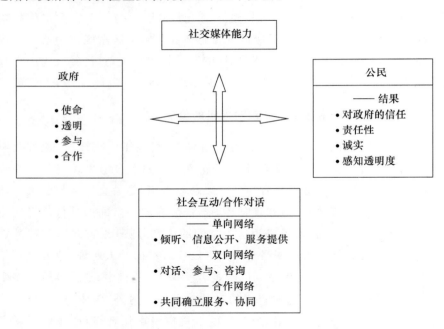

图3-1 社交媒体运用与政府—公民关系

资料来源:Baozhou Lu et al., Social Representations of Social Media Use in Government: An Analysis of Chinese Government Microblogging from Citizens' Perspective, *Social Science Computer Review*, Vol.34, Iss.4, 2016, pp.416-436。

(一)节省成本,提高危机应对的效率

近年来世界各国都普遍经历了经济和财政危机,尤其是西方国家,自2008年以来的金融危机让不少国家的经济陷入了新的困境。地方政府的财政状况自然会受到这种宏观背景的影响,由于财政收入的迅速减少,经济活动的衰减和失业率的增加,地方政府普遍经历了日益严重的支出困境和财政赤字。在这种背景下,地方政府对资源的合理运用显得更加重要,对效益和效率问题的敏感性更加强化。社交媒体无疑有利于地方政府更好地了解公民偏好,从而能够更加合理地配置资源。与传统的手段相比,社交媒体在为地方政府节省人力、物力和财力方面有着自身独特的优势。社交媒体与过去的电子政务相比较,不需要大型装备和硬件的额外投入,只需要在第三方的社交媒体平台上设立实名账号并进行日常运行维护就可以了,从成本上说是一件非常值得做的事情。因此,面对财政压力,各国地方政府纷纷把社交媒体引入政府过程,例如,透过 Twitter 和 Facebook,地方政府能够快速并低成本地与公民建立联系;通过利用 LinkedIn(全球最大的职业社交网站)等社交媒体,地方政府也能够像企业一样在最短的时间内招聘到合适的人员;地方政府也可以通过 YouTube 举行市政会议;同样,地方政府也可以通过分享型的平台如 Pinterest(著名的图片分享网站),来提升本地历史和文化资源的知名度,激发地方旅游的无限潜能。正如兰德斯伯格(D. Landsbergen)所言,地方政府可以从运用社交媒体中获得明显的收益,不仅可以发现那些不在自身控制范围内的资源,而且还可以一种创新的方式来动员这些资源以实现公共的目的。[①] 在危机中,社交媒体的这种效率优势能够更加充分地体现出来。

(二)确立信任,建立与公众之间的合作关系

提升危机中信息的准确性以实现资源配置的精准化,一直以来都是危机应对中的一个重要问题。尽管对地方政府来说,直接面对的人口规模有时并不算太大,但是,及时甚至提前了解和掌握危机相关的所有信息并不容易。不同的个人对某个甚至对同一类型危机事件的反应呈现出很大的不同,这种不同不仅仅取决于他们得到的关于事件的不同信息,还基于他们的人口状况、社会地位和文化取向。同时,在一些危机中,公民扮演着不同的角色,作为旁观者,他们是媒体和政府竭力影响的对象;作为受害者,他们要收集信息;作为目击者,他们又是新闻记者不可抵御的信息来源。[②] 社交网络是一个

[①] See D. Landsbergen, Government as Part of the Revolution: Using Social Media to Achieve Public Goals, *Electronic Journal of E-Government*, Vol. 8, Iss. 2, 2010, pp. 135-147.

[②] 参见〔荷兰〕阿金·伯恩等:《危机管理政治学——压力之下的公共领导能力》,赵凤萍等译,河南人民出版社 2010 年版,第 96 页。

特别"人性化"的渠道,因为这些网络简单、友好,是大多数公民日常生活的一部分。出于这个原因,他们作为信息来源的使用可能是"自然"信息管理的一部分,通过社交媒体,可以收集和了解他们对一个事实的意见。通过社交媒体这一纽带,地方政府可以从网络上直接了解到怀疑、担忧,甚至是根本性的批评,使之有可能指导危机沟通策略,处理最敏感的问题,以及深入分析某些数据、调整优先顺序或边缘化无效信息。在危机爆发之前,社交媒体也有强大的力量来实时了解社会辩论、发现谣言、识别最受关注的话题,使组织在危机来临时能够更好地进行有效干预。透过社交媒体,地方政府能够更加有效地收集公众意见、提前获得有关危机的重要信息,尤其是了解公众在危机中的诉求,能够在 Web2.0 的环境中主动通过社交媒体有效地了解、跟踪和掌握舆情,对可能的舆情变化提前进行研判。另外,通过社交媒体,地方政府和公众能够在危机后的公共服务中形成一种长期、稳定、有效的合作关系,为公共服务的精准化供给创造良好的条件。

(三)整合资源,提升危机应对的系统化

与过去相比,Web2.0 时代的公共危机往往发生的时间短,波及面大,涉及人数众多,而且更加隐蔽。由于 Web2.0 的技术特征,一件极为细小的事情都可能在瞬间引发一场舆论风暴,并可能转变成一场线下的危机事件,甚至引发挑战现有秩序的骚乱和暴力事件。这对地方政府的治理能力提出了前所未有的挑战,一旦处理不恰当,如反应迟钝、态度傲慢、信息封闭等,都可能激化矛盾。社交媒体的运用对于改变地方政府危机应对的模式有着积极的意义,能够提升地方政府危机意识,促进一些地方政府转变传统媒体环境下高高在上、居高临下的行为方式,打破僵化、封闭的权力运作系统。尤其重要的是,社交媒体可以更好地打破过去行政体制中存在的横向部门之间与纵向不同层级之间存在的行政壁垒,建立以与 Web2.0 技术相契合的政府联动机制,社交媒体网络也能够为更大范围内的地方政府之间,以及从地方到中央的不同层级的地方政府之间的信息分享、协作和集体智慧的创新提供全新的平台,[1]实现跨地区、跨层级和跨部门的互动与协同,有效推进危机应对的系统化、整体化,实现资源的有效整合。社交媒体可以用于正式组织内部以

---

[1] See S. A. Chun *et al*., Government 2.0: Making Connections Between Citizens, Data and Government, *Information Polity*, Vol. 15, Iss. 1-2, 2010, pp. 1-9.

支持开放的、合作性的知识分享和再利用。如果运用恰当,社交媒体可以充当快捷的决策环和更全面的知识库。①

当然,这些收益是建立在地方政府善用社交媒体应对危机的基础之上的,正如前面所提到的,如果运用不当,则可能带来新的问题和困境。

第二节 社交媒体运用与地方政府危机应对模式的转型

在传统的大众媒体下,地方政府在特殊的权力结构和问责体系下,更多地仰赖自上而下的权威,采用压力式危机应对模式,或基于具体的危机情势,采用权宜性的策略式危机应对模式。而社交媒体的不断发展和对人们日常生活的日益渗透,危机中政府与公众之间以及公众个人之间获得信息、交换信息和分享信息的方式发生了非常大的转变,公众作为危机中的被动角色日益转变为具有自我信息能力的主动性的参与者角色,这就倒逼地方政府的危机应对向参与型危机应对模式转型。

一、地方政府危机应对的压力模式

在改革开放后的一段时间里,在一些地方政府眼里,经济发展是第一要务,实现本地经济的快速发展不仅能够实现财税收入的最大化,还能够为地方官员的晋升奠定更好的基础。为了创造"良好"的经济发展环境,往往把公共危机视为"不和谐因素",不管是自然灾害、安全事故还是群体性事件,都被认为是一种对稳定的负面影响。面对可能发生的或已经发生的危机,出于"维护稳定"的目的,一味采用强力的权威方式加以压制,我们可以称之为"压力型"危机应对模式。尤其是对于群体性公共危机事件,典型特征是事前"防"、事中"堵"、事后"罚"。所谓事前"防",就是通过权威化的手段,建立严密的防范网络,严防死守。通过纵向到底、横向到边的责任目标分解,通过全方位无死角的管控体系,通过配备经过专门训练的维稳人员,实行责任到人,一旦发现"出事"苗头,第一时间采取措施,控制事态发展。② 出于维稳目标,

---

① 参见〔美〕奥图·勒兵杰:《逆境领导力:危机管理者如何面对灾害、冲突与失灵(第二版)》,卫五名译,北京大学出版社2017年版,第22页。

② 参见钟伟军:《地方政府在社会管理中的"不出事"逻辑:一个分析框架》,载《浙江社会科学》2011年第9期。

地方政府在日常事务中必定会践行压力型体制的政治逻辑,最终导致"维稳"变成"唯稳"。[①] 所谓事中"堵",也就是一旦出现突发性危机事件,尤其是出现被认为可能引发社会安定或恐慌的事件,一些地方政府的第一反应就是"捂盖子",想方设法严格限制相关信息的扩散,不允许大众媒体报道相关消息,对于网络信息则主要通过过滤相关关键词,通过网警盯防等等。一些领导干部对当前网络传播的规律和机制理解程度不深,还存在依靠"宣传部把关"的路径依赖,对信息的管理手段还是原始的乃至粗暴的"捂""拖""删""压"等方式,结果常常导致小问题引发大热点,最终损害的是党和政府的形象。[②] 所谓事后"罚",指的是在事件结束后,与公共危机事件有关的责任人往往会受到比较严厉的处罚,并直接与地方政府绩效考核挂钩,甚至在一些重大危机事件上实行一票否决制度。

毫无疑问,公共性危机的实质是危及公共安全,破坏社会秩序和生存空间,侵犯人身安全和财产安全。但是,在危机中,不管是公众还是政府都是受害者,处理公共危机需要从根本上消除危机产生的内在诱因,需要采取有效的手段消除不确定性的状态,需要有效地公开相关信息,安抚受害者的心理,从而真正地实现社会稳定与和谐。而这种压力式的危机应对模式,强调短时间内刚性手段的集中运用,强调自上而下的行政化压力,强调政府组织内封闭的应对过程,从危机应对的特征来说,它确实符合紧急性和快速性的要求,因此在一定程度上推动了地方政府的资源集聚,并在表面上和短期内实现了所谓的稳定。但是,这种模式由于没有从根本上消除危机的诱因,也没有建立危机消解的机制性解决途径,反而可能导致危机的不断累积,在一定的条件下,在特殊事件的引爆下,可能触发更大的危机,加剧民众与地方政府间的冲突与对立。[③] 可以看出,这种模式与危机管理所倡导的基本原则存在着明显的偏离。当然,在一定的时间和条件下,尤其是在改革开放之后的一定时间内,受到计划经济时代政府行为模式的惯性影响,在相关的制度不够完善的情况下,这种模式的存在有某种必然性和客观性。

---

① 参见于建嵘:《当前压力维稳的困境与出路——再论中国社会的刚性稳定》,载《探索与争鸣》2012年第9期。

② 参见李彪:《舆情:山雨欲来——网络热点事件传播的空间结构和时间结构》,人民出版社2011年版,第48页。

③ 参见余敏江:《从反应性政治到能动性政治》,载《苏州大学学报(哲学社会科学版)》2014年第4期。

二、地方政府危机应对的权宜模式

地方政府的压力式危机应对模式引发了很多的质疑和批评,随着经济的不断发展与改革的不断深入,地方政府在危机应对方面的行为特征产生了一些变化。一些地方政府逐渐改变过去应对各种危机一味采用的强力手段,而是倾向于把危机应对化约为一系列临时性的策略或手段,转而采取权宜性的策略式危机应对模式。所谓的策略式就是依照危机的具体情境,采用临时性的、权宜式的弹性手段。其主要特征体现在三个方面:一是重策略而轻原则。地方政府热衷于运用各种人格化的、非正式的甚至非法的手段和策略,把危机应对过程更多地视为一种策略主义的博弈行为。地方政府的这种策略主义强调的是根据社会管理中的具体情景来灵活选择应对的方法和手段,这些手段和方法如果在法律和制度许可的范围内当然最好,但是如果"迫于情势"而"不得不"选择一些明显不符合现有法律和制度的行为,在地方政府看来也未尝不可。这些手段和策略通常充满随意性和变通性。二是重眼前而轻长远。地方政府把危机应对简化成了维护稳定这一简单的结果性目标,而且把稳定理解成"不出事"的眼前结果,而实现这种结果的具体过程和途径则是一个相对次要的问题。当然,这种"不出事"的眼前结果也不一定是指不发生影响稳定的事件,而是指不被社会关注和不被上级关切的事件。就是真的发生了在地方政府看来影响稳定的事件,如果能够应对及时,处置有方,就是"出了事"也能够"没事"。所以,地方政府非常强调临时性和应急性的应对和管控,更多地把危机应对看成是一整套应急管理过程。三是重短期的硬件建设而轻长效的机制建设。地方政府把更多的精力放在了看得见摸得着的硬件建设上,硬件投入主要包括:强调在组织结构和人员配备方面投入大量的资源,建立人数众多且经过专门训练的应急队伍,以实现人盯人和 24 小时排查;在装备和技术方面不断更新,全方位部署,如在街头巷尾安装大量摄像头,实现不留死角的立体式的监督,建立"空中有监控、地面有巡逻、路上有卡点、社区有守护、室内有技防"的防控体系。地方政府因不可承受的外在压力而采用短期性、权宜性、变通性治理手段来控制事态并进行"灭火",因此往往呈现出反应滞后性、行为短期性、手段策略性等特点。①

就相同点来说,策略式危机应对模式与压力式危机应对模式在目标上都是寻求表面的紧张状态的消除,把危机应对理解为临时性的手段的运用。与压力式危机应对不同的地方在于,策略式危机应对并不是运用强力的权威方式来面对危机,而是强调基于具体的危机情境,灵活地采用权宜性的策略。这种策略既包括强力的手段,也包括妥协性的、退让性的手段,如"花钱买平安",甚至有时候是突破现有的制度和规定等。当然,在危机应对中,政府运用有效的策略应对危机是一种正常的表现,也是不可或缺的,但是,策略式危机应对强调的是把这种策略视为变通性的手段,把危机应对视为一种博弈的过程,视为一种临时应变的过程。

三、社交媒体下的参与式危机应对模式

不管是压力式危机应对模式还是权宜性的策略式危机应对模式,都必须建立在地方政府对危机事件的意义建构的自我定义和对危机信息的垄断基础上,如采取封闭信息、对信息进行过滤等手段,而这只有在传统大众媒体的环境中才能实现。大众媒体的把关人角色使得地方政府能够更好地实现对危机信息的垄断,实现自我的意义建构。而在社交媒体的环境下,所有人都是信息灵通者,所有人都是危机中的积极行动者,更重要的是,独立且具有较强信息能力的人能够通过社交媒体这一强大的共享平台联结成危机中的重要的参与力量,从而改变了过去危机应对中地方政府成为单一中心的格局。在新媒体的环境下,地方政府过去的危机应对模式显然不合时宜了。

社交媒体为地方政府危机应对模式的转型提供了新的契机,或者说倒逼地方危机治理变革。对于中国地方政府来说,社交媒体在一定程度上改变了地方公共治理的方式,为多元治理主体提供了新的平台和互动网络。越来越多的地方政府认识到,以更加开放的姿态、更加透明的应对过程,让公众和相关组织更好地参与到危机应对过程成为必然的趋势。在公共危机事件中,地方政府找到了一个比大众媒体更加灵活、更加亲民和更加动态的媒介工具,社交媒体正逐步改变着地方政府公共危机应对的模式。越来越多的地方政

---

① 参见张紧跟:《从反应式治理到参与式治理:地方政府危机治理转型的趋向》,载《中国人民大学学报》2016 年第 5 期。

府也逐渐转变理念,以积极、包容的态度学会运用社交媒体与公众建立更加紧密的联系,通过新的媒介方式把地方政府与多元的治理主体有效地连接起来,而这种连接不再是过去传统媒体环境中的自上而下的组织连接,而是扁平化的网络连接。通过实名认证的社交媒体账户发挥社交媒体在危机中的沟通和合作的功能,让政府在众神喧哗的网络世界中有了表明自己立场、放大自己声音和说服别人的渠道,同样也为事件中的参与者、同情者找到了具体的表达诉求和帮助的渠道。社交媒体最重要的意义在于重构了公共危机事件中地方政府与行动者之间的关系,让事件的应对和解决机制从过去的压力型模式、策略型模式转变到沟通和交互模式中。政府部门成为公众最期待和最重要的信息来源,社交媒体让政府能够以最有效的方式进入到事件的应对过程中来,让地方政府从过去的管控主体转变为信息的呈现者、沟通者和回应者,如在引发广泛关注的司法案件中,透过微博的庭审直播让网民能够第一时间获得现场的信息,可以有效化解谣言可能带来的舆论危机。让地方政府逐渐认识到,公共危机应对的真正要义在于从根本上消除质疑和不满,满足公众期待,在于让公众更好地参与危机应对过程,建立政府与公众之间的双向互动和多元合作关系。可以说,社交媒体为地方政府危机应对提供了一种新的思维和路径。地方政府运用社交媒体在有效地化解公共舆论危机方面发挥着传统大众媒体无法比拟的优势,在近年来的一些案例中,地方政府正是运用社交媒体成功地化解了危机,赢得了公众的信任和赞誉。新的媒体工具正在让越来越多的地方政府在不知不觉中改变着公共危机的应对模式。图 3-2 对地方政府三种危机应对模式进行了比较和呈现。

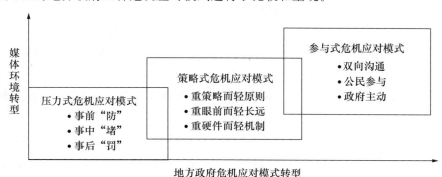

图 3-2　社交媒体与地方政府危机应对模式的转型

四、参与式危机治理中的社交媒体能力挑战

社交媒体环境下的公共危机事件对地方政府的危机应对能力提出了更高的要求和挑战,政府需要在复杂纷繁的信息变化和公众情绪波动中娴熟地驾驭社交媒体技术,从社交媒体的内在逻辑出发,更好地把握应对的节奏、引导舆论,并从源头上最终平息事态,这显然不是一件轻松的事情。对地方政府来说,这种挑战主要体现为危机应对中媒体运用习惯和能力的不适应。

在传统的大众媒体环境中,公众的信息来源主要依赖于报纸、广播和电视等媒介。大众媒体是为大众进行信息和符号沟通与传递的体系,媒体的功能就是为社会个体成员提供娱乐、信息和教育,并向其输出特定的价值观、信仰和行为准则以便使其融入社会整体。① 而大众媒体系统化的组织形态和其扮演的公共性职能决定了政府、政党必然对其进行必要的介入和管理。实际上,正如丹尼尔·C.哈林(Daniel C. Halin)等所言,没有任何一位严肃的媒介分析家会坚持说每一个地方的新闻事业都是绝对中立的。大量的研究一直致力于驳斥上述说法,从而说明即便可能所有的新闻工作者信守"客观性"这一职业意识形态,新闻仍会包含政治价值观,这由一系列影响力所致,包括信息采集常规、新闻工作者聘用方式和更大范围的社会所共享的意识形态。② 即使在标榜新闻自由和独立的西方国家,在危机状态中,对政府或政治精英来说,对传统媒体的支配和控制其实也并不算很棘手。当"新"的和出乎意料的危机出现,并且媒体对于关键的技术和政治问题缺乏专业知识时(尤其是缺少非政府组织专家时),他们可能会暂时地听从政府危机管理专家的意见。另外,传媒的宣传材料和已经退休的顾问们的传记都倾向于强调危机管理者控制事态发展进程和引导媒体向人们期望的方向发展的可能性。③ 从大众媒体的逻辑来说,政府危机管理专家和政治精英只要"搞定"媒体精英"把关人"就能引导媒体的报道倾向。

很显然,这种对待媒体的危机应对模式在社交媒体环境中已经不太可

---

① 参见〔美〕爱德华·S.赫尔曼、诺姆·乔姆斯基:《制造共识:大众传媒的政治经济学》,邵红松译,北京大学出版社 2011 年版,第 1 页。
② 参见〔美〕丹尼尔·C.哈林、〔意〕保罗·曼奇尼:《比较媒介体制:媒介与政治的三种模式》,陈娟、展江译,中国人民大学出版社 2012 年版,第 27 页。
③ 参见〔荷兰〕阿金·伯恩等:《危机管理政治学——压力之下的公共领导能力》,赵凤萍等译,河南人民出版社 2010 年版,第 99 页。

能,或者说"难于上青天",甚至可能让政府陷入更大的被动的境地。政府需要积极转变过去传统媒体环境中的行为习惯和态度,放低姿态,把自身的地位从过去单一的权威消息来源者、信息的控制者和命令者转变为与其他信息来源的竞争者、主动的信息收集者、相关问题的沟通者和倾听者。在更好地发挥大众媒体把握舆论方向的同时,学会从社交媒体中更好地收集民意,反映公众诉求,学会从新媒体的逻辑中去引导舆论,应对危机。而这种习惯和态度的转变从根本上说是政府内心理念和行为方式的转变,需要对社交媒体有更加深入的了解。鉴于长期以来一些政府舆论引导模式的思维定式、行为惯性和权威性的组织特征,面对这样一种基于完全不同逻辑的新媒介,政府要在较短的时间内转变自身的理念和行为模式存在很大的困难。社交媒体从兴起到今天时间还不长,但新媒体本身的发展日新月异,政府还没有完全适应这一媒体工具,另一种新的媒体工具就又产生了,对于一些政府危机应对机构来说,要跟上这种变化并不容易。

社交媒体虽然对于年轻人来说是一种流行的生活方式,但对于出生在20世纪五六十年代的人来说,则是比较陌生的新鲜事物。而不少官员,尤其是领导和部门负责人有不少是在这一时代出生的人,对社交媒体这样的新鲜事物相对比较陌生,平时接触的并不多,对其在公共治理方面的角色和影响往往缺乏充分的认识,对社交媒体的运用不少时候是基于自上而下的权威压力,或出于追赶时髦的内在动机。尽管不少政府部门及相关负责人都设立了实名认证的社交媒体账号,但是,一些人对社交媒体的运用频率并不高,这一方面有习惯的问题,另一方面也有社交媒体运用能力不强而产生的排斥问题。在社交媒体环境中,政府如果要在日益多元化的地方治理网络中发挥更加重要的功能,就必须在运用信息技术方面做好充分准备,充分发挥自身的新技术优势。同时,建立分析和研判各种形势的信息分析系统和模型,以从容应对日益复杂的地区和国内外环境,从而作出前瞻性的预测并制订有效的发展计划。[1]

作为日常交往工具的社交媒体具有个人性、便捷性和非正式性等特征,而政府机构和官员更多的时候则遵循程式化的、严肃的和严谨的工作模式。

---

[1] See Lawrence Pratchett, New Technologies and the Modernization of Local Government: An Analysis of Biases and Constraints, *Public Administration*, Vol. 77, Iss. 4, 1999, pp. 731-751.

在公共危机事件中,政府必须拥有高超的信息分析和预判能力,能够娴熟地运用社交媒体实现信息的有效跟随和回应,对社交媒体环境中的个人信息表达和信息传播机制、对谣言的形成和消解机制有深入的了解和掌握,对可能的舆论引爆点和危机的升级有先知先觉的能力,对公众的质疑、不满和愤怒等负面情绪能够透过社交媒体工具有效地纾解和引导。但是,这种能力的提升并不是一朝一夕的事情,而是一个潜移默化和缓慢渐进的过程,需要系统化的培训,需要实践经验的累积和锻造。

第三节 地方政府运用社交媒体应对危机的基本要求

在社交媒体时代,对很多人来说,特别是对年轻人来说,报纸、广播、电视等大众媒体已经变得渐行渐远,一旦有突发事件发生,相关的信息会第一时间呈现在各种移动终端上面,而与此直接相关的地方政府社交媒体很自然就会成为大家关注的焦点,很多人习惯性地把其作为信息获取、诉求表达和情绪发泄的首要渠道。因此,在公共危机中,地方政府能否运用社交媒体工具有效地应对危机通常会在很大程度上决定着地方政府在公共危机中的应急能力。在近年来的公共危机事件中,一些地方政府的应对能力之所以会受到质疑,其中的一个重要原因在于地方政府对社交媒体工具不重视、不熟悉,只是到了事件爆发、舆论沸腾的时候才意识到社交媒体工具的重要性,才匆匆开通社交媒体账号,仓促上阵,呈现出应对上明显的被动性和迟滞性,应付痕迹明显,回应内容空洞,这往往可能适得其反,引发更大的危机。对于地方政府来说,如何有效地提升公共危机事件中运用社交媒体应对危机的能力是一个迫切而又重要的问题。结合中国的制度体系和当前中国地方政府危机应对中的主要问题,地方政府运用社交媒体应对危机的基本能力和策略主要表现在以下几个方面:

一、感知危机的主动性与敏感性

严重的危机似乎提出了一个直接的挑战:一旦危机变得很明显,公共领导者就必须采取措施来应对危机。可是,现实情况却非常复杂,大多数危机并不是"砰"的一声出现的,而是逐步升级的结果。决策者必须从那些模糊的、模棱两可的和矛盾的信号中识别出不寻常的事情正在发生。而这些事态发展的关键特征不是自动显现的,政策制定者必须能够提前感知它们。① 在新的社交媒体环境中,尽管危机的爆发给人感觉更具有突然性,但是,任何危机都不可能没有任何征兆地突然发生,从发生、发展到最后的升级都有一个过程,只不过在社交媒体的助推下,这种升级的过程可能会变得很短。危机发生后,基于心理应激反应,地方政府对可能威胁到公共秩序的信息进行关注,并进一步地从外界主动或被动地获得相关信息,以此作出相关的判断,这一过程就是危机感知的过程。危机感知能力越强,危机应对就更加得心应手。地方政府在运用社交媒体的时候必须在危机的感知方面保持足够的预测性与敏感性,必须提前感知可能发生的危机,在没有引爆之前积极介入,掌握危机应对的主动权。假如危机升级,形成舆论风暴,地方政府才作出反应,就会处于非常被动的地位。而在新的社交媒体环境中,对地方政府的危机提前感知能力有了更高的要求。

但是,这种危机感知的敏感性必须与科学性有机地统一,也就是必须建立在科学的依据基础上对危机作出准确的判断。地方政府需要利用社交媒体积极地承担起感知危机的职能。尽管现在不少地方政府都建立了发达的舆情监控平台,对可能的危机苗头进行有效监控,但是,地方政府在运用社交媒体时可能会更加直接地感知危机。一般来说,在社交媒体环境中,危机的感知通常依照几个方面来判断:

一是同一信息或话题的关注度。如果某一话题引发越来越多的人的关注,或者说是引发网络"围观",就应保持高度警惕,因为"围观"一开始的众声喧嚣,可能演变成最后的"同唱一歌"。② 就像在众多的差异化个体行为中,如果有些人开始按照同样的节奏做着同样的事情,并且有越来越多的人加入进来,那么最后就可能产生统一的集体行动。

二是情绪的共振度。某一信息或事件引发广泛争议通常并不是一件坏事情,因为透过不同观点的碰撞、不同立场的交锋,往往会让大家变得更加理性。但是,如果某一事件引发的是较为明显一边倒的强烈的情感共振,相互之间通过模仿和暗示、情绪感染,最终达到狂热的程度,并且这种情感更多的

---

① 参见〔荷兰〕阿金·伯恩等:《危机管理政治学——压力之下的公共领导能力》,赵凤萍等译,河南人民出版社 2010 年版,第 16 页。

② 参见尚虎平、惠春华:《网络围观下的政府效率:从睡狗行政到非满意——基于 50 个网络焦点案例的探索》,载《公共管理学报》2013 年第 1 期。

是一种负面情感,比如悲情感、被剥夺感等,就往往意味着危机的"山雨欲来"。

三是话题的敏感度。也就是这一事件是当前广大群众高度关注的、与公众利益等重要问题关联紧密的、与主流公共道德存在较为明显紧张关系的、广大群众反应比较激烈的问题,如权力腐败问题、重要民生问题、民族宗教问题等。

地方政府应该先知先觉,提前感知、提前判断、提前介入。地方政府如果能够充分地运用社交媒体强大的信息跟随机制和交互机制,通过"加关注"的形式与粉丝圈形成良性互动,相关的信息一般会在社交媒体圈中呈现出来,并形成相关的"话题",这种危机往往能够被提前感知。另外,当危机裹挟着强烈的负面情绪时,与此相关的政府部门往往会成为发泄的对象,一些人甚至会直接到相应的政务社交媒体账号上进行表达,地方政府对此应该保持足够的敏感性,并积极作出回应。而在一些自然灾害性自然危机中,社交媒体保持敏感性更加重要,以提前收集相关信息,提前制订计划,提前发出相关预警,提前作出反馈。[①]

二、沟通回应的积极性与有效性

在事件过程中公民通过网络表达自身的意见和想法,也就是网络民意,其本身并不是虚幻的,而是现实民意在网络的一种投射,本质上是一种客观存在的民意。网民评判公共事件的标准依然是现实社会中业已存在的价值观、风俗习惯、道德与法律标准。从民意与政府的逻辑地位上讲,网络民意具有回应性价值。[②] 当这种诉求和不满无法得到有效的回应时,就可能因为对政府"傲慢"态度的失望而点燃新的怒火。在公共危机事件中,网络民意往往具有更加明显的极化效应,也就是某种网络声音和情绪在高度的交互中很容易得到呼应而不断强化,如果地方政府不能很好地回应网络的诉求,不满情绪的聚集很可能瞬间迅速扩大。另外,在社交媒体环境中,由于个人在信息的获取以及信息整合方面的能力大大提升,由于交互性和即时性的特征,各

[①] See P. M. Landwehr et al., Using Tweets to Support Disaster Planning, Warning and Response, *Safety Science*, Vol. 90, 2016, pp. 33-47.

[②] 参见刘力锐:《基于网络政治动员态势的政府回应机制研究》,东北大学出版社2012年版,第122页。

种新的质疑和诉求可能随时被提出来。实际上，一些危机从一开始看只是一个小问题，但逐渐升级后成为地区性的甚至是全国性的公共危机事件，这与地方政府和相关部门在回应公民诉求和质疑方面表现糟糕有密切关系。公共危机事件中的网络民意其实就是一种诉求的表达，本身就是一种民意的体现，尽管有时候这些诉求不一定正当和恰当，甚至是谣言，但也体现了背后潜在的某些情绪。而当网络民意与危机事件之间形成相互支撑、相互强化的效应时，对地方政府来说，往往意味着公共危机应对的失败。

因此，在公共危机事件中，地方政府必须及时地捕捉网络民意，积极发挥政务社交媒体的回应性功能，与网民之间保持有效的沟通与互动。通常来说，地方政府的这种沟通回应的有效性至少体现在几个方面：

一是回应及时性。也就是在时间点的把握上，地方政府应该在民意还没有大规模聚集前进行介入。原则上说，应该在了解相关信息后的第一时间进行回应，及时消解不满和质疑，满足公众的期待，迅速地向社会公开公众普遍关心的相关信息。当然，具体回应的时机应该根据事件发展的具体情况以及公众的心理接受程度来决定。有时候需要政府立刻表态，而如果相关的情况需要经过调查和核实，那么立刻回应则反而会产生相反的效应。

二是回应的主动性。在一些群体性事件中，地方政府是被民意推着走的，地方政府的网络回应是在民意的强大压力下的一种被动性的行为，这往往给人一种推卸责任和刻意隐瞒实情的负面印象。有效的回应应该是事件一经发生，地方政府就迅速地对公众情绪和重大关切进行判断，主动公开相关信息，掌握回应的主动权，有效地引导民意，消解不满。

三是回应的针对性。也就是地方政府直面公众质疑和诉求，回应内容直接针对公众的质疑和不满，给出明确且具体的回答。对于不能立刻回复的问题，进行客观合理的解释。最忌讳的是刻意回避公众的关键诉求和矛盾的核心，顾左右而言他，抓不住要点，把回应仅仅视为一种形式，这样会被认为是在敷衍公众，很可能引发更大的危机。在公共危机事件中，有效的回应应该是在离散化的信息交互中、在多元信息挑战中保持政府、媒体和公众之间的良性互动，形成上下协调、应对自如、反应灵敏、运转高效的地方政府危机应对机制。

三、信息发布的权威性与及时性

当危机发生时,人们对来自媒体和公众的信息有很高的要求,及时、可操作和可靠的信息渠道至关重要,特别是在涉及高度恐惧和不确定性的情况下。[①] 应急管理的核心机制之一是信息的沟通和共享,应急响应强烈地依赖于信息交换能力和决策者依据收集的信息制定有效行动方针的能力。[②] 地方政府必须充分发挥社交媒体在信息沟通方面的优势,把信息发布视为社交媒体危机沟通的关键性角色。地方政府在运用社交媒体进行信息发布时,一方面强调的是反应的灵敏性和应变性,但另一方面,又必须保持信息的确定性,也就是权威性。社交媒体和其他媒体一样,在公共危机事件中最重要的功能在于信息的传播,也就是信息的传递和分享的过程,这种过程在很大程度上决定了人与人基本关系的状态。社交媒体是一种新的公共危机传播工具,危机的产生往往是因为信息传递和分享的过程出现了问题。传播的重要性不言而喻,正如费恩-班克斯(Kathleen Feam-Banks)所言,"有效的传播不仅能减轻危机,还能给组织带来比危机发生之前更为正面的声誉,而低劣的危机处理则会损伤组织的可信度、公众的信心和组织多年来建立起来的信誉"[③]。实际上,政务社交媒体与个人和其他组织的社交媒体相比,一个重要的区别在于其背后的政府因素。在社交媒体的世界里,碎片化的传播方式满足的是受众以自我为中心建构的信息传播和接受体系,在这里彰显的是受众自己的个人特性,任何观念都是以是否满足了"我"的需要和喜好为衡量标准的。因此,社交媒体的信息传播往往是毫无顾忌、随心所欲的,各种恶搞、讽刺、庸俗化和情绪化的信息充斥社交媒体。

相较而言,政务社交媒体的一言一行都代表着政府的形象和公信力,代表着政府的公共权威,具有公共性和权威性。地方政府的社交媒体账号必须把权威性和严谨性放在首要地位,尤其在公共危机事件中,地方政府的社交

[①] See C. Ansell, A. Boin, & A. Keller, Managing Transboundary Crises: Identifying the Building Blocks of an Effective Response System, *Journal of Contingencies and Crisis Management*, Vol. 18, Iss. 4, 2010, pp. 195-207.

[②] 参见刘淑华、潘丽婷、魏以宁:《地方政府危机治理政策传播与信息交互行为研究——基于大数据分析的视角》,载《公共行政评论》2017年第1期。

[③] Kathleen Feam-Banks, *Crisis Communication: A Casebook Approach*, Lawrence Erlubaum Assosiation, 1996, p.79.

媒体账号作为应对危机的主体,是公众权威信息获取和公共沟通的核心渠道,政府通过社交媒体发布的信息在权威性方面的重要性不言而喻,政府信息发布的随意性往往意味着政府失去公众的基本信任,导致的后果就是不管以后政府如何努力,发布的信息如何经得起推敲,都可能引发公众的强烈质疑。地方政府在追求时间效应的同时,必须确保信息本身的可信性和真实性。公共危机中对公众的质疑往往需要政府第一时间作出回应,但是政府对每一个信息的公开发布,都必须建立在信息的确定性基础之上,否则可能引来更大的麻烦。而这种信息的确定过程往往需要花费不少时间。一般来说,公共危机中地方政府通过社交媒体发布的信息的权威性应该体现在以下几个方面:

一是信息的可靠性方面。地方政府通过社交媒体所发布的所有信息在来源的可靠性方面必须经过权威性的确定,所有的信息能够经得起推敲和质疑。地方政府不能为了急于化解强烈的舆论压力而在信息的采用方面降低要求,一些不确定的信息或可能引发争议的信息并不适合通过社交媒体发布出来。

二是信息的一致性方面。在公共危机事件中,政府信息的一致性非常重要,这种一致性包括纵向时间上的一致性,也就是先后信息不能出现不一致,甚至是相互矛盾的情况。另外,这种信息一致性也包括不同部门、不同层级政府信息发布方面的一致性,不能出现信息相互"打架"的情况。在一些危机中,不同政府部门和不同层级的政府之间会爆发公开的"信息战",从而造成使所有参与者都感觉大祸临头的恶性循环。[①]

三是言行的一致性方面。也就是说,地方政府透过社交媒体所作出的承诺是否能够通过实际的行动加以有效落实。言而无信、只拍胸脯不见行动往往是对政府权威性和公信力产生重要伤害的主要因素。

除了信息发布的权威性外,信息发布的及时性同等重要,甚至更加重要。人们是自然的信息寻求者,主要依靠自己的社交网络获取相关信息。灾难发生后,公众最初会寻找最常见、最熟悉的渠道:电话、电子邮件或短信。如果

---

① 参见〔荷兰〕阿金·伯恩等:《危机管理政治学——压力之下的公共领导能力》,赵凤萍等译,河南人民出版社 2010 年版,第 104 页。

不成功,他们会求助于官方信息来源。① 如果不能及时获得准确的信息,公众恐惧、愤怒等负面情绪就可能迅速凝聚。因此,信息应该迅速传播,并且要足够简单。② 地方政府在危机中同时需要充分运用媒体即时性的优势,在确保权威性的前提下,第一时间公开相关的信息。《国务院办公厅关于在政务公开工作中进一步做好政务舆情回应的通知》对重大危机中地方政府的回应时限进行了明确规定:"涉及特别重大、重大突发事件的政务舆情,要快速反应、及时发声,最迟应在 24 小时内举行新闻发布会,对其他政务舆情应在 48 小时内予以回应,并根据工作进展情况,持续发布权威信息。"

四、政府态度的亲民性与亲和性

在公共危机事件中,政府的态度对于获得公众的信任有着重要的意义。在普通人的印象中,地方政府官员总是与普通人的日常生活有着一定的距离。电视、报纸等大众媒体的语言习惯遵循着新闻报道的叙事逻辑,在语言风格上呈现出专业化、理性化和严谨性的特征。而社交媒体原本就是普通人之间日常生活的交往媒介,有着天生的与大众生活的亲和性。社交媒体是由结点之间的链条组成,没有中心,网络的每个成员都是自主的,与等级不同,没有哪一部分依赖于其他部分。不同成员因特殊项目或不同课题组合起来,不存在任何要求行动或奉旨的官僚政治。③ 因此,政务社交媒体如何消除普通民众对政府机械、僵化、高高在上的刻板印象,是政府运用社交媒体进行危机沟通的一个重要目标。政务社交媒体简短、随性和亲近的表达方式让习惯于社交媒体的普通人倍感亲切,也就很容易拉近政府与公众之间的距离。有人从修辞学的角度对于 2008 年西方金融危机期间政府语言风格进行的研究表明,公共危机期间的政府语言风格对于拉近政府与公众的距离、提升政府

---

① See R. Stiegler, S. Tilley, & T. Parveen, Finding Family and Friends in the Aftermath of a Disaster Using Federated Queries on Social Networks and Websites, in *2011 13th IEEE International Symposium on Web Systems Evolution* (*WSE*), Melbourne, FL: IEEE, 2011, pp. 21-26.

② See R. J. Wray, S. M. Becker, N. Henderson, D. Glik, K. Jupka, S. Middleton, & E. W. Mitchell, Communicating with the Public About Emerging Health Threats: Lessons from the Pre-Event Message Development Project, *American Journal of Public Health*, Vol. 98, Iss. 12, 2008, pp. 2214-2222.

③ 参见朱海松:《微博的碎片化传播——网络传播的蝴蝶效应与路径依赖》,广东经济出版社 2013 年版,第 148 页。

形象和建立基于信任基础的公共对话有着明显的影响。① 这种日常对话性的语言风格有利于营造出一种相对轻松的沟通环境，让双方感受到相互的存在感，为深入沟通奠定较好的基础。

在公共危机事件中，政府透过社交媒体所传递出来的亲民性和亲和性态度显得更加重要，当地方政府成为群体不满的发泄对象时，或者政府由于应对失当而引发众怒时，地方政府透过社交媒体呈现出来的谦卑、亲和态度往往有利于缓解原本紧张的政府与公众关系，而政府高高在上的姿态无形中制造了新的距离和隔阂，有时候甚至成为激化矛盾的新源头。在公共危机中，地方政府应该抛弃与事件参与者或不满群体之间的对立性思维，而是把其作为公共危机多元治理主体中地位相对平等的对话者和沟通者。不是从维稳的角度急于通过管控的方式消除负面信息，而是更多地从矛盾的源头出发，从公众自身合法的切身利益出发，通过换位思考来审视问题的核心。社交媒体作为一个平等化的交流平台，本身就把地方政府置于日常性的对话场景之中，很显然，在这种对话场景中，只有相互尊重的态度、友好的气氛和真诚的解决问题的共同目标才能保持互动的可持续性，才可能缓和矛盾，达成共识。公共危机中地方政府的这种亲和性会让普通民众产生较强的信赖感，从而为地方政府后续的危机应对打下良好的民意基础。

在公共危机事件中，因为危机应对不及时、信息不透明，民意往往裹挟着对政府的质疑和不满，在地方政府社交媒体的表达中，尤其在回应网民的质疑中，摆官腔、说官话是政务社交媒体语言表达中一个非常大的忌讳，可能会遭到舆论的集体围攻。地方政府在社交媒体危机沟通中应该充分地呈现出应有的亲和性，不用生硬的官僚性语气，不用官话、套话、空话，不空喊动员式的口号。在语调语气方面应更接近普通百姓的语言逻辑，努力进入普通人的生活场景和语言习惯。但是，一些地方政府很显然没有从过去的官僚化的语言风格中转变过来，或者说没有适应新的媒体语言环境。对于相当一部分公务员而言，他们并没有系统地接受过相关的新媒体素养培训，社交媒体平台是绝大多数政府公务人员第一次越过"新闻发言人"等官方媒体平台与公众直接对话，这就造成其个人表达风格可能与社会化媒体用户的阅读习惯不相

---

① See Jan C. L. König and Klaus-Peter Wiedmann, Governmental Management by Trust Communication: German Organizational Rhetoric in the 2008 Financial Crisis, *On the Horizon*, Vol. 23, Iss. 1, 2015, pp. 33-45.

匹配,一些具有明显官僚色彩的宣传口号或者居高临下的傲慢官腔、官调不仅没有得到用户的认可,反而会引起用户的反感与不满。① 实际上,在近年来的不少公共危机事件中,地方官员在危机应对中不经意流露出来的"傲慢"在很大程度上点燃了公众新的愤怒,让政府应对陷入尴尬和被动的境地。可以说,地方官员的不当言论和行为是激发矛盾的重要原因。

  当然,除了以上四个方面以外,地方政府在运用社交媒体应对危机过程中还应该遵循专业化的基本原则。公共危机应对是一种专业性很强的能力,通常来说成功的危机应对往往必须具备广博的知识、临危不乱的心理素质,指挥得当,决策果断,协调有力。相关人员应该具备丰富的管理经验,能够敏锐地感知危机,对舆情形势作出准确判断,对社会心理能够有效地把握、引导和控制。在公共危机中,地方政府对社交媒体的管理和运行同样必须专业化,这种专业化包括人员的专业化,也就是必须具备一支具有新媒体的思维,具有高超新媒体能力,对社交媒体有深入了解,并能够在危机应对中娴熟地运用社交媒体的专业队伍。另外,还应该配置专业的设备,拥有专门的舆情分析系统,能够对社交媒体信息进行及时有效的监测,对庞大的信息数据能够进行有效的检索和判断。

---

① 参见徐敬宏、蒋秋兰:《党政机构微博在网络舆情引导中的问题与对策》,载《当代传播》2012年第4期。

中 篇
现状与表现

第四章

未雨绸缪：地方危机沟通部门的社交媒体日常效能

公众是危机的直接感知者，是危机应对中重要的伙伴，公众应被视为"一种资源，而不是一种负担"①。尽管公共危机的应对是一个系统性的工程，但是毫无疑问，成功控制和遏制任何类型的公共危机至少在一定程度上取决于与公众就相关风险和保护因素进行有效的沟通，公共关系在管理风险和危机方面发挥着关键作用。在危机专家看来，组织在危机前就应该建立可靠的关系网络，以便在危机期间通过向受众提供一致的信息与可靠的消息来源，与公众实现"合作和协调"。②对于地方政府来说，社交媒体无疑为政府建立与公众的合作性网络提供了新的手段与方法。在一些危机中，地方政府在运用社交媒体应对危机的表现方面显得不知所措，甚至失去公众的信任，这表面看起来是社交媒体能力的不足，但是，深层次的原因是政府缺乏"定期、透明地与公众进行沟通"，政府与公众之间缺乏基于社交媒体的信任基础和合作性网络。新闻办作为地方政府专门的对外沟通机构，在危机中更是承担了非常重要的对外沟通的职能，如何在危机之前的日常运行中提高自身效能，保持与公众的密切联系，对于提升运用社交媒体应对危机能力有积极意义。

第一节 危机沟通部门社交媒体的日常管理与危机应对

所谓社交媒体的日常管理就是危机沟通部门或应急部门对自身实名认

---

① David E. Alexander, Social Media in Disaster Risk Reduction and Crisis Management, *Science and Engineering Ethics*, Vol. 20, Iss. 3, 2014, pp. 717-733.

② See M. W. Seeger, Best Practices in Crisis Communication: An Expert Panel Process, *Journal of Applied Communication Research*, Vol. 34, Iss. 3, 2006, pp. 232-244.

证的社交媒体账号的日常运行、日常维护,并通过这一平台在社交网络领域保持必要存在和影响力的一系列行为和机制。危机是一种非常的状态,是一种突破常规机制、打破现有秩序和价值观的特殊时刻。对于危机沟通部门和应急部门来说,这样的时刻当然是不经常出现的。社交媒体作为危机沟通和应对的工具,在危机时刻扮演着重要的角色并不意味着其在日常的存在并不重要。实际上,社交媒体仅仅作为一个危机发生后才被想起的工具往往潜伏着危机沟通的失败。

一、社交媒体日常运用的危机应对价值

在传统媒体环境下危机前建立良好的媒介关系的重要性已经为不少人所重视。一场危机会急剧改变一个组织与媒介间的关系,在危机期间,媒介关系工作的职责从"让我们说出来"改变为"让我们控制信息的流动"。为了增加危机期间受到公平对待的概率,公共关系人员在媒介关系处于"平静状态"时就着手建立和维护好良好的关系;在平静状态时,保持前馈式的姿态并发展媒介关系是至关重要的,只有这样,在碰到危机时才能凭借已建立的信誉安然渡过难关。① 正如斯特奇斯所言,仅为控制损害而进行的危机规划,可能会导致对本组织重要的积极关系的行为滞后,影响关系的真正工作应该早在危机发生之前就完成,因为尽管问题对公众来说很突出,但仍然是潜在的。换言之,如果飓风来临,最好先用胶带把窗户封起来,以防玻璃破碎,打开所有门窗以平衡内外压力,并把家具堆放在架子上,以防弄湿。② 对于危机沟通和应急部门来说,真正的媒体策略从危机前的日常工作中就已经开始了。与媒体建立可靠的信任关系,通过媒体树立自身在公众心中的形象和信任,对于公众的危机感知有重要的影响。③ 在大众媒体时代,政府与大众媒体建立关系以及通过大众媒体建立与公众的信任关系相对来说比较容易。因为,大众传媒系统由出版商、报纸和电视台等组织组成,这些组织在内部决定什么

---

① 参见〔美〕奥图·勒兵杰:《逆境领导力:危机管理者如何面对灾害、冲突与失灵(第二版)》,卫五名译,北京大学出版社 2017 年版,第 53 页。
② See D. L. Sturges, Communication Through Crisis: A Strategy for Organizational Survival, *Management Communication Quarterly*, Vol. 7, Iss. 3, 1994, p. 307.
③ See Liang Ma and Tom Christensen, Government Trust, Social Trust, and Citizens' Risk Concerns: Evidence from Crisis Management in China, *Public Performance & Management Review*, Vol. 42, Iss. 2, 2019, pp. 383-404.

是信息,应该传播什么。① 对这些媒体和记者进行"优待"或进行"关照"是媒体策略的一个部分。然而,在社交媒体时代,建立这种信任和形象的困境无疑大大增加,政府面对的是高度离散化的个体,是具有自我信息创作能力、传播能力、交互能力和跟随能力的行动主体。与大众媒体的新闻标准相反,政府或相关组织无法确定普通人在社交媒体上的互动标准。由于社交媒体去中介化和交互性的特征,危机沟通部门无法通过传统的基于大众媒介实现单向信息呈现,这就决定了政府部门必须通过社交媒体建立与普通公众的直接联系,而这种联系的建立必须建立在日常的、日积月累的努力基础上。正如西蒙(T. Simon)所言,为了在危机情况下有效地使用社交媒体工具,相关方应在日常时间使用这些工具,并将其纳入日常活动之中。②

首先,危机沟通部门对社交媒体的日常运用可以建立政府与公众之间的合作网络,增强公众对政府的信任。危机沟通和应对机构在危机前的日常运行中运用社交媒体最大的价值,在于与公众、利益相关者建立有效的合作性网络。公众如何在危机中更好地参与应对过程是一个难题,面对松散且人数众多的个体,如何建立有效的纽带,有序地与政府相互配合,构建有效的互动机制无疑非常重要。而这有赖于政府与公众建立的较为稳固的合作网络基础,社交媒体提供了一种可能性,也就是所有的个体都可以与政府应急部门建立直接的联系,并且从政府部门直接获得所需的各种信息和反馈。基于社交媒体的日常联系可以更加轻松地建立趋向于政府的社会连接。世界卫生组织(WHO)强调了危机前利用社交媒体建立紧急网络和"伙伴"系统的重要性,以便在危机期间有效利用。在灾难发生之前使用社交媒体,将有助于建立应急管理网络,分担危机应对的责任。③ 公众对于政府的信任和认知很大程度上来源于日常生活中与以往经历中自我的感知以及信息交互中的传染性感知。对于政府来说,在危机中突然跳出来的社交媒体形象很难赢得公众

---

① See Jesper Tække, Crisis Communication and Social Media: A Systems-and Medium-Theoretical Perspective, *Systems Research and Behavioral Science*, Vol. 34, Iss. 2, 2017, pp. 182-194.

② See T. Simon et al., Socializing in Emergencies—A Review of the Use of Social Media in Emergency Situations, *International Journal of Information Management*, Vol. 35, Iss. 5, pp. 609-619.

③ See Neil Dufty, Using Social Media to Build Community Disaster Resilience, *Australian Journal of Emergency Management*, Vol. 27, Iss. 1, 2012, pp. 40-45.

的信任感。这就需要在日常的社会媒体空间保持必要的存在,建立与社交媒体用户之间的必要联系网络。为了建立伙伴关系和建立信任,与公众的讨论在危机前就应该已经开始了。①

其次,对于政府来说,日常性的社交媒体存在的重要价值还在于可以获得来自庞大的公众个体的信息反馈,及时了解社交媒体场域中的重要信息源头,对于发现风险信息和可能的危机或准危机有重要的帮助,这对于自然灾害类的危机来说尤其重要。公众作为一种庞大的资源,潜藏着无限的可能性。在日常生活中建立与公众有效的、快速的联系,可以及时检测、了解和掌握与危机相关的各种信息,从而提前做好准备。休斯敦(J. B. Houston)等人提出了一个概念化的框架,用于说明在灾难的不同阶段使用社交媒体的价值,并声称在灾难发生之前的日常时间,社交媒体主要有三种不同的用途:一是提供和接收备灾信息。二是提供和接收危机警报,以及发出信号和探测危机。在日常生活中,危机沟通部门和应急部门通过单向信息的传播可以探测来自社会的诉求和反馈。三是通过社交媒体进行数据监控,从而增强情景意识。各社会成员基于社交媒体的日常沟通可以建立和组织直接的双边和多边对话,实现信息和情感上的危机前感知。②

除此之外,社交媒体的日常运用还可以有效提升公众的危机意识和应急能力,提高危机来临后的自我保护,指引公众建立良好的合作参与习惯。危机应对机构通过在日常时间有效地发布关于危机的专业信息,提升公众的专业知识和指引建立良好的危机行为习惯,这对危机应对来说尤为重要。即使不是危机时刻,不少个体依然能从危机沟通部门获得必要的指导。另外,还需要指出的是,日常时间的社交媒体运用可以提升危机应对机构的透明度和关注度。不同政策领域的政府机构使用社交媒体来报道它们的日常活动,从而显示出一定程度的透明度,③应急管理机构同样也能做到这一点。

---

① See S. R. Veil, T. Buehner, & M. J. Palenchar, A Work-In-Process Literature Review: Incorporating Social Media in Risk and Crisis Communication, *Journal of Contingencies and Crisis Management*, Vol. 19, Iss. 2, 2011, pp. 110-122.

② See J. B. Houston et al., Social Media and Disasters: A Functional Framework for Social Media Use in Disaster Planning, Response, and Research, *Disasters*, Vol. 39, Iss. 1, 2015, pp. 1-22.

③ See I. Mergel, *Social Media in the Public Sector: A Guide to Participation, Collaboration and Transparency in the Networked World*, Jossey-Bass/Wiley, 2012.

二、危机沟通部门的社交媒体日常管理

正是因为社交媒体日常运用对危机应对有着重要的价值，所以，不少危机应对部门都非常注意社交媒体日常性的运行和管理，尤其是那些自然灾害危机与公共卫生危机等专门性危机应对部门。例如，美国疾控中心（CDC）早在 2006 就建立了基于社交媒体日常运用的战略《CDC 2.0：利用社交媒体提高 CDC 科学的影响力》，目的是运用社交媒体"使 CDC 的内容、工具和服务在用户需要的时间、地点和方式可用，以改善人们的健康和安全"①。为了提升这种影响力，CDC 建立了一系列完整的社交媒体日常运行的规则，成立了专门的团队，创建了专门的社交媒体频道，从 2006 年开始就在几个主要的社交媒体平台，包括 Facebook、Twitter、Instgram、LinkedIn 等开设了诸多实名认证的账号，如在 Facebook 上开通的账号就多达 29 个，涉及 CDC 的各项事务，以及不同疾病的专门账号；而 Twitter 的 CDC 账号更是高达 64 个，不断扩大粉丝群体和黏度。为了提升公众的风险感知和科学认知，CDC 在日常运营中充分运用在线的小程序、小游戏、图形按钮、在线视频、播客、eCards、RSS 提要、微博、图像共享、社交网络、电子邮件以及图书标记和各种共享工具来建立和扩大自身的网络，提高各种专业信息的传播力度和广度。② CDC 建立了一个大型的按钮和徽章库、小型网络图形或图像库，公众和合作伙伴可以利用这些库在线参与有关活动和共享健康信息。通过提供公共健康图像共享，公众可以轻松地将这些图像放在网站、博客或其他社交媒体网站上。通过内容联合（content syndication）应用程序建立广泛的合作网络，使合作伙伴组织能够显示健康和安全内容，并允许公共健康合作伙伴网站的访问者在不离开合作伙伴网站的情况下访问 CDC 的内容。③ 通过这些日常性的社交媒体管理，CDC 的信息和网络能够有效地嵌入到公众和合作伙伴的社交

---

① J. R. Nall, CDC 2.0: Using Social Media to Increase the Impact of CDC's Science, 2007, https://stacks.cdc.gov/view/cdc/28849, visited on 2020-05-20.

② See A. Aikin, Communicating During a Novel Emergency: How to Make Your Messages Viral by Using Social Media, http://www.aliconferences.com/conf/social_media_crisis1109/day1.htm, visited on 2020-05-20.

③ See CDC Office of the Associated Director for Communication, The Health Communicator's Social Media Toolkit, 2011, https://www.cdc.gov/socialmedia/tools/guidelines/pdf/socialmediatoolkit_bm.pdf, visited on 2020-05-20.

媒体网络之中。

　　对于如地震、洪水等自然灾害来说，社交媒体在日常运行的意义也被不少危机应对组织充分地挖掘出来。例如，为了强化社交媒体工具收集有关危机信息的能力，一些国家的地方地震应急部门通过社交媒体制作了不少灾难模拟游戏，并通过相关的技术和激励机制让公众参与。在这些练习中，人们通过社交媒体工具发布信息，并参与众包任务；运用社交媒体工具实施和组织应对地震的模拟演练；利用社交媒体改进搜索和救援行动。一些社交媒体开通了专门的模块，让普通民众表达对应急管理和本地相关做法的意见和建议。为了更好地让普通民众在地震危机来临时迅速地获得官方的权威信息，社交媒体作为一种渠道被一些应急机构用来引导人们"寻找官方信息来源，并将这些信息扩大到更广泛的受众"[1]。通过日常性的社交媒体管理和运行，建立公众之间基于社交媒体的危机沟通网络。社交媒体可以邀请个人成为组织的支持者。例如，Facebook 上的粉丝页面可以让公众展示意识和支持。当用户选择"成为某个组织的 Facebook 页面的粉丝"时，他们会将该组织的 Facebook 页面链接到自己的页面，从而在他们的 Facebook 好友网络中推广该组织，[2]为可能来临的危机沟通建立良好的网络体系。

三、新闻办及其社交媒体的日常运行

　　就中国来说，地方政府新闻办是代表政府对外发布权威信息的专门性机构。尽管这一机构的职责不仅仅限于危机沟通，但是无疑，一旦危机发生，新闻办是地方政府对外进行危机沟通最重要的职能部门。实际上，地方政府新闻办的成立初衷在很大程度上就是为了更好地适应危机期间危机沟通的要求。1983 年，中央对外宣传领导小组制定了《新闻发言人工作暂行条例》。不过，当时一些部委认为，设立新闻发言人只是对外宣传部门的事，主要是为国外的新闻媒体服务。进入 21 世纪以来，各种危机呈现出多发、频发的趋势，而公众对于政府信息及时主动公开的愿望和呼吁越来越强烈，一些地方

---

　　[1]　M. Taylor, G. Wells, G. Howell, & B. Raphael, The Role of Social Media as Psychological First Aid as a Support to Community Resilience Building: A Facebook Study from "Cyclone Yasi Update", *Australian Journal of Emergency Management*, Vol. 27, Iss. 1, 2012, pp. 20-26.

　　[2]　See S. R. Veil, T. Buehner, & M. J. Palenchar, A Work-In-Process Literature Review: Incorporating Social Media in Risk and Crisis Communication, *Journal of Contingencies and Crisis Management*, Vol. 19, Iss. 2, 2011, pp. 110-122.

政府在公共危机中的表现难以满足公众的信息公开期待，由此引发新的问题。尤其是在 2003 年的"非典"危机初始阶段，一些地方政府对信息的隐瞒和封锁使得疫情在当地恶化，给抗击"非典"工作增加了巨大的困难，由于信息不透明，社会恐慌情绪蔓延，一些地方政府的形象和公信力受到质疑。在公共危机中，政府及时主动发布相关信息的重要性被越来越多的人所认识。从那以后，地方政府新闻发布制度建设的进程明显加快。2005 年 3 月，中共中央办公厅、国务院办公厅联合下发了《关于进一步推行政务公开的意见》，其中强调"要完善政府新闻发布制度，通过政府新闻发布会定期发布政务信息"。2006 年 1 月，国务院发布了《国家突发公共事件总体应急预案》，在应急运行机制中，特别强调了"突发公共事件的信息发布应当及时、准确、客观、全面。事件发生的第一时间要向社会发布简要信息"。针对突发事件中的政府信息公布，2008 年开始实施的《中华人民共和国政府信息公开条例》第 20 条规定，行政机关应当主动公开本行政机关的 15 项政府信息，其中第 12 项就是"突发公共事件的应急预案、预警信息及应对情况"，新闻发布会是其中重要的公开方式之一。在这些法律制度的不断推动和规范下，地方政府纷纷成立了新闻办。为了更好地提升危机沟通能力，进入 2017 年以来，各地纷纷成立了新闻应急中心。

为了适应新媒体环境下的危机沟通挑战，越来越多的地方政府新闻办公室建立了自身的政务微博，分别冠之以"某某发布"的名称。云南省新闻办的官方微博"@微博云南"应该是地方政府新闻机构所建立的第一个实名认证的政务微博。早在 2009 年 11 月，那时候微博在中国兴起不久，"@微博云南"就已经上线，并在此后的诸如"螺蛳湾事件""昆明 PX 事件"等公共危机事件中扮演着越来越引人关注的危机沟通角色。在此后的三四年时间里，各地各级地方政府新闻办公室纷纷建立了自身的实名认证微博。地方政府新闻办在公共危机中的表现在很大程度上有赖于日常规范化和严格的管理，缺乏日常有效管理的微博在突发性事件中只能慌乱应对，同时如果缺乏有效的日常政民互动，在公共危机中，公众的不满情绪可能由于政府刻意保持距离的做法而更加激烈地表现出来，从而让政府面临更加汹涌的舆论压力。但是，不少地方政府新闻办微博的表现并不令人满意，尤其是日常运行、管理没有得到充分的重视。一些微博缺乏有效的日常维护，甚至存在长期"僵尸化"的状态：粉丝数寥寥无几，长期缺乏信息更新，内容形式单一，或内容与政务不相关。① 提升地方政府新闻办的日常效能对于社交媒体环境下地方政府危机应对能力的提升就显得非常重要了。

第二节　地方新闻办社交媒体日常效能现状

一、样本数据

为了更好地研究地方政府新闻办微博的日常效能，我们从现有地方政府新闻办微博中抽取了 121 个样本。为了更好地呈现样本的代表性，我们结合分层、分类的抽样方法，先依照省为单位，然后依照政府的纵向层级，分别从地级、县级政府的微博中依照一定的比例抽取。如浙江省一共有 60 多个政府新闻办微博，我们依照人均 GDP 的标准把 11 个地级市划分为 3 个类别，然后在每个类别中抽取出 1 个地级市，共 3 个样本，然后在每个群体中随机抽出 1 个县级市或县，加上 1 个省级政府新闻办微博，这样一共是 7 个样本。剔除没有开通新闻办微博的数量，一共抽取的样本数是 121 个。由于受到人力物力的限制，我们采用分别抽取 2018 年上半年和下半年各一个月时段的做法来采集数据，即抽取 2018 年 5 月 1 日至 5 月 31 日，以及 2018 年 10 月 1 日至 10 月 31 日两个时段，以这两个时段的微博作为分析样本。在抽取的 121 个样本中，发现共有 10 个微博账户在抽取时段之前已经停止了更新，包括省级政府新闻办 1 个，地级政府新闻办 4 个，县级政府新闻办 5 个。把这些样本从总样本中剔除，剩下 111 个样本。其中，省级政府新闻办微博数为 23 个，占总数的 20.7%，地级政府新闻办微博数为 47 个，占总数的 42.3%，县级政府新闻办微博数为 41 个，占总数的 37.0%。

二、指标体系

自从政务微博成为一种新的治理工具后，对其进行评估成为一个新的热点，不同的研究报告基于不同的研究目的构建了不同的指标体系。人民网舆情监测室自从 2011 年年底就开始定期发布《新浪政务微博报告》，对党政机构微博和公务人员微博进行排名，此后每年、每半年，甚至是每一季度都会发

---

① 参见郑磊、任雅丽:《中国政府机构微博现状研究》，载《图书情报工作》2012 年第 3 期。

布相关报告。评价指标包括 14 个一级指标和 4 个二级指标,这 14 个一级指标分别是微博数、微博频率、微博原创率、微博被转发量、微博被转发率、微博被评论量、微博被评论率、微博评论数、粉丝数、粉丝活跃率、粉丝的粉丝数、粉丝认证率、关注数、媒体关注数,主要是可以通过客观数据统计的指标体系,此外,还包括 4 个主观性指标,也就是微博政务指数、微博感情指数、评论倾向指数、媒体倾向指数。同时,依据微博活跃度、微博传播力、微博引导力、微博亲和力 4 个指标对政务机构和公务人员微博进行排名。[①] 2015 年 1 月,《人民日报》联合人民网舆情监测室和新浪微博发布了《2014 年度人民日报政务指数报告》,评价指标主要是从传播力、互动力和服务力来构建。传播力指标主要有微博阅读数、发微博总数、原创发博数;服务力指标主要有主动评论数、私信次数、私信人数;互动力指数包括被转发数、被评论数、被赞数 3 个。[②] 另外,从 2014 年 12 月开始,新华网舆情监测分析中心也开始发布《全国政务新媒体综合影响力报告(2014)》以及各个省的政务新媒体综合影响力报告,评价指标主要由互动指数、受众指数、传播指数、成长指数、内容指数和集群指数 6 个方面组成,并建立了 18 个二级指标。[③]

与这些政务微博的评价不同,本书的主要研究对象为各地政府新闻办设立的实名微博账户,侧重于从公共危机沟通的角度来评价这些微博日常管理所呈现出来的日常效果与功能。这些指标体系无疑为评价地方政府新闻办微博的日常效能提供了有益的参考,但是,新闻办政府微博与其他政务微博在角色和功能上有着较为特殊和专业的定位。地方政府新闻办微博的日常效能应该至少体现在以下几个方面:首先,政府新闻办微博应该承担着权威发布的重要功能。在政府信息发布方面,对本地方政府的重大决策、重大主题、重大事项、重大活动和重要会议等权威信息应及时对外公开发布。对本级政府相关的政务资讯和新闻信息进行及时收集、整理和发布。其次,地方政府新闻办微博应该体现出较强的舆情收集和研判能力,对本地现阶段的热

---

① 当然,评价指标并不是一成不变的,如在《2014 年上半年新浪政务微博报告》中一级指标由原有的 14 个调整到了 16 个,增加了收私信数和发私信数两项。参见人民网舆情监测室:《2011 年新浪政务微博报告》,2011 年 12 月,第 1 页;《2014 年上半年新浪政务微博报告》,2014 年 7 月,第 1 页。
② 参见《人民日报》、人民网舆情监测室、新浪微博联合发布的《2014 年度人民日报政务指数报告》,2015 年 1 月,第 2—3 页。
③ 参见新华网舆情监测分析中心"新华政务直通车"项目组发布的《全国政务新媒体综合影响力报告(2014)》,2014 年 12 月,第 5—6 页。

点舆情进行日常监测、分析研判和及时发布公众关心的重大舆情,公布相关信息,对可能的突发性舆论事件提前干预并积极应对,有效化解。再次,地方政府新闻办微博应该扮演重要的政民沟通的角色。从理论上说,地方政府新闻办作为危机沟通的主要纽带,地方政府新闻办微博应该积极扮演沟通政民的重要角色,及时与网民保持积极互动,积极关心并回应网民诉求,在日常的网络沟通互动中不断累积政府公信力,从而在公共危机中能够更加有效地获得公众的信任。最后,政府新闻办微博应该有较强的传播能力。政府新闻办作为地方政府的网络代言人,应该具有较强的网络传播能力,政府的信息能够在较短的时间得到较为广泛的传播,尤其是在重大舆情事件中,能够让政府的声音在网络世界中被更多的人听见和关注。

通过分析现有相关研究文献的指标体系与咨询相关专家和实践工作者,依照综合评价指标的设计原则,我们初步拟定了地方政府新闻办微博管理日常效能的指标体系,主要从四个方面来构建评价指标体系:一是权威指数,主要从政府权威信息发布的比例、频率、政府原创微博的百分比来加以评价;二是舆情指数,评价依据为政府对重大舆情和本地舆情的相关微博数量,对其他微博的关注量、网络"大V"的关注情况,对相关媒体的关注情况,与政法部门微博联动的情况,特别是与公安、信访等机构微博的联动情况,这是舆情收集能力的表现;三是沟通指数,主要从主动评论数和回复数两个方面来呈现;四是传播指数,拥有的粉丝量、被关注的频率、博文平均被转发和点赞的数量等是主要指标。从四个方面一共设计了18个指标。为了使指标体系更加科学、合理、全面,我们借助德尔菲法通过专家咨询的方式对指标进行了筛选、优化。依照年龄、技术职称、学历、专业背景、实践经验等条件一共选择了10位专家作为咨询对象,把初步拟定的18个指标体系提供给专家进行第一轮咨询,依照专家反馈的意见对原有的指标进行了调整,删除了重复、多余或关联度不大的选项,并增加了在一些专家看来必要的选项,最终建立了一个由4个一级指标和14个二级指标组成的评价体系(具体情况请见表4-1)。其中某些指标,如舆情指数、沟通指数和传播指数基本是客观指标,直接通过数据统计得出,也有部分主观性的指标,如舆情微博数量,到底哪些属于舆情微博需要对内容进行分析评价。而权威指数则为主观指标,到底哪些微博属于"权威信息",需要对微博内容进行认真分析、比对,政府原创微博也需要对与该微博政务工作相关的微博内容还原为可统计量得出。笔者的两位行政管理专业的研究生对所有的内容进行独立编码,对其中有争议的部分大家通过讨论达成一致。

表 4-1 地方政府新闻办微博日常效能评价指标体系

一级指标	二级指标	说明
权威指数	政务信息比例	内容为政务信息的微博占总微博的比例
	权威发布频率	每个月信息发布的频率(次数)
	原创微博比例	原创微博占总微博的比例
舆情指数	舆情微博数量	内容为舆情引导和通报的微博数量
	主动关注微博量	关注其他微博的总量
	对媒体微博关注比例	对电视、报纸等媒体微博的关注情况
	关注网络大V数量	对本地有影响力的大V微博关注情况
	与政法部门微博联动数量	关注政法等部门微博情况
沟通指数	主动评论数	主动对其他微博评论的情况
	回复数	回复网民质疑、需求和诉求的情况
传播指数	粉丝总量	
	被关注频率	每月被关注的次数
	博文平均被转发数量	
	月微博更新频率	

在确定了指标体系后,还需要对各项指标的权重系数进行设定。权重系数的确定依然通过德尔菲法多轮专家的咨询来实现。在第一轮咨询的基础上,把经过修改后的指标体系提供给 10 位专家进行第二轮咨询,要求专家对 14 个指标的重要性进行评价,共分为五个等级,即"十分重要""很重要""重要""不太重要""不重要",并从 1 到 5 进行赋值。第二轮专家咨询的回收率为 100%,经过检定,协调系数(Kendall's W)为 0.517,X^2 为 33.601,$p<0.001$,具有统计学的显著性,但是,协调系数并没有达到比较理想的要求。因此,进行下一轮的专家咨询。在第三轮专家咨询中对指标进行了更加具体详尽的阐释,并与专家保持了较为深入的沟通,使专家对本项目的意义、目的和内涵有了更加深入的了解,在此基础上专家对 14 个二级指标进行了再次评价。通过专家第三轮再次评价,回收的数据表明,协调系数达到了 0.661,X^2 的值为 77.362,$p<0.001$,达到了比较理想的效果。

对各指标权重系数的设定是建立在专家评分的基础上的,通过对第三轮专家咨询的数据依照重要性进行重新赋值,"十分重要""很重要""重要""不太重要""不重要"依次赋值为 10、7.5、5、2.5 和 0,先计算出每个一级指标中所包含的二级指标重要性评分均值,然后算出所有一级指标所包含的二级指标均值总和,二者之间的比值就是该一级指标的权重系数。例如,在一级指标"权威指数"中,3 个二级指标"政务信息比例""权威发布频率"和"原创微博比例"所得重要性评分的总和是 237.5,由于有 3 个二级指标,所以每个二级指标的重要性均值得分为 79.17。在一级指标"舆情指数"中,5 个二级指标所得重要性评分总和为 267.5,由于有 5 个二级指标,所以每个二级指标的重要性均值得分为 53.50,以此类推。在"沟通指数"中,每个二级指标的重要性均值得分为 63.75,"传播指数"中的二级指标的重要性均值得分为 58.63,4 个二级指标重要性得分均值总和为 255.15,4 个得分均值与均值总和的比就是四个一级指标的权重系数,依次为 0.31、0.21、0.25 和 0.23。由此得出政府新闻办政府微博日常效能评价的线性模型为:

$$Y = 0.310X_1 + 0.210X_2 + 0.250X_3 + 0.230X_4$$

基于这种方法,我们同样可以得出每个一级指标的评价线性模型,分别为:

$$X_1 = 0.347X_{11} + 0.358X_{12} + 0.295X_{13};$$
$$X_2 = 0.252X_{21} + 0.122X_{22} + 0.224X_{23} + 0.187X_{24} + 0.215X_{25};$$
$$X_3 = 0.392X_{31} + 0.608X_{32};$$
$$X_4 = 0.245X_{41} + 0.224X_{42} + 0.190X_{43} + 0.341X_{44}$$

其中:

Y 表示地方政府新闻办日常效能综合评价总得分;

X_1, X_2, X_3, X_4 分别代表 4 个一级指标的单项评价得分;

X_{11}, X_{12}, X_{13} 分别代表第一个一级指标所包含的 3 个二级指标的单项得分;

$X_{21}, X_{22}, \cdots, X_{25}$ 分别代表第二个一级指标所包含的 5 个二级指标的单项得分;

X_{31}, X_{32} 代表第三个一级指标所包含的 2 个二级指标的单项得分;

$X_{41}, X_{42}, \cdots, X_{44}$ 代表第四个一级指标所包含的 4 个二级指标的单项得分。

综合总分与各单项指标得分均采用百分制方式。

三、基本现状

为了便于不同类型数据之间的比较、综合和分析,我们依照统计的通用做法,把所有的数据转换成标准 Z 分值,指数的计算是在标准化的 Z 值基础上通过统一的赋值模型转换成常规的百分值。通过运用 SPSS 统计软件对收集的样本数据进行分析,我们对各地地方政府新闻办微博总体效能的现状有了一个基本的了解,主要体现在以下几个方面:

(一)日常效能总体情况

表 4-2 是对不同级别政府新闻办日常效能平均总得分情况的比较,从表中可以看出,不同级别的政府新闻办总评价得分均值呈现出非常清晰的与政府层级成正比的特征,也就是政府层级越高的新闻办,其微博日常效能得分均值越高,省级政府新闻办总指数得分的均值为 81.17,而地级政府新闻办微博平均总指数得分为 75.18,相比于省级政府新闻办微博低了 5.99 分,而 41 个县级政府新闻办微博平均总指数得分为 71.89,分别比地级政府和省级政府新闻办微博得分低了 3.29 分和 9.28 分。这一结果应该说在预料之中,省级政府新闻办微博面对的受众无疑远远高于地级政府和县级政府新闻办政府微博,而政府层级越高,管辖人口越多,公民需求越强,领导就越加重视,在运用微博展示政府形象和信息沟通方面的意识也会越强,更有利于微博应用的发展,[1]管理方面的规范性和专业性方面的程度也会比较高。省级政府单位的职能面向全省,同时具备较强的资源整合能力,可配备较为专业的微博运营团队进行内容策划与日常管理。[2] 而越往基层,政府在微博等新媒体的意识方面往往也相对比较弱,在人员配备和资源配置方面也往往不如上级政府。

---

[1] See Liang Ma, The Diffusion of Microblogging in the Public Sector: Evidence from Chinese Provinces, in M. Z. Sobaci (ed.), *Social Media and Local Governments: Theory and Practice*, Springer, 2016, pp. 171-187.

[2] 参见张志安、曹艳辉主编:《政务微博微信实用手册》,南方日报出版社 2014 年版,第 48 页。

表 4-2 不同级别新闻办总指数情况一览表

	N	均值	标准差	标准误	极小值	极大值
省级	23	80.17	5.38	1.12	72.11	93.95
地级	47	75.18	4.25	0.62	67.37	89.90
县级	41	71.89	1.84	0.29	68.31	77.48
总数	111	75.00	4.87	0.46	67.37	93.95

注：$df=2$, $F=34.08$, $p<0.01$。

尽管省级政府新闻办微博在总指数平均得分方面比地级和县级政府新闻办总指数平均得分要高，但是从表4-2中我们也可以清晰地看出，省级政府新闻办微博指数得分的标准差相对于地级和县级政府新闻办微博指数得分要明显高，而且政府级别越高，这种标准差就越大，省级政府新闻办总指数的标准差为5.38，地级政府新闻办总指数的标准差为4.25，而在县级，这一数据是1.87。这也就意味着，省级政府新闻办微博总指数得分的离散程度要明显地高于地级和县级新闻办微博总指数得分的离散性，23个省级政府新闻办微博的总体表现呈现出参差不齐的特征，而县级政府新闻办微博总体表现差异性最小，总体上处于大致相当的水平。为了呈现不同级别政府新闻办微博在离散程度上的差异性，我们分别把23个省级政府、47个地级政府和41个县级政府新闻办微博的总体评价得分通过折线图的形式表现出来（见图4-1）。从三条不同形状的折线走势可以看出，省级政府新闻办微博评价得分的折线图总体上呈现出较大的起伏，地级政府次之，而代表各县级政府新闻办微博总体评价的折线图相对比较平缓。从表4-2中的极大值与极小值可以看出，在41个县级政府新闻办微博中，最低得分是68.31分，最高得分只有77.48分，二者相差不到10分，而不管是省级政府新闻办微博还是地级政府新闻办微博，最高得分和最低得分之间的差距都超过了20分。

（二）权威指数情况

权威指数是地方政府新闻办微博效能的重要体现，也是新闻办微博与其他政务微博相比的重要特征，新闻办微博所呈现信息的权威性在很大程度上影响到自身作为政府代言人的基本形象，尤其是在重大公共危机事件中，政府如果不能及时提供权威的信息，也就很难及时沉淀舆情。我们在对各地政府新闻办微博从权威发布频率、原创微博比例和政务微博比例三个指标加权计算后得出了权威指数。从表4-3中我们可以很清晰地看出，地方政府新闻

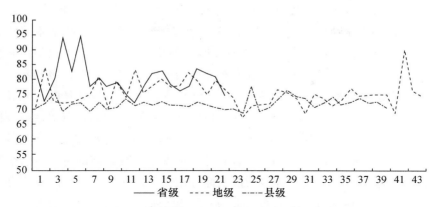

图 4-1　不同层级政府新闻办微博总指数离散性对比

办微博权威指数与政府级别呈现出明显的正相关性,省级政府新闻办微博平均权威指数为 81.06 分,地级政府新闻办微博权威指数得分相比低了 6.57 分,而县级新闻办微博权威指数相比地级政府新闻办微博低了 2.32 分。政府级别越高,其权威性的形象表现愈加明显。尽管省级政府新闻办的权威指数得分在统计上显示依然存在着较大的离散性,得分标准差为 6.36,但是,地级政府和县级政府新闻办在这方面同样表现出这样的特征,特别是县级政府新闻办,与总体指数相比,这种离散性显然更加明显。

表 4-3　各级地方政府新闻办微博平均权威指数对比

	N	均值	标准差	标准误	极小值	极大值
省级	23	81.06	6.36	1.33	70.10	97.52
地级	47	74.49	5.70	0.83	57.02	84.99
县级	41	72.17	4.86	0.76	63.23	84.13
总数	111	75.00	6.41	0.61	57.02	97.52

注:$F=19.234$,$p<0.01$。

而省级政府新闻办微博权威指数之所以明显高于地级和县级政府新闻办,在很大程度上是依赖于政府权威发布的频率和微博政务信息的比例两个指标方面的表现比较突出。为了更好地进行统计和鉴别,我们把权威发布定义为两个方面的特征:一是发布内容为政府的重要事项、重大决策和重要政策,经过政府部门的权威确认,包括政府公告、地方政府政策文本、重要的数据等;二是发布主体为本级人民政府,转发上级政府或中央政府的权威内容并不计算在内,如各地新闻办微博中很多都转发了中央会议的相关内容,另外,不少新闻办微博经常会转发本地天气情况的相关数据,这些都不能作为本地政府权威发布的内容。经过对样本数据的统计分析,我们可以很清晰地看到,省级政府新闻办微博在权威发布方面的表现要明显优于地级和县级两级政府新闻办微博。如表 4-4 所示,省级政府新闻办平均每个月的权威发布次数是 28.74 次,而地级政府新闻办微博的这一数据为 11.77,县级政府新闻办微博则只有 2.73。当然,不管是省级、地级还是县级,这种权威发布的频率差异性都非常大。以省级新闻办为例,月权威发布次数最高的有 93 次之多,而最少的只有 2 次。同样,地级政府新闻办微博月权威发布次数最多的为 45 次,而有不少比例的月权威发布次数为 0,县级政府新闻办微博同样如此。

表 4-4 不同级别政府新闻办微博权威指数二级指标平均得分对比

	权威发布频率(次/月)			微博政务信息比例(%)			原创微博比例(%)		
	N	均值	标准差	N	均值	标准差	N	均值	标准差
省级	23	28.74	25.652	23.00	47.83	24.43	23.00	87.35	19.82
地级	47	11.77	12.895	47.00	36.34	20.00	47.00	77.02	23.98
县级	41	2.73	4.669	41.00	34.73	22.18	41.00	75.46	25.23
总数	111	11.95	17.311	111.00	38.13	22.15	111.00	78.59	23.90
	$F=23.08, p=0.000$			$F=2.938, p=0.057$			$F=2.938, p=0.057$		

在微博政府信息的比例方面,情况也基本类似。所谓政府信息的比例就是微博内容与政府相关,与民生服务相关,一些地方政府新闻办微博中所包含的旅游信息、天气信息、个人感悟、人生格言等内容则被视为非政府信息。通过样本信息的统计分析显示,省级新闻办微博平均政务信息比例为 47.83%,要明显高于地级和县级新闻办的平均 36.34% 和 34.73%,而地级和县级二者在这一指标上的平均得分并没有统计学意义上的显著差异。在原创微博比例方面,各级地方政府微博的表现总体上相对于其他两个指标要表现得好很多,省级政府新闻办微博的原创比例平均为 87.35%,明显高于地级新闻办微博的 77.02% 和县级新闻办微博的 75.02%,这显示各级政府新闻办在微博内容的安排和处理上还是相对比较认真积极的。当然,同样,在这一指标上,地级政府与县级政府的差异性并不具有统计学意义上的显著特征。需要说明的是,我们这里指的原创性不仅仅是通过微博技术平台的统计得出来的数据,而是通过人工的方式对微博的内容来源进行鉴别,实际上,不

少政府新闻办的微博内容并没有使用转发功能，但是在内容上完全复制其他报纸和媒体的内容，这种情况我们依然视为转发微博。

（三）舆情指数情况

舆情引导和管理是政府新闻办微博的重要功能之一，舆情指数是衡量地方政府舆情应对能力和表现的基本指标，在通过对新闻办月舆情微博数量、主动关注微博量、对媒体微博关注的比例、对网络"大V"关注情况以及政府微博联动情况进行分析后得出了舆情指数情况。需要说明的是，在五个指标中，月舆情微博数量是一个需要经过定性的指标。我们把舆情微博从内容上进行鉴别，把内容为当地公众普遍关注的问题以及关注突发事件、公共危机事件等涉及公共舆情的微博定义为舆情微博。我们从政府层级的角度对省级政府、地级政府和县级政府新闻办微博的舆情指数平均得分进行了分析，具体情况见表4-5。总体上说，不同政府层级的新闻办在舆情指数的得分方面都不高，尤其是省级政府新闻办，其舆情指数得分只有77.82分，与同级的总指数以及权威指数相比明显要低。而地级政府和县级政府新闻办在这一指标上的平均得分分别为75.13和73.27，表明新闻办微博在舆情的引导和管理方面并没有得到充分的重视。尽管不同级别政府在这一指标上具有统计学意义上的显著性差异，但是，从数据上可以看出，这种差异性与日常效能、权威指数相比明显要小。另外，从表中我们也可以清晰地看到，三级政府新闻办舆情指数的离散性都比较明显，尤其是省级政府新闻办，最大值与最小值之间的差距达到26.89分，在所有的111个样本中，最低得分和最高得分都是省级新闻办，也就是说，一些省级政府新闻办微博的舆情指数比不少地级和县级政府新闻办的得分还要低。

表4-5 不同级别政府新闻办微博舆情指数得分比较

	N	均值	标准差	极小值	极大值
省级	23	77.82	5.26670	64.67	91.56
地级	47	75.13	4.00703	66.94	84.96
县级	41	73.27	5.03943	65.30	89.26
总数	111	75.003	4.92750	64.67	91.56

注：$F=6.992$，$p<0.05$。

具体到舆情指数的五个二级指标，不同政府层级的新闻办微博的情况见

表 4-6。在省级政府新闻办中,每月平均发布的舆情微博量是 5.39 条,也就是平均 6 天左右的时间一条,而地级政府新闻办的月舆情微博的平均数为 2.55 条,10 天左右的时间发布一条舆情微博,而在县级这一层面,新闻办平均每月发布的舆情微博只有 0.73 条,很多县级新闻办微博一个月难得有一条舆情微博的发送。再看与政府部门微博联动的情况,公安、法院、检察院、政法委等微博是舆情的重要监测、引导和监管部门,新闻办与之保持有效的微博联动对于及时互通舆情,在信息发布方面保持一致显得很有必要。表 4-6 的统计数据显示,省级政府新闻办平均关注政法类政务微博的数量为 9.04 个,地级政府新闻办平均关注 7.13 个,在县级政府新闻办,这一数据为 6.31 个。另外,与媒体保持有效联动也是收集和及时了解舆情的重要途径,因此,关注媒体微博也是非常重要的舆情能力表现。从表 4-6 中可以看出,省级新闻办微博平均关注媒体微博的数量为 14.26 个,地级政府新闻办平均关注媒体微博的数量为 13.49 个,而县级新闻办微博的这一数据为 13.46 个。在关注微博总量这一指标上,我们可以看出,从平均数来说,省级、地级和县级政府新闻办的微博并没有明显的差异,平均每个微博的关注数为 300 多个,但从标准差可以看出,不管是省级、地级还是县级,政府新闻办微博的关注数的差异性都非常大。以省级为例,在所有的 23 个样本中,省级政府新闻办微博中最少的只关注了 1 个其他的微博,而关注最多的有 1709 个;在县级政府层面,新闻办微博关注量最少的只有 9 个,最多的有 1941 个,这种差异性可想而知。从表 4-6 中我们可以看出,除了月舆情微博量这一指标外,其他四个指标都没有通过统计上的差异显著性检验。

表 4-6 不同级别政府新闻办微博舆情指数二级指标平均得分情况对比

	N	月舆情微博量		关注政法微博		关注大 V 微博		关注媒体微博		关注微博总量	
		均值	标准差	均值	标准差	均值	标准差	均值	标准差	均值	标准差
省级	23	5.39	0.783	9.04	1.334	5.70	1.535	14.26	10.232	390.83	344.813
地级	47	2.55	0.548	7.13	0.933	6.70	1.074	13.49	10.065	392.32	311.828
县级	41	0.73	0.586	6.31	0.999	5.22	1.149	13.46	12.231	322.59	383.717
		$F=11.36, p<0.01$		$F=1.348, p=0.246$		$F=0.461, p=0.632$		$F=0.80, p=0.452$		$F=0.516, p=0.598$	

网络"大 V"是互联网时代的意见领袖,是 Web2.0 以来公共舆论的重要影响因子。一般来说,网络"大 V"或意见领袖是指在社交网络或虚拟空间中具有较大影响力,并在意见表达方面非常活跃,能够在提供信息、观点、思想

方面产生较大影响力的人士,他们在大众传播效果的形成过程中起着重要的中介或过滤的作用,由他们将信息扩散给受众,形成信息传递的两级传播。①网络"大V"由于其用户的粉丝规模较大且有一定的互动性,其所发布的一些带有强烈情绪色彩的信息更容易带动起粉丝的情绪,受到大规模转发和迅速扩散,②可能在很短的时间内聚集升级舆情,引发巨大关注。网络"大V"的影响也可能呈现两种完全不同的面貌:一是有些网络"大V"能够有效聚集正能量,提升社会公众的正面感知;二是一些"大V"起到了混淆视听的作用,成为谣言的制造者。③"大V"一般表现为两个特征:一是通过"V认证";二是具有众多数量的粉丝。结合现有对"大V"的研究以及研究的具体目的,我们把"大V"界定为通过实名认证的、具有10万以上粉丝的个人。从表4-6中可以看出,省级、地级和县级政府新闻办微博在关注"大V"的数量方面并没有统计学上的明显差异,23个省级政府、47个地级政府和41个县级政府的新闻办微博平均关注"大V"的微博数量为5.70、6.70和5.22个。总体来说,新闻办微博对"大V"的关注并没有得到足够的重视。

(四) 沟通指数情况

在新媒体环境下,政务微博在很大程度上改变了过去政府单一向度的对外发布信息和宣传的传播模式,通过微博平台在不断增长的ICTs用户和政府之间建立了一种全新的联通与互动关系,是一种跨越传统官僚层级与"数字鸿沟"的扁平化网络。因此,沟通是政务微博一种内在化的价值体现和外在的重要功能呈现。从技术的角度来说,微博是"网络化用户"交互的新形式,强调的是人与人的联结。④ 表4-7对样本数据中不同政府层级的平均沟通指数得分情况进行了呈现,从统计数据可以看出,不同政府层级的政府新闻办微博在"沟通指数"这一指标上存在着统计学上的差异。与其他指数所呈现出的政府级别与平均指数成正比的特征相同,在几个不同层级的政府中,省级政府新闻办微博的平均沟通指数得分是相对比较高的,为79.76分,其次是地级政府新闻办微博,得分为75.61分,而平均得分最低的还是县级

---

① 参见王君泽等:《微博客意见领袖识别模型研究》,载《新闻与传播研究》2011年第6期。
② 参见刘丛、谢耘耕、万旋傲:《微博情绪与微博传播力的关系研究——基于24起公共事件相关微博的实证分析》,载《新闻与传播研究》2015年第9期。
③ 参见季乃礼:《比较视角下的网络大V分析》,载《天津行政学院学报》2014年第6期。
④ 参见何威:《网众传播》,清华大学出版社2011年版,第12页。

政府新闻办微博,平均沟通指数得分只有71.62分。但是,进一步的分析显示,不管是省级还是地级政府新闻办微博,在沟通方面的表现都呈现出比较明显的差异性,尤其是省级政府,23个省级政府新闻办微博的得分平均落差达到了14分以上,地级政府新闻办微博在这方面的得分平均差异性也达到了6.64857分,而县级政府新闻办微博的沟通指数总体上比较均衡,平均落差只有1.14054分。尤其是省级政府新闻办微博,最低值只有70.99分,而最高值则高达131.73分,二者相差整整60.74分,这种差异性可想而知。

表4-7 不同级别政府新闻办微博沟通指数平均得分对比

	N	均值	标准差	极小值	极大值
省级	23	79.76	14.07659	70.99	131.73
地级	47	75.61	6.64857	70.97	98.37
县级	41	71.62	1.14054	70.97	76.00
总数	111	75.00	8.23008	70.97	131.73

注:$F=8.430$,$p<0.05$。

月回复次数是衡量政务微博沟通效能的重要指标之一。微博之间的回复通常来说主要是通过@这一工具来实现的,但是,微博的回复更多的时候更加有意义的是通过内容回应,也就是对网友的质疑、需求和不满进行有针对性的沟通,因此,需要从实际沟通的价值来进行定性。在对新闻办微博的回复进行统计的时候,我们更加注重结合@工具和人工两种方式来进行,具体统计的结果见表4-8。从表中可以看出,新闻办微博在回复方面的表现与新闻办所在的政府级别存在着明显的正相关性,政府级别越高,其新闻办微博在沟通互动方面的意识和能力就越强。省级政府新闻办微博平均每月回复的次数为19.70,大约平均每1.5天一条,地级政府新闻办微博平均每月的回复数仅为9.30,而县级政府新闻办微博在这方面的表现则明显地与省级和地级有很大的距离。当然,同样地,不管是省级、地级还是县级政府新闻办微博在沟通互动方面的表现都存在着非常明显的离散性。省级政府中,都有一定比例的新闻办微博在一个月里没有任何的回复和沟通互动,省级政府新闻办微博月回复次数最大与最小值的差为151,地级政府新闻办微博这一数据为88,而县级政府新闻办微博这一数据为17。在评论数方面,不同新闻办微博的表现同样与其所处的政府级别呈现出正比关系。省级、地级和县级政府新闻办微博月平均评论数分别为 1568.26、993.19 和 47.07，但是，通过标准差可以看出，同一级政府新闻办微博在这方面的表现差异性非常巨大。

表 4-8　不同级别政府新闻办微博沟通指数二级指标平均得分情况对比

		N	均值	标准差	极小值	极大值	
评论数	省级	23	1568.26	2550.917	8	9599	$F=4.997$
	地级	47	993.19	2429.773	0	11347	$p<0.05$
	县级	41	47.07	105.570	0	567	
	总数	111	762.88	2030.669	0	11347	
月回复次数	省级	23	19.70	36.118	0	151	$F=5.904$
	地级	47	9.30	17.177	0	88	$p<0.05$
	县级	41	1.93	3.594	0	17	
	总数	111	8.73	20.773	0	151	

（五）传播指数情况

传播指数是衡量微博传播能力和影响力的重要指标，微博在公共事件中，尤其是在突发事件中到底能够在多大程度或多大范围内发挥有效的影响，主要取决于微博本身的受众面和受到关注的程度。我们把传播指数具体化为四个评价指标：一是粉丝总量，粉丝总量越大，意味着自身消息可以在第一时间内产生影响的范围就越大；二是被关注频率，也就是每个月被别人@的次数，关注次数越高，关注度也就越高；三是博文平均被转发的次数，被转发量越大，也就意味着博文传播的范围越广，影响力越大；四是月微博更新频率，这是保持微博活跃性和粉丝黏性的基础。由于传播指数的所有指标都是量化性的指标，因此在统计过程中总体上比较直接和便利。通过对这些指标数据的采集，我们得出了各地政府新闻办微博的传播指数，具体情况见表 4-9。从不同的层级角度来说，省级政府新闻办微博在传播能力和影响力方面无疑表现最为突出，省级政府新闻办微博的平均沟通指数得分为 81.55 分，高出地级政府新闻办微博的平均沟通指数得分近 6 分，而县级政府新闻办微博总体上表现与省级和地级政府新闻办微博有着较为明显的差异，县级政府新闻办微博的平均沟通指数得分只有 70.53 分，比地级政府新闻办微博低了 5 分多，比省级政府新闻办微博低了 11 分。从标准差的数据来看，省级和地级政府新闻办微博的沟通指数得分相对于县级政府新闻办微博来说，差异性要更加明显，省级政府新闻办微博沟通指数的标准差达到7.52484，而地级政府新闻办微博沟通指数的标准差也达到了 7.37598。

表 4-9 不同级别政府新闻办微博传播指数平均得分情况对比

	N	均值	标准差	标准误	极小值	极大值
省级	23	81.55	7.52484	1.56904	70.25	97.99
地级	47	75.69	7.37598	1.07590	68.76	107.65
县级	41	70.53	3.16389	0.49412	68.50	83.23
总数	111	75.00	7.37017	0.69955	68.50	107.65

注：$F=23.772$，$p<0.005$。

　　进一步分析传播指数下的四个二级指标，我们可以发现，无论是粉丝总量、月被关注次数、博文平均被转发量还是月微博更新频率，都显示新闻办微博所在政府级别与本指标呈现正比的关系，如表 4-10 所示。以粉丝总量为例，省级政府新闻办微博的平均粉丝量为 400 多万，地级政府新闻办微博的平均粉丝量为 51 万多，而县级政府新闻办微博的平均粉丝量只有 4 万多，差异非常明显。从月被关注次数来看，省级政府新闻办微博平均每个月被其他微博关注的次数为 80.61，地级政府新闻办微博这一数字为 54.74，而县级政府新闻办微博只有 16.37。省级政府新闻办微博每条博文平均被转发的频率为 12.35，地级政府新闻办微博每条博文平均被转发的频率只有 6.98，而县级政府新闻办微博这一数据更少，只有 2.05，也就是说，每条微博平均只有两个左右的人关注和转发。这三个指标呈现出的特征可以说是情理之中的事情，毕竟层级越高，新闻办面对的群体范围越广，就像人站得越高，面对的人越多，看到的范围越大，同样受到的关注也就越多。而在月微博更新频率方面，平均每一个省级政府新闻办微博每月大概会有 440 多条的微博发布，也就是大约每天 15 条左右的更新。而地级政府新闻办微博每月更新微博的频率是 300 条不到，大概是每天发布新的微博不到 10 条。同样，统计数据表明，新闻办所处的政府层级越高，相关指标的差异性和离散性就越加明显。以粉丝量为例，省级政府新闻办微博的粉丝量标准差达到了 800 多万，粉丝量最少的只有 5483，而最多的超过 4000 万，其中的差异性可想而知。月微博更新频率同样如此，不同省级政府新闻办微博之间月微博更新量的标准差达到了 253.941，最高的微博更新频率超过 1000 次，而最少的只有 7 次。

表 4-10　不同级别政府新闻办微博传播指数二级指标情况对比

		N	均值	标准差	极小值	极大值	
粉丝总量	省级	23	4090062.00	8071492.330	5483	40107673	$F=9.716$ $p<0.001$
	地级	47	517869.04	1066912.485	78	6165345	
	县级	41	41838.46	124807.717	87	584211	
	总数	111	1082222.05	3992827.212	78	40107673	
月被关注次数	省级	23	80.61	77.971	10	279	$F=6.291$ $p<0.005$
	地级	47	54.74	85.537	0	465	
	县级	41	16.37	51.486	0	289	
	总数	111	45.93	76.485	0	465	
博文平均被转发量	省级	23	12.35	12.561	0	51	$F=8.272$ $p<0.001$
	地级	47	6.98	11.251	0	47	
	县级	41	2.05	5.422	0	31	
	总数	111	6.27	10.477	0	51	
月微博更新频率	省级	23	442.48	253.941	7	1014	$F=22.108$ $p<0.001$
	地级	47	298.38	261.627	4	1024	
	县级	41	86.85	105.869	1	411	
	总数	111	250.11	253.504	1	1024	

通过对样本数据的分析，总体上说，地方政府新闻办微博的日常效能呈现出以下几个方面的特征：一是政府新闻办微博的日常效能与其所在的政府层级成正比例关系，层级越高，微博的日常效能越高，在总体指数及四个二级指数上的得分都比较高。总体上看，省级政府新闻办微博的日常效能最高，地级政府新闻办微博次之，县级政府新闻办微博总体表现比较弱。二是政府层级越高，新闻办微博在日常效能方面的表现呈现出来的离散性也愈加明显。尽管从平均指数来说，省级政府表现最好，但是，不同省级政府新闻办微博的表现的差异性相比于地级和县级政府新闻办微博要明显大得多。三是新闻办微博的表现并没有呈现出地域上的差异性。不管是从省级的横向层面还是从更大意义上的东、西和中部地区的层面，都没有发现地域上的明显差异性。

第三节　地方政府新闻办社交媒体日常效能存在的问题

我们对地方政府新闻办微博的日常效能通过指数的方式进行了初步的呈现，但是，需要说明的是，这些指数是在 Z 化的标准值基础上计算出来的，所呈现的分数是一种基于相互比较意义上的相对分值,这些指数分值更多的是呈现某一微博在整体微博中所处的相对水平,一些新闻办微博尽管得分看起来比较高,但是,由于是相对于其他微博而言的,这种得分到底在多大程度上代表了其在实践中的真实效能,则是另外一个问题了,如果需要对微博日常效能进行更加全面的了解,则需要进行进一步的深入分析。实际上,进一步分析 111 个新闻办微博样本,可以发现一些共同的问题,这些问题不仅仅是新闻办微博存在的问题,也是当前不少政务微博存在的共同的问题,但是,对于政府新闻办这样一个政府信息发布窗口和对外沟通交流互动的重要平台来说,一些问题更应该引起重视。

一、功能定位模糊

从理论上说,地方政府新闻办微博是一种典型的保罗·利文森(Paul Levinson)所言的"补偿性媒介"。所谓"补偿性媒介",就是任何新兴的媒介之所以出现,是因为传统媒介存在着先天的不足,而新媒介就是对这种不足和缺陷的一种补救,按照利文森的论述,书写、印刷、电报和录音等新媒介之所以出现,就是对过去口耳相传产生的稍纵即逝缺陷的一种补救和补偿;摄影、电影等新形式的出现也是为了弥补传统媒介不能留住眼前图景的缺陷;广播使得远距离的即时性传播成为可能;而电视的出现,则是弥补了广播只听其声、不见其人的遗憾,生动地把现场音画同步呈现在大家眼前;而互联网更是"一个大写的补偿性媒介",补救了电视、书籍、报纸、教育、工作模式等的不足;手机使以前一切媒介的非移动性得到了补偿等。[①] 从这个角度来说,微博等社交媒体无疑是对过去 Web1.0 时代媒介互动性、即时性不足的一种补偿。而地方政府新闻办微博的媒介补偿性主要体现在两个方面:一是与其他媒介相比,或者与传统的新闻发布形式相比,政府微博是为了弥补即时性、互动性方面的缺陷。微博即时性的信息发布方式和交互式的传播特征无疑是对过去政府网站信息更新滞后、政民互动欠缺的补偿。二是与其他的政务微博相比,地方政府新闻办微博是为了弥补权威信息不足,特别是在公共危机和突发事件中难以满足公众权威信息需求的不足。从媒介补充性的角度来

[①] 参见〔美〕保罗·利文森:《软边缘:信息革命的历史与未来》,熊澄宇等译,清华大学出版社 2002 年版,第 113 页。

说，地方政府新闻办应该非常清晰地定位自身的角色和功能，那就是及时有效地发布本级政府的权威信息，尤其是涉及公共事件、公共政策、公共服务等重大问题的权威信息，及时有效地引导本地舆论，与公众保持有效的互动，更好地展现本级政府的形象，积极提升公信力。

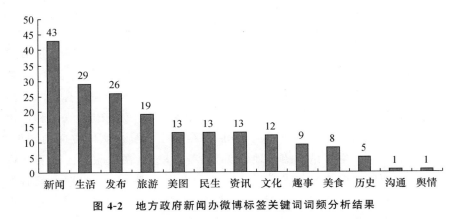

图 4-2 地方政府新闻办微博标签关键词词频分析结果

但是，很显然，地方政府新闻办对于自身微博的这种媒介补偿性并没有充分的认识，对于新闻办微博到底应该扮演怎样的角色、与其他政务微博的差异性到底是什么缺乏较为清晰的认知，这点我们可以从100多个样本微博的标签中清楚地看出来。微博标签是微博自身内容和定位的关键词，在对100多个样本微博的标签进行词频分析后显示，排在第一的词语是"新闻"，共43次，排在第二的是"生活"，而作为新闻办核心主题的"发布"排名第三，只有26个新闻办微博把自身的核心角色定位为"发布"，而在所有111个样本中以"某某发布"为名称认证的微博有102个，占整个样本数量的91.9%，而从标签上看，实际上只有23.4%把自身角色和功能定位为"权威发布"。有不少比例的新闻办微博在标签中的关键词为旅游、美图、美食（具体情况见图4-2）。当然，有些新闻办政府微博是多个关键词并列出现，如尽管有些标签出现了"权威发布"等字眼，但是，并没有放在首要位置，而是放在"新闻资讯""旅游""美食"等之后。而在所有的100多个样本中，只有一个政府新闻办微博的标签中出现了"沟通"和"舆情"等字眼。完全把自身功能定位为"权威发布，沟通政民"的微博不到5个。

表 4-11 非政务类信息所占比例情况一览表

	N	均值(%)	标准差(%)	标准误(%)	
省级	23	41.00	20.011	4.173	
地级	47	53.15	21.764	3.175	$F=3.176$
县级	41	54.41	22.533	3.519	$p<0.05$
总数	111	51.10	22.136	2.101	

上述情况从新闻办微博的内容也能够得到较为充分的体现。通过对样本微博的内容分析可知,总体来说,这些内容可以分为以下几种类型:一是新闻资讯类。就是报道本地或转发国内外时政新闻,这类内容在所有新闻办微博中都占有相当的比例。二是便民服务类。就是提供一些交通、气象和民生方面的服务信息。三是生活知识类,包括介绍养生、健康、烹饪方面的知识。四是对外宣导类。主要是介绍本地的美景、美食,这点在以旅游为主要产业的地方政府新闻办微博显得尤其突出。五是人生哲理类。不少地方政府微博会发布一些人生感悟、名人名言等心灵鸡汤类的微博。六是权威发布。主要是发布本地的权威性的公共信息,包括食品安全、重要人事任免、重大事件、重要政策、权威经济数据等。除此之外,还有一些历史(比如历史上的今天)、人文等内容。在这些类型的内容中,生活知识类、对外宣导类和人生哲理类与新闻办本身的角色功能定位存在着明显的偏差,我们暂且称之为非政务类信息。我们对不同政府级别这些非政务类信息内容的微博所占比例进行了统计。从表 4-11 可以看出,总体来说,这类信息平均所占的比例还是比较高的,其中地级政府和县级政府新闻办微博中非政务类信息的比例平均都达到了 53% 以上,也就是说有超过一半的内容与政务类信息没有关系。一些微博的内容甚至几乎全部为风景介绍,且全部为转发,没有原创微博,尤其是一些比较著名的旅游目的地的新闻办微博。尽管研究表明,政府倾向于使用图片、视频、休闲和体育等信息,这样更容易激发互动,[1]但是,这些内容无疑模糊了政府新闻办微博本身的角色和职能。非政务类信息在省级政府新闻办微博中所占比例相对较低,但是也有超过四成的内容。其实就算是新闻资讯类,也有不少比例的内容是直接转载其他媒体的国内外时政报道,或者说

---

[1] See S. Hofmann et al., What Makes Local Governments' Online Communications Successful? Insights from a Multi-Method Analysis of Facebook, Government Information Quarterly, Vol. 30, Iss. 4, 2013, pp. 387-396.

直接提供相关报道的链接。同样在便民信息方面,不少内容也是转自气象和交通管理部门的微博。这无疑把自身的功能等同于其他门户网站或一般网站的层面了,而这样的信息很显然难以引起网友的关注,这点从这些内容的微博评论中就可以得到充分的体现,通常来说,这类微博鲜有人评论或转发。

二、沟通功能缺位

通常来说,舆情主要是指作为主体的民众以媒介为载体反映社会现实这一客体的动态过程。作为 Web2.0 的工具之一,微博最大的特点就是交互性,政府部门开通微博的重要目的之一也是试图通过这一交互性的工具与公众更好地交流,以弥补现有沟通体制不够完善的问题。从沟通的角度来说,政务微博毫无疑问是一种全新的政民沟通网络;从网民的角度来说,通过政务微博不仅可以及时有效地了解政府的相关信息和动态,也可以通过政务微博表达自我诉求和建议意见,为政府和公众的互动交流创造一个去中心化的自由平等的互动平台。网民通过微博的评论、回复、转发等功能以及参与微访谈等形式,直接随时随地通过微博与政府部门进行沟通互动。从政府自身的角度来说,透过微博沟通,及时了解民意、掌握舆情、及时疏导舆情,从而在舆情应对上更加得心应手。作为地方政府公信力和形象的代表,新闻办微博无疑扮演着沟通政民的重要窗口作用,扮演着疏导沟通舆情的重要纽带,尤其是在公共危机事件中。新闻办微博为政民沟通、民众进行网络问政提供了新的渠道。舆情是公众关于公共事务的情绪、意愿、态度和意见的总和。①所谓舆情沟通,是指对公众日常的一些质疑、诉求、建议和意见的回应,也包括对可能引发危机的日常性事件进行的舆情疏导,通常来说,这种日常性的舆情沟通和疏导面对的是个人化的问题或者说是少数人群,尽管它看起来微不足道,但其实是非常重要的,如果说这种日常沟通能够及时有效,往往能够有效地纾解普通人的不满情绪,一些突发事件中的情绪凝结很多的时候是公众对日常政民沟通不畅,或日常诉求无法得到有效满足而不断累积的一种总爆发。而所谓突发状态下的舆情沟通,就是突发公共危机事件中政府对外的舆情引导和管理。通常来说,与日常性的舆情沟通相比,面对迅速凝结的公众舆情压力,要求政府新闻办及时有效地公布公众所关心的相关信息,对政

---

① 参见燕道成:《群体性事件中的网络舆情研究》,新华出版社 2013 年版,第 56 页。

府来说是舆情沟通能力的一种考验。

在100多个样本中,少数新闻办微博在日常舆情沟通方面的意识比较强,能够较好地发挥微博在互动性方面的优势。一些新闻办微博为了进一步创新政府与群众的沟通模式、拓宽政府与群众的沟通渠道,联合相关部门与门户网站推出了机构"负责人与网友在线交流系列",如自2013年以来,以"@梅州发布"为平台,梅州市政府、市委宣传部与人民网联合推出"微观梅州·广东省梅州市直机构负责人与网友在线交流系列"。另外,"@梅州发布"还邀请政府部门负责人与网友直接面对面,通过在线"微访谈"就网友关心的问题进行交流、对话。例如,2018年3月,梅州市工商局副局长廖广斌做客"微访谈",就相关问题与网友进行互动,在两个多小时的访谈中,网友一共提出了一百多个问题,相关回答非常具体详细。采用类似形式的还有"@湖北发布"。陕西省新闻办则通过先收集网民和公众意见,对大家普遍比较关注的问题通过"@陕西发布"集中答复的方式来实现与网友互动,涉及社保、教育、医疗等重要民生问题。"@河池发布"通过"市委书记信箱"收集网友反映的问题,定期公开处理结果和回复相关质疑。

但是,大多数地方政府并不愿意把社交媒体用作与公民沟通的工具,仅仅是把社交媒体作为通信和表达的管道,而不是参与和互动的平台。① 从统计数据上看,除了少数几个以外,大部分新闻办微博在日常性的舆情沟通、透过微博这一纽带积极与网民互动方面基本上处于缺位状态。即使上面提到的表现比较好的几个新闻办微博,在2019年以来,这种沟通性也有消减的趋势。在111个新闻办样本微博中,有49个政府微博一个月中没有任何回复性的微博,占总体比例的44.1%,其中80%的县级政府新闻办微博月沟通性微博为0。另外55.6%的新闻办微博虽然与其他的微博用户之间通过@这一工具有微博互动,但是大部分互动从舆情沟通的角度来说基本上没有实际沟通价值,如不少微博通过@这一工具对其他微博用户的观点点赞等,没有真正面对公众的质疑和诉求进行具体的回应。从日常性的舆情疏导来说,一些小的摩擦如交通事故、安全事件等都有可能酝酿成大的舆情聚集,在111个样本微博中,有39个新闻办微博月舆情疏导方面的微博数为0,占总数的

---

① See K. Riarh and J. Roy, The Impacts of Social Media on Government and Democracy: An Examination of Municipal Usage in Nova Scotia, Canada, in Mila Gascó-Hernández (ed.), *Open Government: Opportunities and Challenges for Public Governance*, Springer, 2014, pp. 85-99.

35.1%，月舆情微博数低于（包含）2 个的比例为 71.2%（具体情况见表 4-12）。实际上，任何一个县级以上的地方政府，每个月本地不可避免地会发生一些纠纷、矛盾和事件，甚至会有一些引发公众关注的事件，但是，从微博的表现来看，很显然，各地政府新闻办微博并没有从舆情的角度去对待这些问题。

表 4-12　地方政府新闻办月舆情微博数情况

	月舆情微博数	频率	百分比	有效百分比	累积百分比
有效	0	39	35.1	35.1	35.1
	1	25	22.5	22.5	57.7
	2	15	13.5	13.5	71.2
	3	8	7.2	7.2	78.4
	4	4	3.6	3.6	82.0
	5	6	5.4	5.4	87.4
	6	6	5.4	5.4	92.8
	7	1	0.9	0.9	93.7
	10	1	0.9	0.9	94.6
	11	1	0.9	0.9	95.5
	12	1	0.9	0.9	96.4
	13	1	0.9	0.9	97.3
	15	2	1.8	1.8	99.1
	30	1	0.9	0.9	100.0
	合计	111	100.0	100.0	

从新闻办微博的样本数据来看，大部分微博依然没有打破过去传统媒体下一对多、自上而下的单向式宣导模式，地方政府依然习惯性地采用基于自我意志的内容"推送"形式，这与过去 Web1.0 时代的政府网页并没有实质的区别。对于普通网民来说，更多的只是被动地接受一些无关紧要的信息，甚至这些信息在其他的网站可以唾手而得，并且远比微博这一仅限于 140 字的博文要详尽丰富得多。当微博应该有的交互性优势被边缘化而落入传统媒介模式的窠臼的时候，微博作为一种可有可无的形式化工具的角色就基本被确立了。正因为如此，新闻办微博很难引起网民或公众的关注，这点从大部分微博的寥寥甚至是零转发量、关注量可以得到充分的体现。

三、权威信息发布不足

及时、权威地发布相关信息是新闻办开通政务微博的重要初衷之一。从各地政府新闻办微博设立的时间来看,大部分都是在 2013 年国务院办公厅发布《国务院办公厅关于进一步加强政府信息公开回应社会关切提升政府公信力的意见》之后开通的,也就是说是在国务院的组织推动下设立的,应该说对于自身的这种权威发布的功能定位有较为清晰的认识,所以各地新闻办微博普遍采用"某某地名+发布"的方式。但是,这也正是问题的原因所在。由于地方政府新闻办微博的设立在很大程度上是自上而下组织推动下的一种被动行为,并不是自身对 Web2.0 新媒体工具的重要性有充分认识以及对公众负责的强烈意识下的一种自我觉醒,因此,到底在多大意义上能够"主动、及时、全面、准确"地发布政府的权威信息就是一个令人值得怀疑的问题了。纵观 100 多个新闻办政府微博,应该说有些微博在权威发布方面的功能还是比较突出的,非常注重通过微博这一平台及时发布各种权威信息,总结起来主要包括以下几个方面的权威发布:一是本地经济社会发展方面的权威数据。如本地每一季度的经济增长情况、居民消费指数、物价变动情况、本地食品安全抽查结果。二是重大工程和项目实施情况。一些地方政府会定期透过新闻办微博把本地一些重要的民生工程,如重要交通枢纽工程、中小学建设情况,以及其他的政府公布过的民心工程等建设情况对外公开。三是对相关问题督查和处罚的结果。一些新闻办微博也会对当地公众关心的问题的处理结果进行及时公布。四是重要的政策和会议。一些新闻办微博会把本级政府发布的重要政策文本通过长微博或图片的方式发布出来。

尽管一些新闻办微博在权威发布方面意识比较强,但是,也有不少比例的新闻办微博在发布政府信息方面不够积极主动。在所调查的 111 个样本中,有 18 个样本在一个月中没有发布任何权威性的政府信息,占整体比例的 16.2%,每个月发布政府信息低于(包括)5 次的新闻办微博超过总数的一半以上,为 55%。特别是对于突发事件与公共危机事件中的政府信息公开,在 111 个样本中的比例更少。在对总体样本分析后,我们发现政务微博对突发事件信息的公开程度在很大程度上取决于政府对于事件本身的归因分类,如果突发事件是一般意义上的自然灾害,如地震、水灾等,也就是属于库姆斯(W. T. Coombs)和 Holladay 所言的"意外集群"(accidental cluster)的事件,政府一般认为不需要对此负主要责任，那么在信息的公开和发布方面一般会比较积极、主动。但是，如果在外界看来政府应该承担重要责任的突发事件，政府新闻办在公布相关信息方面的积极性和态度则有着比较大的差异，在信息的公布方面往往表现得并不积极，甚至有时候会有意无意地遮蔽重要信息，通过议题设置淡化相关信息。地方政府在突发事件中对相关信息的发布呈现出选择性的自我行为取向。本来作为即时性发布工具的微博功能被虚化了，结果公众依然主要是通过传统的新闻发布会这一形式，或者是报纸、电视等传统媒介获得相关的信息。但不管怎样，政务微博在突发事件中信息发布方面依然有着微信等新媒体工具不具有的独特的优势，因此，如何有效地管理和运行依然是各地政府新闻办需要重视的问题。毕竟，新媒体工具的发展总是日新月异，而微信也难免某天不会成为历史，重要的是政府本身对待突发事件认真负责的态度和落到实处的行为方式。

第五章

活跃度与回应力：危机中地方政府社交媒体表现及影响因素

尽管从理论上说，社交媒体对于地方政府在提升危机应对能力方面有着积极的意义，善用社交媒体成为当前地方政府危机应对能力的重要体现，但是，在实践中，地方政府对于社交媒体的运用并不是如一些人所想象的那样积极，也不是所有的地方政府都表现出对社交媒体的开放性。地方政府对社交媒体的运用并不是仅仅把新的媒介技术作为一种工具来使用这么简单，如果认为社交媒体的运用能够自动地提升地方政府的危机应对能力那就错了。新技术的嵌入可能面临来自组织、制度和个人等方方面面的因素的影响，这最终决定了社交媒体技术应对危机的效果。

第一节 地方政府运用社交媒体应对危机的多重影响因素

社交媒体为地方政府在危机应对中提供了与公众互动和了解公众关注的巨大潜力。它们大大增加了信息交换的范围、数量和速度，但这并不是没有风险的，主要与错误或不准确信息的传播有关，可能增添了危机中的不确定性因素，如果发生这种情况，还有可能造成新的后果，让地方政府陷入新的困境。正如斯塔伯德等人指出的，今天危机管理的挑战之一是知道如何使用社交媒体应用程序。新的数字世界为危机管理提供了一个机会，但同时也带来了一个现实的、可以理解的难题：他们如何确保"存在"的信息在紧急事件期间是准确的?① 尽管在很多人看来,社交媒体往往会纠正与信息自由和不受管制的流动有关的一系列不足之处,可能规避这些风险,但是一些地方政府依然对社交媒体不太放心。为什么同样是社交媒体应用,在不同的地方政府危机应对中会产生不同的效果? 这主要是地方政府运用社交媒体应对危机方面的表现会受多种因素的影响。

一、政府新媒体技术运用中的多元因素互构

从互联网这一新兴媒体兴起的那一刻起,有关技术的运用及其影响因素一直以来都是组织治理能力变革中讨论的重要问题。一开始,在一些人看来,技术是单独起作用的,不受外部环境和其他因素的影响,它是推进组织治理能力提升的核心,甚至是最重要的要素。早期如刘易斯·芒福德(Lewis Mumford)、马歇尔·麦克卢汉(Marshall McLuhan)和雅克·埃吕尔(Jacques Ellul)等人就把技术视为一种决定性的、不可逆转的单独起作用的力量。例如,雅克·埃吕尔在其《技术社会》(*The Technological Society*)一书中就认为,技术战胜了非技术,技术是致力于实现达到目标的最有效的方法,而非技术将注意力分散在多个目标上。② 如果一名士兵使用的剑是用最新的冶金技术设计和制造的,除了考虑到武器的杀伤力之外,没有其他目的,那么他就会打败使用传统方法制造的剑的士兵。技术是单向地、独立地对组织产生影响,③因此是技术本身塑造了组织结构和能力。这是典型的技术决定主义的观点,极端的技术决定论甚至认为技术是决定组织结构变化和能力的唯一的、最重要的因素。这种技术决定论受到了很多批评,在很多人看来,信息技术对于治理能力的提升固然重要,但是,这种技术发挥效能的前提是制度变革,需要社会系统的支持,信息技术只有嵌入到适应的制度环境和政治、经济、文化等多重的社会因素中才能实现组织能力的提升。④ 毫无疑问,

---

① See K. Starbird, L. Palen, A. Hughes, & S. Vieweg, Chatter on the Red: What Hazards Threat Reveals About the Social Life of Microblogged Information, in *Proceedings of the 2010 ACM Conference on Computer Supported Cooperative Work*, Savannah, GA, USA, 2010, pp. 241-250.
② See Jacques Ellul, *The Technological Society*, Vintage, 1964, pp. 79-81.
③ See W. Kuhns, *The Post-Industrial Prophets*, Weybright and Talley, 1971.
④ 参见〔美〕埃弗雷特·M. 罗杰斯:《创新的扩散(第 4 版)》,辛欣译,中央编译出版社 2002 年版,第 191 页。

现有的组织流程和结构以及其他变量会影响技术实际实现的方式和效果。①在这些人看来,技术的运用受到多重相互促进、相互影响的因素的共同影响。

对政府来说,具体情形也许与一般的组织不同,但是,同样地,新技术的运用不可能只是技术单独起作用,技术运用的效果必然受到多重因素的影响。政府治理能力或者说技术运用的效果取决于技术与制度、组织文化和社会结构等因素之间的相互作用。对这一问题进行系统研究最为著名的要数美国学者芳汀(Jane E. Fountain)了,她在《构建虚拟政府:信息技术与制度创新》一书中提出了著名的"技术执行"分析框架(technology enactment framework,TEF)。在她的逻辑框架中,互联网等新的技术当然不是一个脱离具体环境而独立提升政府治理能力的变量,她区分了政府信息化技术运用中的"客观信息技术"(即互联网及其硬件、软件和数字通信)和"被执行的技术",客观的技术代表的仅是一个潜在的能力,只有当智力结构开始使用它的时候,并嵌入到正式化的制度体系和文化等因素,整合到组织的运作和结构中,技术才会产生实际的作用,也就是说,"客观信息技术"是被"执行"的,到底在多大程度上推进政府的治理能力取决于制度安排——认知、文化、社会结构以及法律和正式规则的影响。技术的执行框架要求我们掉转技术和结构之间的因果箭头,以显示政府行动者内嵌于认知、文化、社会以及制度结构的特性是怎样影响对因特网和相关 IT 技术的设计、感知和使用的。② 在客观信息技术改变组织结构、组织关系乃至组织行为选择的同时,组织本身的价值观、层级结构、成员关系、制度特性以及内在逻辑等也反过来影响着技术的运行。③ 正因为如此,信息技术对于政府能力的影响是多重的、不可预测的、不确定的、不可预料的,是受理性、社会和政治逻辑影响的。更重要的是,"成果"并不是作为过程的最后阶段出现的,而是有赖于通过"行动—反应链"在"执行"过程中所触发的一套新的制度和组织安排。塔萨贝吉(Rana Tassabehji)等人在吸收芳汀的"技术执行"分析框架的基础上,把管理者作为一个核心的影响因素纳入分析框架中,认为新技术的运用受到以管理人员为

---

① See D. F. Norris and L. Thompson, High Tech Effects: A Model for Research on Microcomputers in Public Organizations, in G. D. Garson and S. Nagel (eds.), *Advances in Social Science and Computers*, JAI Press, 1991, pp. 51-63.

② 参见〔美〕简·E.芳汀:《构建虚拟政府:信息技术与制度创新》,邵国松译,中国人民大学出版社 2010 年版,第 79 页。

③ 参见颜海娜:《技术嵌入协同治理的执行边界》,载《探索》2019 年第 4 期。

核心的制度、组织文化因素的综合影响。① 受到这一框架的影响,我们构建了一个基于中国制度体系的地方政府对社交媒体技术运用的影响分析框架,地方政府运用社交媒体进行危机应对的能力和效果很大程度上是技术、制度和组织结构相互作用的结果,具体如图 5-1 所示。

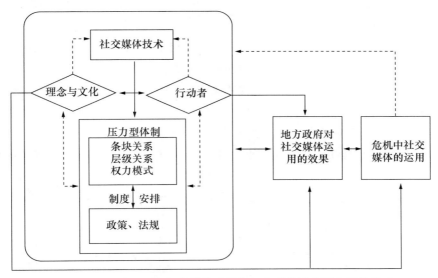

图 5-1 地方政府运用社交媒体进行危机应对的影响因素及其关系

二、地方政府领导的态度理念与社交媒体运用

组织中的管理者或者领导对于新技术发挥的影响,有时候是决定性的。正如费尔德曼(M. S. Feldman)所言,新技术实施的核心特征取决于受现有社会规范影响的管理者的行为,这体现在他们对制度事件和结构的个人反应上。② "信息和通信技术系统影响变化的潜力取决于在组织背景下,代理人如

---

① See Rana Tassabehji *et al*., Emergent Digital Era Governance: Enacting the Role of the "Institutional Entrepreneur" in Transformational Change, *Government Information Quarterly*, Vol. 33, Iss. 2, 2016, pp. 223-236.

② See M. S. Feldman, Resources in Emerging Structures and Processes of Change, *Organization Science*, Vol. 15, Iss. 3, 2004, pp. 295-309.

何实施这些变化"①。而在政府组织中,领导的影响更加突出,原因很简单,在自上而下、层层负责的官僚体制下,领导,尤其是处于科层顶端的领导垄断了对事物价值的判断权和决定权,从而左右了新技术的运用及其方式。最高层次的领导对技术的鼓励能够激励行政组织的行为,领导注意力是数字治理背景下影响组织运作机制的一个重要变量,是个体的信息处理能力和资源支配能力在组织中的扩展。②就地方政府而言,危机应对中社交媒体有效运用的前提是政府部门对新的技术有较为深刻和准确的认知,对社交媒体为公共部门可能带来的新的机会有一致性的认同,而这无疑很大程度上与地方政府领导的理念和态度直接相关。地方政府对任何新的工具的运用都离不开强有力的领导。在中国政府的实际运作中,领导者的关注程度与支持力度是影响一项政策和项目执行情况的重要因素,这会影响到政府组织的"注意力"分配,其反映了组织对一系列议题事项的优先性排序。③如果地方政府领导对社交媒体本身有成见,甚至认为社交媒体只是一种年轻人自我狂欢和制造社会动乱的源头,对这些媒体工具更强调用强力的手段进行监控和封锁,那么地方政府也就很难真正有效地运用这些媒介工具。

在危机中,领导的重视、鼓励对地方政府在危机中的社交媒体运用有着更加重要的意义:因为社交媒体作为一种有效沟通工具的同时,也面临着诸多不确定性的风险,在应急状态下的使用可能面临运用不当或各种意外结果的产生,如遭受到恶意的网络攻击,政府机密泄露,以及可能遇到的一些法律问题。缺乏领导强有力的支持无疑使得具体的操作人员可能遭受严厉的问责。这需要地方政府领导对社交媒体抱有更加开放的态度和基本的理念,能够随着外界的环境变化而积极转变自身的态度和理念,接纳新鲜事物。对社交媒体,地方政府领导至少不表现出排斥的心理,并对媒介环境的变化具有基本的敏感性。

---

① C. M. L. Chan *et al*., Managing E-Government System Implementation: A Resource Enactment Perspective, *European Journal of Information Systems*, Vol. 20, Iss. 5, 2011, pp. 529-541.
② 参见张程:《数字治理下的"风险压力—组织协同"逻辑与领导注意力分配——以 A 市"市长信箱"为例》,载《公共行政评论》2020 年第 1 期。
③ 参见谭海波、范梓腾、杜运周:《技术管理能力、注意力分配与地方政府网站建设——一项基于 TOE 框架的组态分析》,载《管理世界》2019 年第 9 期。

三、地方政府的制度安排与社交媒体运用

组织的、网络的、制度的安排,以及行为内嵌于这些制度安排的特征,在技术执行中扮演了关键的角色。[1] 从制度变迁的角度来说,新媒介在组织内部的扩散是一个持续不断的去制度化和再制度化过程,[2]社交媒体进入政府治理领域必然会与固有的制度体系发生越来越深刻的联系。社交媒体作为一种扁平化、去中心化的技术,与开放性、多中心的组织文化和制度体系具有更强的相容性,更容易产生令人期待的"化学效应"。但是,作为政府组织,根深蒂固的官僚文化、制度和行为习惯会深刻地塑造着新媒介的使用方式和过程。这是由官僚制的保守性所决定的,官僚制强大的制度惯性和组织文化使得这种去制度化和再制度化异常困难,新媒介嵌入到政府治理过程中所面临的官僚制的保守性显然被低估了。有证据表明,官僚制的组织体系是抗拒变革的、反数字技术的,组织设计是强化现有的结构和根深蒂固的权力和控制。[3] 很多时候,官僚体系会运用新的媒介技术实现官僚体制的多级控制和标准化流程,新媒介的嵌入产生了一种电子科层制(e-bureaucracy)的结果。[4] 另外,官僚制强大的制度惯性和纷繁复杂的制度体系使新媒介的去官僚制力量相形见绌。当新技术被植入政府时,首先发生的并不是技术与组织结构之间的碰撞,而是内嵌于技术的制度安排与既有组织结构的碰撞,并且这种碰撞带有较强的权力关系特征。[5] 官僚制下的政府业务流程和职能往往被镶嵌到各种详细的法律法规之中,有时候使得新媒介无能为力,[6]新媒介甚至可能

---

[1] 参见〔美〕简·E. 芳汀:《构建虚拟政府:信息技术与制度创新》,邵国松译,中国人民大学出版社 2010 年版,第 79 页。

[2] See V. Weerakkody et al., Digitally-Enabled Service Transformation in the Public Sector: The Lure of Institutional Pressure and Strategic Response Towards Change, *Government Information Quarterly*, Vol. 33, Iss. 4, 2016, pp. 658-668.

[3] See Rana Tassabehji et al., Emergent Digital Era Governance: Enacting the Role of the "Institutional Entrepreneur" in Transformational Change, *Government Information Quarterly*, Vol. 33, Iss. 2, 2016, pp. 223-236.

[4] See A. Cordella and N. Tempini, E-Government and Organizational Change: Reappraising the Role of ICT and Bureaucracy in Public Service Delivery, *Government Information Quarterly*, Vol. 32, Iss. 3, 2015, pp. 279-286.

[5] 参见黄晓春:《技术治理的运行机制研究——关于中国城市治理信息化的制度分析》,上海大学出版社 2018 年版,第 213—218 页。

[6] See J. Wonglimpiyarat, Innovative Policies to Support Technology and ICT Development, *Government Information Quarterly*, Vol. 31, Iss. 3, 2014, pp. 466-475.

被这种强大的制度逻辑所"驯服"。巨大的、错综复杂、互不兼容的立法框架、数据标准和业务关系使得新媒介在实现跨组织资源共享和协同方面变得非常困难,[1]最终,新媒介被嵌入到了官僚制的逻辑之中。

与西方官僚制的逻辑不一样,就中国的地方政府来说,所处的最重要的制度安排就是压力型体制。在中国,自上而下的权威不仅存在于某一层级的政府内部,不同层级政府之间同样呈现出强大的自上而下的权威逻辑。在这种压力型体制中,地方政府面临着三种压力形式的汇聚[2]:其一是上级自上而下的政绩要求压力;其二是水平方向的发展速度的压力;其三是自下而上的需求满足的压力。地方政府面临着来自上级政府的科层压力,受到上级政府对社交媒体的态度和理念的影响,更受到上级权威对危机发生后的问责和惩罚的影响。地方政府也可能出于地方政府之间的经济社会绩效竞争或创新竞争的压力对社交媒体采取不同的态度。而危机中地方民众自下而上的期待和诉求同样成为地方政府在危机应对中运用社交媒体的重要影响因素。除此之外,这种制度安排还取决于危机应对中社交媒体运用管理制度和政策的建设情况,包括宏观层面的社交媒体的战略规划,也包括中观层面的管理机制,甚至包括微观意义上的操作手册。当制度不完善时,一线的社交媒体运营人员也倾向于不把自己置身于可能面临的风险之中。

四、地方政府的资源约束与社交媒体运用

地方政府对社交媒体的运用应该具备基本的资源条件,研究表明,缺乏有效的资源支持是地方政府社交媒体运用的重要阻碍因素。[3] 针对西班牙和意大利地方政府的研究表明,人口规模、债务水平等对社交媒体的运用有明显影响。[4] 这种资源条件主要包括三个方面的内容:一是设备;二是人员;三

---

[1] See Fredrik Karlsson et al., Inter-Organisational Information Sharing in the Public Sector: A Longitudinal Case Study on the Reshaping of Success Factors, *Government Information Quarterly*, Vol. 34, Iss. 4, 2017, pp. 164-175.

[2] 参见杨雪冬:《压力型体制:一个概念的简明史》,载《社会科学》2012年第11期。

[3] See A. Howard, *Connecting with Communities: How Local Government Is Using Social Media to Engage with Citizens*, ANZSOG Institute for Governance at the University of Canberra and Australian Center of Excellence for Local Government, 2012.

[4] See María-Dolores Guillamón et al., Factors Influencing Social Media Use in Local Governments: The Case of Italy and Spain, *Government Information Quarterly*, Vol. 33, Iss. 3, 2016, pp. 460-471.

是时间。地方政府的社交媒体运用不仅仅是注册一个账号，并保持内容更新这么简单，而是涉及一系列技术性的基础设备，包括足够畅通的宽带以维持视频的流畅播放；维护自身网络不受到病毒和社交媒体中大量恶意软件攻击的安全技术措施；足够的硬盘空间以保持某些特定的内容等。与设备因素相比，地方政府在社交媒体运用过程中面临的人事方面的影响更加突出。社交媒体的运用有赖于训练有素、分工合理、团结合作的专业人员，而这需要专门的人员对这一事项进行专门负责，并建立专门的团队负责社交媒体关系的建设和日常性的维护。而建立这样的一支队伍并不是一件容易的事情，需要编制专门的经费预算，需要事先对相关人员进行有计划的系统培训。除此之外，时间的分配同样是一个重要的问题。由于社交媒体随时随地的沟通特征，相关人员需保持随时"在岗"的状态，以及时地对网民提出的问题进行回应，代表政府或某些部门与网民进行协商讨论，有时候还需要通过社交媒体进行持续的互动。很显然，传统的、固定的、僵化的时间分配模式不合时宜，而应该建立更加灵活、机动的时间调节机制。此外，地方政府所服务的人口规模、地方政府本身的规模、本地数字化水平以及农村城市等不同特征的地域资源条件，也可能对危机中的社交媒体运用产生影响。①

可以看出，地方政府在危机应对过程中运用社交媒体会受到方方面面因素的影响，而且这些因素在不同的阶段表现出的影响程度也会不同，对于地方政府来说，需要在危机管理中有长远的规划和全面、系统的考量。正如亚历山大（David E. Alexander）所言，关于社交媒体在危机应对的长期实践中所扮演的角色，无论是从危机中缓慢地恢复，还是减轻危机风险，都需要耐心尝试将社交媒体纳入这些过程，在此过程中，技术、文化和社会现实将不可避免地发生变化。像民防服务和紧急警报系统等组织体系需要适应社交媒体不断变化的现实，并确保有健全的计划来处理未来使用社交媒体可能产生的任何困境。②

---

① See E. Avery *et al.*, Diffusion of Social Media Among Public Relations Practitioners in Health Departments Across Various Community Population Sizes, *Journal of Public Relations Research*, Vol. 22, Iss. 3, 2010, pp. 336-358.

② See David E. Alexander, Social Media in Disaster Risk Reduction and Crisis Management, *Science and Engineering Ethics*, Vol. 20, Iss. 3, 2014, pp. 717-733.

第二节 危机中的地方政府社交媒体活跃度的影响因素

为了更好地呈现地方政府在运用社交媒体应对危机方面的影响因素,基于前面的理论分析框架,我们试图通过实证的数据对中国地方政府的情形加以验证。首先我们通过分析2016年暴雨危机中各地方政府运用社交媒体的活跃度的影响因素,控制了危机类型这一变量,从媒介意识(理念)、领导态度和制度等角度考察同一类型危机中地方政府在运用社交媒体方面的表现及其影响因素。其次,我们收集了近年来100多起不同类型的危机,以更加立体地分析这一问题。

一、危机中地方政府的社交媒体活跃度

地方政府在运用社交媒体方面的活跃度是衡量其社交媒体危机应对能力的一个方面。所谓活跃度,也就是地方政府在危机中运用社交媒体应对危机方面的积极性和主动性。从理论上说,正如我们前面所提到的,很多危机都是源于地方或区域,地方政府在危机应对方面更加直接,也更能及时处理。而地方政府危机应对的结果也让地方公众产生直观的感受,直接影响到政府的声誉和形象。因此,地方政府在危机应对中运用社交媒体方面会表现得更加活跃。[1] 但不少研究都表明,地方政府在社交媒体方面的态度呈现出明显的差异性,有的地方政府表现得很积极,而有的地方政府表现比较冷淡,甚至排斥。例如,在面对自然灾害时,有些地方政府会积极运用社交媒体。如在地震中,地方政府借助社交媒体及时发布地震灾情和抗震救灾的信息,收集公众的意见和建议,平息谣言,有效达到了双向沟通的效果。[2] 又如在台风中,不少受灾地的地方政府通过社交媒体第一时间发布灾情,主动设置议程,通过图文等多种形式动态化地呈现救灾情况,与网民进行有效沟通,很好地弥补了传统媒体在即时性、交互性方面的不足。[3] 然而,研究也表明,并不是

---

[1] See S. A. Chun *et al*. , Government 2.0: Making Connections Between Citizens, Data and Government, *Information Polity* , Vol. 15, Iss. 1-2, 2010, pp. 1-9.
[2] 参见孙荣欣等:《突发事件中政务微博的信息传播特点及模式——以雅安地震为例》,载《河北经贸大学学报(综合版)》2014年第2期。
[3] 参见邱源子:《政务微博:危机应对的有效平台——以"广东发布"对超强台风"威马逊"的舆情处置为例》,载《新闻知识》2015年第2期。

所有的地方政府在面对危机的时候在社交媒体运用方面都表现得很活跃。例如,在美国,尽管政府官员中有70%以上在危机期间接触社交媒体,但几乎1/3的地方政府官员没有接触社交媒体,他们使用社交媒体的程度令人失望。另外,即使是使用社交媒体工具的人,大多数也只使用两种或更少的工具。① 在欧洲,到2012年左右的时候,地方政府在运用社交媒体方面的水平依然处于初始阶段。在中国,情况也是如此,近一半的地方政府在这方面的表现不尽如人意,一些地方政府在新媒体应对方面只是消极的旁观者。② 在一些危机事件中,地方政府对社交媒体表现出明显的排斥倾向,反应迟钝、僵化,甚至不如传统媒体的表现,在新媒体的舆论场中集体失声,从而使地方政府处于更加被动的状态。③ 不少地方政府在危机来临后对社交媒体的运用后知后觉,有时甚至弄巧成拙。哪怕面临汹涌的网络舆情,依然有一半的地方政府表现出"推诿不作为"。④

二、理论分析与研究假设

实际上,影响危机中地方政府在社交媒体运用方面的表现是否活跃的因素有很多,但是,就政府本身来说,意识和规范是其中两个重要的因素。地方政府在危机中的社交媒体表现不是危机发生后的一种应急性的本能反应,而是有赖于逐渐形成的新媒体意识和行之有效的制度规范。梅格尔等人把政府对社交媒体的运用归纳为三个过程⑤:一是内部企业家精神和实验过程,在这一过程中不同的意见和态度不断呈现;二是在嘈杂中形成秩序的过程,也就是对社交媒体产生较为清晰的一致性的认识;三是规范化或制度化的过程,就是对社交媒体的运用形成一整套的标准、规则和管理程序。我们可以把前两个过程归结为新媒体意识的形成,第三个过程则是制度规范的形成。

---

① See M. W. Graham, E. J. Avery, & S. Park, The Role of Social Media in Local Government Crisis Communications, *Public Relations Review*, Vol. 41, Iss. 3, 2015, pp. 386-394.

② See E. Bonsón et al., Local E-Government 2.0: Social Media and Corporate Transparency in Municipalities, *Government Information Quarterly*, Vol. 29, Iss. 2, 2012, pp. 123-132.

③ 参见方爱华、张解放:《环境群体性事件中政府、媒体、民众在微博场域的话语表达》,载谢耕耘、陈虹主编:《新媒体与社会(第十辑)》,社会科学文献出版社2014年版,第220页。

④ 参见尚虎平、惠春华:《网络围观下的政府效率:从睡狗行政到非满意——基于50个网络焦点案例的探索》,载《公共管理学报》2013年第1期。

⑤ See I. Mergel et al., A Three-Stage Adoption Process for Social Media Use in Government, *Public Administration Review*, Vol. 73, Iss. 3, 2013, pp. 390-400.

如果没有形成较为强烈且清晰的对新媒体的认识,并制定与之相配套的制度规范,地方政府在新媒体运用方面的表现就存在着很大的不确定,尤其是在公共危机状态中。因此,意识和规范是影响地方政府社交媒体活跃度的两个相辅相成的方面,较强的新媒体意识是地方政府在危机中积极运用新媒体的重要前提,而这种意识只有有效地转变成具体的可依据和可操作的规范才能真正产生实质效果。就新媒体意识而言,通常包含两个层面:一是地方政府领导个人对新媒体的态度和认知;二是政府人员的集体认知和理念。就新媒体规范而言,也可以划分为两个方面:一是较为宏观意义上的政策;二是较为微观意义上的日常性的规范程序和标准。图 5-2 对以上逻辑进行了简单的呈现。

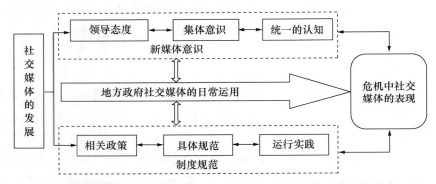

图 5-2 新媒体意识、制度规范对地方政府社交媒体危机应对表现的影响机理

(一)地方政府领导态度与危机中的地方政府社交媒体活跃度

地方政府的新媒体意识和运用与其领导人的新媒体态度有密切的关系,自上而下的重视、支持对地方政府运用社交媒体意义重大。[①] 对地方政府来说,同政府任何的组织创新一样,领导态度是地方政府有效运用社交媒体以实现具体治理目标的重要影响因素。研究表明,那些在地方选举中初尝社交媒体甜头的地方政府领导人所在的地方政府在社交媒体运用方面明显表现

---

① See Q. Fan, An Evaluation Analysis of E-Government Development by Local Authorities in Australia, *International Journal of Public Administration*, Vol. 34, Iss. 14, 2011, pp. 926-934.

优异很多。① 然而,不少地方政府领导对社交媒体一直抱有戒备心理,把其视为对自身权威的一种挑战,而社交媒体带来的不确定性也让地方政府领导更加倾向于信赖传统媒体,尤其是在危机应对过程中,传统媒体的垄断性特征让不少地方政府领导觉得能够更好地把控危机沟通过程。在危机中,如果缺乏地方政府领导强有力的支持和鼓励,行政人员为了规避可能的风险,可能在社交媒体运用方面呈现出一种保守或不作为的消极取向。例如,在2012年11月西班牙马德里的踩踏事件中,马德里市在社交媒体运用方面的笨拙表现就与该市市长安娜·博特亚(Ana Botella)对社交媒体一直以来的不重视有着直接的关系。② 地方政府领导的态度对于危机中的社交媒体活跃度有重要的影响。因此,我们提出第一个研究假设:

假设1:地方政府领导的支持态度对于政府在危机中的社交媒体活跃度产生积极的影响。

(二)地方政府认知与危机中的地方政府社交媒体活跃度

所谓地方政府的集体认知,就是从一开始对新媒体的不同意见和争论到地方政府内部能够对新媒体有较为一致、深入全面的了解,能够认识到新媒体在现代危机沟通中的重要性,这对于社交媒体的运用有积极的影响。③ 地方政府与其他公共部门一样,内部人员对社交媒体一直存在着较为明显的怀疑主义倾向。尽管社交媒体能够在危机沟通中呈现出诸多的优点,但是也可能带来一定的风险,一些地方政府人员对于社交媒体到底是机会还是威胁这一问题没有形成统一的认识,从而导致了对新媒体的不同倾向。④ 一些地方政府并没真正意识到新媒体对公共危机沟通的意义。由于社交媒体可能消解地方政府在危机沟通中的支配地位,一些地方政府对社交媒体表现出较为

---

① See A. Gruzd and J. Roy, Social Media and Local Government in Canada: An Examination of Presence and Purpose, in M. Z. Sobaci (ed.), *Social Media and Local Governments: Theory and Practice*, Springer, 2016, pp.79-94.

② See R. Z. Medina and J. C. Diaz, Social Media Use in Crisis Communication Management: An Opportunity for Local Communities? in M. Z. Sobaci (ed.), *Social Media and Local Governments: Theory and Practice*, Springer, 2016, pp.321-333.

③ See R. M. Walker, Innovation Type and Diffusion: An Empirical Analysis of Local Government, *Public Administration*, Vol.84, Iss.2, 2006, pp.311-335.

④ See S. M. Zavattaro and A. J. Semntelli, A Critical Examination of Social Media Adoption in Government: Introducing Omnipresence, *Government Information Quarterly*, Vol.31, Iss.2, 2014, pp.257-264.

明显的排斥,这就必然导致在危机沟通中忽略、否认新媒体所扮演的积极角色。如果地方政府内部人员对于社交媒体的认识存在着较为明显的冲突,这种内部的"嘈杂"必然会在危机应对中呈现出来,在社交媒体运用过程中表现出"混乱"的特征。提升地方政府的新媒体意识,形成内部统一的认知,对于完善公共危机中政府运用社交媒体的表现具有非常重要的意义。基于这种分析,我们提出如下研究假设:

假设 2:地方政府的新媒体认知与其危机中的社交媒体活跃度呈正相关性。

（三）媒体政策与地方政府在危机中的社交媒体活跃度

仅仅具有较为强烈的新媒体意识还是不够的,如何通过相关法律、政策及相关的制度规范对社交媒体运用的目标、原则加以确立,并不断规范地方政府的社交媒体运用行为显得非常重要。[1] 通常来说,地方政府的社交媒体政策包含目标、具体平台、应该遵守的法律、组织结构和人员以及在危机中的应对规范等内容,新媒体政策能够为地方政府的新媒体运用提供指引性的方向和原则,可以有效规避在新媒体危机沟通中存在的潜在风险,为运用新媒体应对危机提供合法性的依据。另外,新媒体政策也可以增强政府人员在运用新媒体应对危机方面的自信心。[2] 在公共危机中,如果缺乏有效的政策依据,一些工作人员为了避免失误或行为不当而承担责任,同样可能采取不作为或少作为的消极做法。纵观各国地方政府的社交媒体运用情况,在社交媒体运用方面表现积极活跃,并且在真正意义上发挥了沟通政民、信息发布和公民参与等积极功能的地方政府,几乎都建立了较为系统和科学的相关政策,因此,我们提出如下研究假设:

假设 3:地方政府社交媒体政策对危机中的社交媒体活跃度有积极影响。

（四）日常规范与地方政府在危机中的社交媒体活跃度

制定一份内容较为详尽、具体且具指导价值的社交媒体运用规范手册对

---

[1] See M. Klang and J. Nolin, Disciplining Social Media: An Analysis of Social Media Policies in 26 Swedish Municipalities, *First Monday*, Vol. 16, Iss. 8, 2011.

[2] See L. Cadell, Socially Practical or Practically Unsociable? A Study into Social Media Policy Experiences in Queensland Cultural Heritage Institutions, *Australian Academic & Research Libraries*, Vol. 44, Iss. 1, 2013, pp. 3-13.

于危机状态中的社交媒体运用显得非常必要。① 如果具体的工作人员无法恰当地运用社交媒体,相关的政策哪怕再好也是无所裨益的。通常来说,政策更多的是宏观层面的目标、原则和方向的规定,但是,危机中的社交媒体运用更有赖于地方政府日常的运行,需要专门的机构和专业人员,依照规范的程序进行管理,这是对社交媒体运用的一种指引,更是一种有效的鞭策与约束。一些政府人员之所以在危机中在社交媒体运用方面表现不够积极,也可能是对社交媒体的运用能力不强而产生排斥心理。而日常的规范对于政府人员养成良好的社交媒体沟通习惯、提升社交媒体的应对能力无疑具有积极的意义。缺乏日常规范,政府在突发事件发生后容易陷入被动和手足无措。同样值得注意的是,政府社交媒体规范性的日常运行有利于维持地方政府社交媒体账户的网民黏度和关注度,而这反过来会促使地方政府在危机状态中更积极地透过社交媒体与网民进行沟通,及时发布相关信息。正因为如此,一些地方政府针对相关部门和人员制订了专门的计划,就社交媒体运用的日常规范和能力进行系统培训。基于此,我们提出了第四个研究假设:

假设 4:社交媒体运用的日常规范与危机中的社交媒体活跃度呈正相关性。

三、实证分析

(一)数据来源

2016 年 6—7 月,中国不少地区遭受强降雨袭击,范围之广、持续时间之长为历史所罕见,一些地方遭遇了城市内涝、山体滑坡和河道溃坝的重大险情,导致了重大财产和生命损失。依照库姆斯的危机类型划分,这场大面积强降雨所导致的危机总体上属于受害者危机集群(victim cluster)。② 也就是说,地方政府在这场危机中同样属于受害者,从危机产生的原因的角度来说,除了个别地方外(如河北省邢台市大贤村),③基本上都属于外源性危机。在

---

① See K. Peters *et al.*, Social Media Metrics—A Framework and Guidelines for Managing Social Media, *Journal of Interactive Marketing*, Vol. 27, Iss. 4, 2013, pp. 281-298.
② See W. T. Coombs and S. J. Holladay, Helping Crisis Managers Protect Reputational Assets, *Management Communication Quarterly*, Vol. 16, Iss. 2, 2002, pp. 165-186.
③ 2016 年 7 月 19 日晚,由于连日暴雨导致七里河洪水漫过河堤决口,包括大贤村在内 12 个村受波及。多方质疑邢台市上游水库泄洪,未通知下游村庄,导致该村被洪水淹没,造成重大财产和生命损失。

这场严重的自然灾害中,地方政府通过微博等社交媒体发布信息、传递灾情。本书研究的样本数据来自受到暴雨影响地区的政府新闻办或宣传部微博(通常以"某某发布"为名),数据获取方式为在当地暴雨发生期间进入新浪微博政务厅,或通过微博搜索的方式获得目标微博的相关数据。先抽取受灾地的省级政府微博,再抽取省内受到暴雨袭击的地级政府微博,对于市级政府下的县级政府微博,如果地级市所辖区县少于(含)5个则随机抽取1个,如果超过5个则随机抽取2个。为了排除不同微博平台在具体呈现方式的差异性与出于数据收集的便利性,本研究统一采用目前国内政府微博最为集中、数据搜索功能最健全的新浪政府微博平台。最终获得了一个由139个地方政府微博组成的样本数据,其中省级政府微博14个,地级政府微博51个,县级政府微博74个。从区域上看,西部地区政府微博27个,中部地区61个,东部地区51个。

(二)变量及操作

1. 因变量

本研究的因变量是自然灾害中的地方政府微博表现。衡量公共危机中的政府微博表现到底如何是一个相对比较复杂的问题。现有的研究主要从影响范围、传播效果、受众情感等角度进行分析。从数据收集的便利性出发,本研究借助于伯纳德·贝雷尔森(Bernard Berelson)的内容分析法,结合微博在公共危机沟通中的角色功能,采用"内容＋频率"的二元维度来加以衡量。从内容角度来说,当自然灾害等外源性危机发生后,政府最重要的事情是积极主动地通过微博等社交媒体建立起信息权威,[1]及时发布灾情预报、受灾情况、救灾进展、灾民服务等方面的信息。从频率的角度来说,在灾害发生期间,地方政府需要保持更高的活跃度,这种活跃度我们以灾害期间日均发布的微博频率来衡量。基于这种方法,在借鉴格彻尔(M. C. Getchell)等人对美国弗吉尼亚州水危机中政府微博研究的基础上,我们把灾害期间日均发布关于暴雨灾害的各类权威信息的频率不低于3次以上的地方政府微博视

---

[1] See Y. Jin *et al*., Examining the Role of Social Media in Effective Crisis Management: The Effects of Crisis Origin, Information Form, and Source on Publics' Crisis Responses, *Communication Research*, Vol. 41, Iss. 1, 2014, pp. 74-94.

为表现活跃，①用虚拟变量 1 表示，否则视为不活跃，虚拟变量设为 0。为了体现政府信息的权威性，我们把非原创微博剔除在外。

2. 自变量

（1）地方政府领导的态度。由于地方政府领导的真实态度很难通过调查获得，这里我们以地方政府领导是否对政府微博表达公开支持来测量。地方政府领导，包括地方"五套班子"的主要领导、相关部门负责人。如果地方政府领导人在公开场合发表过强调政府微博重要性的讲话，或者出席了政府微博的开通仪式或通过政府微博与网民有过沟通，或者开通了自己实名认证的个人微博，就视为地方政府领导对微博比较重视，设虚拟变量为 1，如果没有则视为重视程度不够，设虚拟变量为 0。

（2）地方政府的新媒体认知。我们把政府微博开通的时间作为地方政府新媒体认知的重要依据。早在 2008 年左右微博在国内刚刚兴起的时候，很少有地方政府意识到微博在公共危机中的重要沟通功能，到了 2011、2012 年的时候，随着微博的快速发展，越来越多的地方政府意识到微博作为政民沟通纽带的重要性，纷纷开通了实名认证的微博账户。2013 年 10 月 1 日，《国务院办公厅关于进一步加强政府信息公开回应社会关切提升政府公信力的意见》出台，其中要求各级地方政府积极利用微博和微信等 Web2.0 新应用工具，搭建官民沟通的新平台。地方政府在此时间点之后开通政府微博更多是被动行为。我们把 2013 年 10 月 1 日之前开通微博的视为地方内部具有较强的新媒体集体认知，编码为 1，在此之后开通的则表示在微博认知方面后知后觉，编码为 0。

（3）地方政府的社交媒体政策。通过进入当地政府信息公开网，以"微博"作为关键词搜索政策文件，查看本级地方政府是否出台了专门的微博等社交媒体的政府文件，这些文件包括相关的"意见""办法""规定"等，如果出台了这些文件赋值为 1，如果没有赋值为 0。

（4）地方政府微博的日常规范。为了衡量地方政府微博的日常运行是否规范，我们抽取了危机发生之前一周的微博情况，如果平均每天能够更新 1 条以上的原创微博，且为政务性内容，我们视为较为规范，用虚拟变量 1 表

---

① See M. C. Getchell and T. L. Sellnow, A Network Analysis of Official Twitter Accounts During the West Virginia Water Crisis, *Computers in Human Behavior*, Vol. 54, 2016, pp. 597-606.

示,否则视为不规范,用虚拟变量 0 表示。

3. 控制变量

(1)地方政府的层级。研究表明,地方政府的级别与自然灾害中的政府微博表现呈正相关性。地方政府微博的运用需要大量的资源投入,需要基础性的计算机网络设备,也需要日常性的经费支撑,政府层级越高,所具备的财政能力也就越大,这方面的保障就越强。政府层级越高,意味着所辖人口的规模越大,政府微博所面对的受众需求也越强,面临着来自网民的沟通期待也越大,领导更加重视,这可能会促使政府微博在危机中的表现更加积极。[①]省级政府用 1 表示,省级以下用 0 表示。

(2)地方政府所处的区域。在一般的意识中,东部沿海地区比中西部地区的政府在接受新鲜事物或创新方面的意识更加强烈,因此,地方政府所处的区位可能影响到自然灾害中地方政府微博沟通的意识和能力。我们采用传统的东、中、西部的区域划分方法,东部地区地方政府记为 1,中西部地区记为 0。

(3)所遭遇危机的程度。危机程度越高,公众对政府信息的仰赖就越强,地方政府来自公众的压力就越大,也就在微博危机沟通方面会越积极。我们依照降雨的等级来划分危机程度,依照当地天气预报信息,把 24 小时降雨量低于(含)250 毫米的记为 0,而高于 250 毫米的特大暴雨记为 1。

(三)描述性分析

我们首先把新媒体认知、地方政府领导的态度、地方政府的社交媒体政策、地方政府微博的日常规范四个自变量和自然灾害中的地方政府微博表现这一因变量放在一起进行相关分析,分析结果如表 5-1 所示。从描述性统计数据可以看出,总体来说,地方政府微博在暴雨中的活跃度并不理想,政府微博表现的均值只有 0.4,也就是说有约六成的地方政府微博在这场自然灾害中平均每天发布的相关微博不足 3 条,微博作为公共危机沟通工具的有效功能和优势并没有得到地方政府普遍的重视。而地方政府领导公开表达对新媒体的支持重视的比例以及制定专门的新媒体政策的比例总体上都比较低,

---

① See D. F. Norris and C. G. Reddick, Local E-Government in the United States: Transformation or Incremental Change? *Public Administration Review*, Vol. 73, Iss. 1, 2013, pp. 165-175.

有近六成的地方政府微博是在 2013 年 10 月之前主动开通的,体现了较好的新媒体认知。从相关系数可以看出,所有四个自变量都与因变量呈现出正相关性,其中地方政府的新媒体认知和微博日常规范这两个自变量与因变量的相关性比较强,相关系数(r)超过了 0.5。而另外两个自变量与因变量之间的相关性相对比较弱,相关系数分别为 0.309 和 0.438,所有的相关系数均通过了 0.05 水平上的显著性鉴定。通过拟合线性回归的方式对四个自变量进行方差膨胀因子(VIF)检测显示,所有的 VIF 值均小于 2(最大为 1.816),远远低于 5 的警戒值,表明四个自变量之间不存在明显的共线性问题(所有的相关系数均低于 0.8 也印证了这点),初步验证了四个研究假设。

表 5-1 描述性统计和相关分析结果

	均值	新媒体认知	领导态度	新媒体政策	微博日常规范	微博活跃度
新媒体认知	0.58	1.00				
领导态度	0.15	0.240**	1.00			
新媒体政策	0.24	0.342**	0.614**	1.00		
微博日常规范	0.60	0.482**	0.306**	0.424**	1.00	
微博活跃度	0.40	0.557**	0.309**	0.438**	0.525**	1.00

注:** 表示 $p<0.01, N=139$。

(四)逐步回归、分析与讨论

尽管四个自变量与因变量之间都呈现出相关性,但是,这种分析很难真正说明自变量与因变量之间是否存在因果关系。为了验证暴雨中的政府微博活跃度是否受到媒体意识和制度规范的影响,我们把这四个自变量和其他三个控制变量,即地方政府的层级、地方政府所处的区域以及所遭遇危机的程度逐步纳入 Logistic 二元回归模型,具体结果如表 5-2 所示。从表中可以清晰看出,尽管地方政府所处的层级和所遭遇的危机程度对地方政府微博在暴雨中的活跃度有明显的影响,但是,模型 2 和模型 3 显示新媒体认知和微博日常规范两个因素的影响较为明显。模型 4 显示,在控制了政府层级、区位和危机程度等因素以后,微博日常规范、新媒体认知对暴雨灾害中地方政府的微博活跃度表现出显著的正向影响,回归系数分别为 2.362 和 2.283,并且在统计上是显著的($p<0.001$)。发生比数据显示,与日常运行不够规范的政府微博相比,日常运行规范的政府微博在暴雨中表现积极的发生比例要高 961%(10.610−1)。同样,与 2013 年 10 月之后开通账号的地方政府微博相

比，2013 年 10 月之前开通账号的地方政府微博在这场暴雨中表现积极的发生比例要高 880%(9.805-1)。但是，另外两个自变量，也就是新媒体政策和地方政府领导的新媒体态度在加入控制变量以后显示对暴雨中的地方政府微博表现影响并不显著，很显然，之前在相关分析中呈现出来的相关性并不具有真正内在的因果联系，而是受到政府层级或危机程度等其他因素影响的结果，也就是说假设 1 和假设 3 没有通过验证。

表 5-2　暴雨灾害中地方政府微博活跃度影响因素的 Logistic 回归结果

	模型 1	模型 2	模型 3	模型 4
地方政府层级	1.659***(0.332)	1.388**(0.423)	1.074**(0.400)	1.118**(0.446)
地方政府区域	0.421(0.279)	0.578(0.333)	0.161(0.328)	0.305(0.361)
遭遇危机程度	0.992**(0.498)	1.167**(0.564)	2.050***(0.575)	1.890**(0.611)
领导态度		0.458(0.733)		-0.210(0.911)
新媒体认知		2.894***(0.574)		2.283***(0.620)
新媒体政策			0.923(0.625)	0.700(0.776)
微博日常规范			2.872***(0.606)	2.362***(0.673)
Nagekerke R^2	0.302	0.551	0.554	0.642
卡方	35.182	72.880	73.381	89.606
N	139	139	139	139

注：*** 表示 $p<0.001$，** 表示 $p<0.01$。

假设 1 和假设 3 没有得到验证不免让人感到有点意外，但是，深入细致地分析后对这种结果似乎并不难理解。就地方政府的社交媒体政策而言，实际上，真正科学有效的地方政府社交媒体运用政策应该在内容上系统、完整，包含几个重要的内容：政策本身的目的、地方政府运用社交媒体的目标、地方政府使用的社交媒体工具类型、面临的法律问题、开通和终止新媒体的程序、具体工作人员组成、张贴内容的要求、基本的规则和危机中的社交媒体运用等。[①] 但是，纵览各地方政府通过的政府微博管理文件或相关政策，基本上都是一些大而化之的意义、目的和原则等内容的阐述，对运用中可能面临的风险和程序等更加具体而重要的问题基本上鲜有涉及，一些工作人员所谓多一事不如少一事，可能采取保守消极不作为的态度，尤其是在危机状态中。另

---

① See L. Hansen-Flaschen and K. P. Parker, The Rise of Social Government: An Advanced Guide and Review of Social Media's Role in Local Government Operations, https://www.fels.upenn.edu/webform/social-media-report-webform, visitedon 2020-05-20.

外,即使地方政府的社交媒体政策比较健全,但由于无法有效地克服文件传递过程中的沟通偏差问题,客观上也可能削弱文件制度的统治与管理能力。① 就地方政府领导的态度而言,由于本研究测量的是地方政府领导对于社交媒体运用的公开态度,而这与地方政府领导真实的偏好显然是有差异的。实际上,不少地方政府领导内心并不愿意放松对沟通的控制,只是把社交媒体作为一种额外的自上而下的沟通工具,而不是作为一种推进公开透明的、双向互动的纽带。② 对于不少习惯了传统大众媒体中主导地位的地方政府领导来说,出于宣传目的的公开积极表态与实践中对社交媒体的保守态度之间的反差也就不意外了。实际上,在公共危机沟通实践中,地方政府领导对新媒体可能抱有更加明显的戒备心理。

尽管本研究的对象是自然灾害中的政府微博,但是从地方政府危机中对社交媒体运用的角度来说,在不断变迁的媒体环境中,数据分析结果对于我们思考公共危机中地方政府危机应对能力这一问题有一些深刻而有意义的启示:

(1)强化社交媒体认知并把这种认知融入日常沟通过程显得非常重要。通常来说,我们可以从技术层面和价值层面两个层面对社交媒体进行审视。所谓技术层面,也就是说社交媒体只是一种工具性的技术,这种技术只是为政民沟通提供了一种新机会和手段,有效地提高了沟通效率;而所谓价值层面,也就是把微博等社交媒体视为"内嵌特殊规则"的价值载体,这种内嵌的价值与当前地方治理中所强调的多中心、参与、协商与共同治理等核心理念具有内在的高度契合性。如果仅仅只是从技术的层面去理解和认知社交媒体,那么不可避免地陷入"工具主义"的思维逻辑,会导致认为社交媒体可有可无或需要的时候才临时拾起的状况。而危机一旦来临,也就可能在社交媒体危机沟通方面显得慌乱或反应迟钝。而从价值层面去理解社交媒体,意识到这是地方治理变革的新机会,并通过日常性的规范把这种价值内化为一种工作习惯,当危机来临时,这种习惯也就转化为危机沟通的自然反应。

(2)地方政府领导对社交媒体运用的支持不能仅仅体现在口头的或形

---

① 参见谢岳:《文件制度:政治沟通的过程与功能》,载《上海交通大学学报(哲学社会科学版)》2007年第6期。

② See S. A. Chun et al., Government 2.0: Making Connections Between Citizens, Data and Government, *Information Polity*, Vol. 15, Iss. 1-2, 2010, pp. 1-9.

式上的态度,通过具体的行动真正落到实处更加重要。在具有压力型体制特征的地方政府中,党政一把手或部门领导的支持对于新技术采用的意义不言而喻,但需要强调的是,地方政府领导的公开表达与重视并不能画等号,公开支持并不一定代表真正重视。真正强有力的支持和重视是地方党政领导对社交媒体具有较为强烈的偏好,认识到社交媒体对于危机沟通的价值和意义,并透过各种机会和场合影响并改变政府人员对微博等社交媒体的认知。同时,通过自上而下的强有力的方式积极推动社交媒体在政府部门的运用,通过相关的政策,强化资源投入,督促建立专门的团队,设立行之有效的制度规范和行动机制,把其自主性、能动性与刚性化的制度建设有机地结合起来显得更加有意义。地方政府领导的态度具有较为强烈的个人主观色彩,而且受到任期不确定性的影响,难免导致"人走茶凉"的困境,只有当制度建立起来并不断得以完善,而个人的因素被淡化了以后,才意味着基于社交媒体的危机沟通模式的建立和转型。

(3)地方政府的新媒体政策需要与地方治理机制的创新有机地结合起来。地方政府的新媒体政策不意味着只是作为一纸政府文件,而应该被视为多元主义立法的一部分,需要与更广泛意义上的政府透明、信息安全和治理结构有机地对接起来。[①] 地方政府的新媒体政策到底能否真正发挥作用在很大程度上取决于与之相适应的治理机制是否有效建立。新媒体是一种与科层结构相背离、与多中心治理网络较为亲和的新技术,因此,在制定和落实地方政府新媒体政策的同时,需要积极推动地方政府相关的治理改革。这种治理改革主要涉及两个层面:一是地方政府内部机构和人员之间的关系;二是地方政府与公民之间的关系。就内部而言,需要破除内部行政壁垒,建立公共危机的政府信息分享和互动机制,建立有效的沟通和协同机制;就政府与公民关系而言,需要建立畅通的、基于社交媒体的公民危机沟通参与机制和政府回应机制。只有这样,地方政府的新媒体政策才能够真正地在实践中落地生根,发挥作用,否则也就是"一纸空文"。

---

① See Özer Köseoğlu and Aziz Tuncer, Designing Social Media Policy for Local Governments: Opportunities and Challenges, in M. Z. Sobaci (ed.), *Social Media and Local Governments: Theory and Practice*, Springer, 2016, pp. 23-36.

第三节 地方政府在公共危机中的社交媒体危机回应能力及其影响因素

在危机发生后,地方政府运用社交媒体第一时间主动发布与危机相关的信息,并尽量全面地发布相关信息是地方政府社交媒体危机应对能力的重要表现。这看起来并不难,甚至很容易实现,但是,事实上,有些政府在社交媒体运用上成功地提高了危机回应能力,而有些政府却在环境相似的情况下失败了。[①] 对于中国地方政府来说,这种危机回应能力到底如何?背后的影响因素有哪些?

一、理论框架和研究假设

从组织的角度来说,危机是威胁到相关者重要预期的不可测事件,其严重影响到组织的绩效并产生负面后果。[②] 面对危机时,政府或其他组织应当运用恰当的象征性符号对外沟通回应,从而满足公众的期待,并获得其正面认知和信任。所谓地方政府社交媒体危机回应能力,就是地方政府在危机中运用社交媒体工具有效回应公众关切、提升自身公信力的综合素养和水平。在危机中,能否及时有效地提供公众关切的信息往往决定着危机应对的成败,而微博等社交媒体最重要的功能就是及时有效地为目标人群提供最为有用的信息。[③] 英国危机公关专家里杰斯特(M. Regester)提出的 3T 原则对于理解危机中的地方政府信息回应能力提供了很好的启示,所谓 3T 原则是指:一是以我为主提供情况(tell you own tale),强调政府牢牢掌握信息发布的主动权;二是尽快提供情况(tell it fast),强调危机处理时政府应该尽快不断地发布信息;三是提供全部情况(tell it all),强调信息发布全面、真实,而且

[①] See S. J. Eom, H. Hwang, & J. H. Kim, Can Social Media Increase Government Responsiveness? A Case Study of Seoul, Korea, *Government Information Quarterly*, Vol. 35, Iss. 1, 2018, pp. 109–122.

[②] See W. T. Coombs, *Ongoing Crisis Communication: Planning, Managing, and Responding*, Sage, 2011.

[③] See K. A. Lachlan, P. R. Spence, & X. Lin, Expressions of Risk Awareness and Concern Through Twitter: On the Utility of Using the Medium as an Indication of Audience Needs, *Computers in Human Behavior*, Vol. 35, 2014, pp. 554–559.

必须实言相告。① 在借鉴里杰斯特 3T 原则的基础上,我们从信息发布的及时性和全面性两个角度建构了地方政府社交媒体危机回应能力的分析框架。

首先是危机信息发布的及时性。政府是否可以利用社交媒体把握危机信息发布的主动权,在公共危机事件发生后"以我为主提供情况",发出权威且具有影响力的声音,涉及地方政府是否能够第一时间出面回应问题。我们把信息发布的及时性作为地方政府社交媒体危机回应能力的首要因素,可以看出,其包含了 3T 原则中的"以我为主提供情况"和"尽快提供情况"两个方面的含义。其次是危机信息发布的全面性。提供全部情况要求政府发布的危机信息持续、完整、详细。在所有的媒体渠道中,社交媒体提供了最有效的"全面告诉,讲述真相"的危机沟通路径,而且广泛而快速地分享信息。② 信息发布的全面性,融合了 3T 原则中的"尽快提供情况"和"提供全部情况"两方面的内容。图 5-3 对地方政府社交媒体危机回应能力的分析框架进行了简单的呈现。

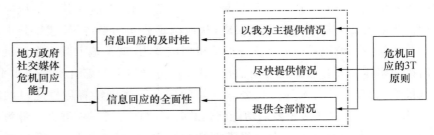

图 5-3 地方政府社交媒体危机回应能力的分析框架

理论上,地方政府在危机中的社交媒体运用会受到方方面面因素的影响,结合中国特殊的地方政府体制,从危机管理的角度来说,几个方面的因素特别值得关注:一是危机事件本身的类型;二是危机应对主体自身的状况;三是上级政府的压力。当然,公众的压力理论上也是地方政府社交媒体危机应对的重要影响因素,但是,在中国的特殊体制中,一般来说,上级政府对下级政府危机应对施加压力的重要原因就是外界强大的舆论压力,上级压力往往

---

① See M. Regester, Crisis Management: How to Turn a Crisis into an Opportunity, Hutchinson Business, 1987.
② See M. W. Graham, E. J. Avery, & S. Park, The Role of Social Media in Local Government Crisis Communications, *Public Relations Review*, Vol. 41, Iss. 3, 2015, pp. 386-394.

是由外部危机而引发的上级对危机应对者的指责或批示。① 基于这种原因，我们并不把公众的压力作为一个独立考量的因素。就危机的类型而言，依照情境危机沟通理论（SCCT），基于责任的大小，可以把危机划分为受害者集群、意外集群和可控集群几种，针对不同的类型，危机沟通的策略也呈现出明显的差异。② 不同类型的危机事件，公众对于危机的发生可能会产生不同的政府责任归因，这可能导致地方政府在危机应对和处置方面表现出不同的行为模式。对于不同类型的公共危机事件，危机产生的诱因、危机蔓延过程和所带来的灾难性后果不尽相同，地方政府对于不同种类公共危机采取的应急措施也存在差异。自然地，不同类别的危机事件对地方政府回应危机的能力要求也有所不同，地方政府对于不同类型危机事件在社交媒体危机回应能力方面的表现也可能存在明显的区分。因此，我们可以作出假设：

假设 1：公共危机事件类型对地方政府社交媒体危机回应能力影响显著

从公共危机事件的回应主体来看，按照政府管理的分权效率理论，结合公共危机的类型属性，地方政府是绝大多数公共危机管理的当然主体。③ 然而，不同的地方政府主体，尤其是不同层级的地方政府之间，由于权力的自主性、资源禀赋以及面对公众的压力等因素的不同，在对社交媒体运用方面的表现也就可能呈现出较为明显的差异。地方政府社交媒体的运用需要较大的资源投入，离不开基础性的网络硬件和软件，特别是需要日常性的组织和经费保障。通常来说，政府层级越高，在经费投入方面的保障就越强，如省级政府的职能面向全省，同时具备较强的资源整合能力，可配备较为专业的微博运营团队进行内容策划与日常管理。④ 政府层级越高，所辖人口的规模一般也就越大，地方政府社交媒体所面对的受众压力也就越大，面临来自网民的沟通期待也越大，这可能会促使地方政府在危机中的社交媒体应对表现更

---

① 参见聂静虹、娄拥军、王博：《论危机情境与政府话语策略》，载《社会科学研究》2013 年第 1 期。
② See W. T. Coombs and S. J. Holladay, Helping Crisis Managers Protect Reputational Assets, *Management Communication Quarterly*, Vol. 16, Iss. 2, 2002, pp. 165-186.
③ 参见金太军、赵军锋：《风险社会的治理之道：重大突发公共事件的政府协调治理》，北京大学出版社 2018 年版，第 169 页。
④ 参见张志安、曹艳辉主编：《政务微博微信实用手册》，南方日报出版社 2014 年版，第 48 页。

加积极。① 尽管公共危机的舆论热度会引起地方政府的回应,但对不同类型的危机而言,地方政府的回应行为也不一样。另外,不同层级政府的回应速度也存在差异。② 基于此,我们提出了第二个研究假设:

假设 2:地方政府所处的层级与其社交媒体危机回应能力呈现正相关性。

高层管理者的领导对于组织创新的持续性和成功是至关重要的,垂直压力或领导授权是政府创新的重要前提。上级的压力是指上级领导或主管部门对危机处置的态度和指示,这是政府组织内部权力逻辑的体现,尤其是在我国的地方政府体制下,这样自上而下的压力往往会对地方政府的行为产生直接的影响。社交媒体作为一种新兴工具和手段,面临着技术创新进步和不确定因素带来的风险,如果缺乏来自上级政府必要的压力,下级官员可能会为了规避潜在的风险而在社交媒体的运用方面表现出保守的态度倾向,尤其是在危机状态中。自上而下的重视、支持对地方政府运用社交媒体的意义重大。③ 因此,如果上级政府明确表现出对公共危机事件的高度关切,会使得事发地政府的危机回应面临较大的压力,这会促使事发地政府提升公共危机的回应水平。基于此,我们提出了第三个研究假设:

假设 3:上级政府对危机的关切与地方政府的社交媒体危机回应能力正相关。

二、实证分析

(一)数据来源

本研究收集了 2012—2017 年发生的具有代表性的公共危机事件。选择的依据是人民网舆情监测室每年发布的网络热点舆情事件排行榜,排除其中的非危机事件和没有明确危机应对责任主体的热点事件。除此之外,为了确保公共危机事件的代表性和全面性,我们还通过百度对过去五年的危机事件

---

① See D. F. Norris and C. G. Reddick, Local E-Government in the United States: Transformation or Incremental Change? *Public Administration Review*, Vol. 73, Iss. 1, 2013, pp. 165-175.

② 参见韩冬临、吴亚博:《中国互联网舆情热点与地方政府回应——基于〈中国社会舆情年度报告〉(2009—2013)的分析》,载《公共行政评论》2018 年第 2 期。

③ See Qiuyan Fan, An Evaluation Analysis of E-Government Development by Local Authorities in Australia, *International Journal of Public Administration*, Vol. 34, Iss. 14, 2011, pp. 926-934.

进行检索,最终确定了 109 起危机事件,其中自然灾害 19 起,事故灾难 40 起,公共卫生事件和群体性事件各 18 起,社会安全事件 14 起。对地方政府危机中的社交媒体回应能力表现,我们主要采用地方政府微博(通常以"某某发布"为名)的相关数据,一方面是因为政府微博依然是各级政府危机应对最成熟、最安全、最有效的社交媒体工具,另一方面是因为新浪政府微博提供了较为便利的信息搜索功能。研究表明,相比较而言,新浪微博的数据还是比较可信、真实的。① 同时,为了体现研究的客观性和全面性,本研究还结合了危机中地方政府官方微信的相关信息。

(二)变量操作和描述

1. 因变量

本研究的因变量是地方政府社交媒体危机回应能力。地方政府社交媒体危机回应能力由"信息回应的及时性"和"信息发布的全面性"这两个指标构成。其中,"信息回应的及时性"以人民网舆情风险管理机制设定的危机回应"黄金四小时法则"为依据,即以公共危机事件发生的时间为标准,在四小时之内通过社交媒体进行回应的视为"及时",超过四小时后或者从始至终没有任何回应的为"不及时"。对于"信息发布的全面性",需要尽可能包含与公共危机事件相关的信息。由于公共危机事件处于不断动态变化中,政府也要根据公共危机事件处置的情况对信息进行持续的更新,因此,地方政府的回应过程应是循序渐进的。基于信息发布全面性的要求,有专家提出了"4 确认 5 发布"的做法。② 按照"4 确认 5 发布"的原则,地方政府在社交媒体的运用方面保持较高的活跃度,对公共危机事件的信息发布频率不低于五次,并

---

① See G. Bolsover and P. Howard, Chinese Computational Propaganda: Automation, Algorithms and the Manipulation of Information About Chinese Politics on Twitter and Weibo, *Information, Communication & Society*, Vol. 22, Iss. 14, 2019, pp. 2063-2080.

② 所谓"4 确认 5 发布",是指如果出现了舆情,政府首先要做的是表明立场和态度,因而第一次发布就是要表示高度关注。然后进行第一次确认,即核实网络及舆论所反映的问题是否存在。第二次发布就是对事件存在性的回应,即舆论所反映的问题到底是一个基本的事实,还是子虚乌有。接着进行第二次确认——事件的真实性,即舆论所反映的问题虽然是存在的,但所描述的内容是否都是真实的,有无"水分"。第三次发布是对事件真实性的回应,表明进一步查明的情况如何,相关支撑性数据在这一阶段需要跟进。然后进行第三次确认,即对舆论所反映的情况是如何发生的、怎样发展的、怎么演变的等进行确认。第四次发布是对调查结果的发布以及相关主体的处置措施等的发布。最后进行第四次确认,即对与事件相关的衍生信息的确认。第五次发布是对衍生信息进行回应的发布。参见张磊:《政务舆情回应需把握好五个原则》,载《学习时报》2016 年 12 月 19 日。

且地方政府在内容上尽可能公开公共危机事件的相关信息,包括发生时间、地点、相关人物、事发经过、产生原因、结果处理等等。符合以上条件的,我们将其作为信息发布全面,否则为不全面。如果公共危机事件发生后当地政府在信息回应的及时性和信息发布的全面性方面都有良好的表现,可以同时做到回应及时和发布全面,我们就将其视为"社交媒体回应能力较强",如果有一方面或两方面做的都不到位,就视为"社交媒体回应能力较弱"。

2. 自变量

自变量包括公共危机类型、地方政府层级和上级政府态度。公共危机类型按照《突发事件应对法》中的四类进行区分:自然灾害、事故灾难、公共卫生事件、社会安全事件。考虑到群体性事件比较特殊,很难完全归到以上四种类型,为了研究的全面性和更好地说明问题,我们把群体性事件单独作为一类事件放入公共危机类型中。当前中国的地方政府层级存在着二级、三级、四级三种划分形式。本研究采用省—市—县—乡的划分方式,由于乡镇一级的政府在新媒体的使用方面表现不明显,因此我们只测量省—市—县政府的社交媒体回应能力。对上级政府的态度,如果上级政府对公共危机事件作出指示或批示以及对于公共危机事件提供指导意见,进行具体的处置安排,甚至对于公共危机事件的处置出台专门的文件,我们就认为上级政府介入了公共危机事件,否则视为没有介入。

3. 控制变量

在本研究中,地方政府所在区域和公共危机严重程度是两个控制变量。按照经济发展情况的不同,可将地方政府所在区域划分为中、东、西、东北地区四个部分。各地区经济发展的差异可能会带来当地政府新媒体运用意识和能力的差别,在公共危机事件的回应方面可能也会产生影响。根据社会危害程度、影响范围等因素,《突发事件应对法》将公共危机事件的严重程度分为特别重大、比较重大、较大、一般四级。不同危害程度的公共危机事件可能会面临来自公众和舆论的不同压力,从而影响地方政府在社交媒体回应方面的表现。本研究的变量及具体操作见表5-3。

表 5-3　本研究的变量及操作

	变量名称	变量操作
因变量	地方政府社交媒体危机回应能力	及时性:事发四小时内回应为及时,赋值1,超过四小时赋值0 全面性:符合"4确认5发布"原则为全面,赋值1,否则赋值0 及时性和全面性均表现较好视为回应能力较强,赋值1,否则赋值0
自变量	公共危机类型	自然灾害1,事故灾难2,公共卫生事件3,社会安全事件4,群体性事件5
	地方政府层级	县级政府1,地级政府2,省级政府3
	上级政府态度	上级政府介入1,不介入0
控制变量	公共危机严重程度	特别重大4,比较重大3,较大2,一般1
	地方政府所在区域	中部1,东部2,西部3,东北4

(三) 分析与讨论

我们首先通过SPSS18.0对地方政府社交媒体危机回应能力的状况进行了分析,就地方政府在危机中在社交媒体信息回应及时性和信息发布全面性方面的表现进行了呈现。从单因素方差分析的结果可以发现(具体见表5-4),针对不同类型的公共危机事件,地方政府在信息回应的及时性和信息发布的全面性上表现出很大的差异。对于自然灾害,地方政府普遍回应比较好,两个指标的均值均为0.79,也就是说有近八成的地方政府可以做到在自然灾害发生后及时、全面地作出回应;就事故灾难而言,能及时发布信息的地方政府占统计样本的40%,能够全面发布信息的地方政府占45%,事故灾难中只有不到一半的地方政府两方面均表现良好;公共卫生事件中地方政府能够及时回应的有56%,而信息发布符合全面性标准的地方政府只占所统计样本的一半;在社交媒体回应及时性方面,地方政府在社会安全事件和群体性事件中的表现均不理想,在社会安全事件中只有不足14%的地方政府微博或微信能够在四小时内作出回应,而在群体性事件中,这一比例更低,只有11%。同样地,在回应的全面性方面,在这两类公共危机事件中地方政府社交媒体的表现也明显低于其他危机类型。

表 5-4　地方政府社交媒体危机回应能力的方差分析

变量	信息回应的及时性			信息发布的全面性		
	均值	标准误差	F	均值	标准误差	F
公共危机类型			7.196***			3.910***
自然灾害	0.79	0.096		0.79	0.096	
事故灾难	0.40	0.078		0.45	0.080	
公共卫生事件	0.56	0.121		0.50	0.121	
社会安全事件	0.14	0.097		0.21	0.114	
群体性事件	0.11	0.076		0.28	0.109	
地方政府层级			9.913***			5.721***
省级政府	0.81	0.088		0.76	0.095	
地级政府	0.29	0.064		0.43	0.070	
县级政府	0.35	0.080		0.32	0.078	
上级政府态度			24.855***			19.007***
介入	0.58	0.061		0.61	0.060	
未介入	0.14	0.055		0.21	0.064	

注：*** 表示 $p<0.001$，$N=109$。

其次，从表 5-4 中可以看出，省级政府在社交媒体危机回应方面的表现明显好于地级政府和县级政府。在社交媒体危机回应的及时性和全面性方面，省级政府的均值分别达到 0.81 和 0.76，而地级政府和县级政府的表现要落后于省级政府，这两级政府信息发布全面性的均值分别为 0.43 和 0.32，而及时性的均值分别只有 0.29 和 0.35，初步可以推断，省级政府因为行政层级较高，社交媒体的危机回应能力要高于地级、县级政府。

最后，上级政府不对公共危机事件表明态度时，地方政府表现出明显的回应被动性。上级政府介入公共危机事件时，有近六成的地方政府表现出较高的回应能力，而上级政府不介入时，两方面同时表现良好的地方政府只有两成左右，呈现出较大的差异性。可以看出，在不同的公共危机类型、不同层级政府以及上级政府对危机的不同态度的情况下，地方政府在社交媒体危机回应能力表现方面有着统计学意义上的显著性差异。

表 5-5　地方政府社交媒体危机回应能力的 Pearson 相关分析

	1	2	3	4	5	6	7	8	9	10
1 信息回应的及时性	1									
2 信息发布的全面性	0.761**	1								
3 回应能力	0.926**	0.843**	1							
4 上级政府态度	0.434**	0.388**	0.420**	1						
5 自然灾害	0.351**	0.305**	0.392**	0.314**	1					
6 事故灾难	−0.029	−0.065	−0.084	−0.094	−0.371**	1				
7 公共卫生	0.129	0.037	0.114	−0.054	−0.204*	−0.207*	1			
8 社会安全事件	−0.211*	−0.188*	−0.241*	0.079	−0.176	−0.310**	−0.171	1		
9 群体性事件	−0.273**	−0.161	−0.243*	−0.359**	−0.204*	−0.308**	−0.198*	−0.171	1	
10 地方政府层级	0.277**	0.292**	0.266**	−0.031	−0.007	−0.097	0.264**	−0.151	−0.012	1

注：** 表示 $p<0.01$，* 表示 $p<0.05$，双侧检定，$N=109$。

表 5-5 的相关分析结果显示，上级政府的介入、地方政府层级以及地方政府社交媒体危机信息回应的及时性、全面性和总体回应能力均呈现出正相关性，初步验证了假设 2 和假设 3。在危机的类型方面，自然灾害类危机与地方政府社交媒体的危机表现相关性较强，而且是正相关，而社会安全事件和群体性事件型危机则呈现弱负相关性，其他两类危机事件的这种相关性则没有得到检验。为了分析公共危机类型、地方政府层级以及上级政府态度是否会影响到地方政府社交媒体公共危机的回应表现，我们通过二元 Logistic 回归模型进行进一步验证。为了保证分析结果的可靠性，我们引入两个控制变量：地方政府地域和公共危机严重程度，分析结果见表 5-6。在对信息回应的及时性进行回归分析后的结果表明，地方政府层级对于信息回应的及时性在统计上体现出显著的正向影响（$p<0.05$），回归系数为 1.019，发生比为 2.772，即行政级别高一层级的地方政府与行政级别低一层级的地方政府相比，能够对公共危机事件进行及时回应的比例高出 177%（2.772−1）；上级政府态度对政府回应及时性的影响则更加明显，回归系数为 2.151，发生比为 8.595，表明上级政府介入公共危机事件比上级政府未介入公共危机事件时政府回应及时性的比例高出近 760%（8.595−1）。而公共危机类型这一因素在加入两个控制变量后并未对信息回应的及时性产生积极的作用，只有自然灾害在以群体性事件为参照的情况下对因变量影响明显。

接下来，我们需要验证三个自变量是否对地方政府社交媒体信息发布的全面性存在显著影响。如表 5-6 所示，检验的结果依旧是地方政府层级和上级政府态度对信息发布全面性表现出显著的影响，而公共危机类型的作用并不显著。当我们把政府公共危机回应能力这一整体纳入模型中进行考察时，仍然得到了相同的结论。地方政府层级和上级政府态度的回归系数分别为 0.979 和 2.163，在统计上均显著（$p<0.01$），发生比分别为 2.661 和 8.697。由此看出，行政层级高一级的地方政府相对于行政层级低一级的地方政府社交媒体危机回应能力表现良好的比例高出 166%（2.661－1）。同理，在上级政府介入危机的情况下，地方政府社交媒体危机回应能力要比上级政府没有介入情况下的表现好很多。

表 5-6　地方政府社交媒体危机回应能力影响因素的 Logistic 回归表

变量	信息回应的及时性			信息发布的全面性			地方政府社交媒体危机回应能力		
	B	SE	EXP(B)	B	SE	EXP(B)	B	SE	EXP(B)
公共危机类型									
公共危机类型(1)	2.226**	1.088	9.262	1.147	0.953	3.148	2.289**	1.100	9.864
公共危机类型(2)	0.929	0.928	2.532	−0.069	0.720	0.933	0.619	0.942	1.857
公共危机类型(3)	1.338	1.070	3.811	−0.053	0.902	0.575	1.073	1.077	2.925
公共危机类型(4)	−1.035	1.238	0.355	−1.776	1.032	0.169	−1.874	1.439	0.153
地方政府层级	1.019**	0.425	2.772	1.375***	0.447	3.953	0.979**	0.433	2.661
上级政府态度	2.151***	0.678	8.595	2.165***	0.661	8.716	2.163***	0.708	8.697
地方政府所在区域									
地方政府所在区域(1)	0.946	1.157	2.575	1.536	1.102	4.644	1.084	1.175	2.958
地方政府所在区域(2)	1.527	0.961	4.605	1.585	0.922	4.880	1.351	0.974	3.863
地方政府所在区域(3)	1.111	0.951	3.307	1.752	0.928	5.767	0.795	0.965	2.214
公共危机程度	0.180	0.240	1.197	−0.036	0.211	0.964	0.195	0.244	1.215

注：*** 表示 $p<0.001$，** 表示 $p<0.01$，$N=109$。公共危机类型以群体性事件为参照，地方政府所在区域以东北地区为参照。

通过三个二元 Logistic 模型的检验，可以清晰地发现地方政府层级和上级政府态度对地方政府社交媒体危机回应能力有着显著的影响，尤其是上级政府态度的影响更加明显，说明地方政府社交媒体危机回应能力的表现很大程度上取决于上级政府对危机处置的态度，假设 2 和假设 3 得到了验证。但是，公共危机类型以及两个控制变量对因变量的影响并不显著，假设 1 未能通过验证。由此，经过数据分析后得到的结论是：上级政府态度和地方政府层级对地方政府公共危机事件中的社交媒体危机回应能力存在着统计意义上的显著性影响，而公共危机类型对地方政府社交媒体危机回应能力的影响则并没有得到验证。

三、结论和启示

通过对近年来公共危机事件中政府社交媒体危机回应能力的实证研究，我们发现，尽管有一些地方政府在危机中开始重视发挥社交媒体的功能，但是，也有不少地方政府依然在这方面表现得不尽如人意。地方政府在社交媒体危机回应能力方面的表现呈现出较大的差异性，总体上说，省级政府的表现要优于地级和县级政府的表现，地方政府在上级政府介入危机的情况下比不介入的情况下的社交媒体危机回应表现要好得多。这一研究结果对于反思我国当前地方政府在危机过程中的社交媒体应对问题提供了有价值的启示，分析其中的原因，对于提升地方政府在新的媒体环境中的危机应对能力和治理能力有积极的意义。

首先，就目前来说，提升地方政府的社交媒体危机回应能力关键在于县级政府和地级政府。从理论上说，县级政府和地级政府更加靠近基层，由于很多危机都是源于基层或地方，地方政府在危机应对方面更加直接，更加接近危机现场，危机应对的结果也能让地方公众产生直观的感受，从而直接影响到政府的声誉和形象，因此，相对来说，基层地方政府在社交媒体危机应对方面有更大的压力和动力，会表现得更加积极。[①] 正如第三章所分析的，在《突发事件应对法》中，县级政府被赋予了危机应对的核心责任，因此，县级政府理应更加积极地运用社交媒体进行危机应对。未来有必要不断强化县级政府和地级政府的社交媒体危机应对意识，不断提升其社交媒体危机应对能力。

其次，地方政府社交媒体危机回应需要变被动为主动，改变唯上的思维逻辑。本研究表明，地方政府社交媒体的危机回应与上级政府是否介入危机有着较为明显的关系，这显然不符合社交媒体自身的"以我为主"的自下而上的逻辑。地方政府应该从根本上转变对社交媒体危机回应的认知，在价值层面形成对公众的自觉关怀，重新审视自身的公共危机事件回应能力，面对纷繁复杂的公众需求和处于动态变化中的公共危机事件，政府可以从排斥到吸纳之间作出各种不同程度的选择，形成一个从拒绝回应、被动回应到主动回

---

① See S. A. Chun *et al.*, Government 2.0: Making Connections Between Citizens, Data and Government, *Information Polity*, Vol. 15, Iss. 1-2, 2010, pp. 1-9.

应的连续系统。①

最后,制度化、规范化依然是地方政府社交媒体危机回应能力建设中有待解决的重要问题。制定一份内容较为详尽、具体、具指导价值的微博等社交媒体运用规范,对于危机状态中的新媒体运用显得非常必要。② 目前,尽管一些地方出台了专门的关于微博、微信等社交媒体运用的政策和专门的文件,但是,这些政策和文件大多是一些大而化之的原则性规定,对于危机中政府社交媒体回应的时间、程序、责任等具体的问题鲜有涉及,从而使得在危机应对实践中往往不具有操作性和指导性,实际意义大打折扣,这一问题有待于进一步解决。

通过对自然灾害中地方政府社交媒体危机应对以及近年来各类危机中地方政府社交媒体表现的分析,可以看出,从整体上说,目前我国地方政府运用社交媒体应对危机的能力总体不尽如人意,尤其是作为危机应对第一行动主体的县级政府的能力令人担忧。从影响因素来说,上级政府对危机的态度,也就是上级政府对危机重视的程度,或者说上级政府的问责成为地方政府社交媒体表现的重要影响因素,这反映了中国压力型体制对新的媒体技术的强大的塑造功能。

---

① 参见刘力锐:《基于网络政治动员态势的政府回应机制研究》,东北大学出版社 2012 年版,第 14 页。

② See K. Peters *et al*., Social Media Metrics—A Framework and Guidelines for Managing Social Media, *Journal of Interactive Marketing*, Vol. 27, Iss. 4, 2013, pp. 281-298.

第六章

应对不确定性:地方政府在社交媒体中的危机意义建构

在危机中,作为一种有效的危机应对工具,社交媒体的主要功能在于信息传播,不管是双向沟通还是不同主体之间的合作,严格来说,都是建立在信息传播的基础上的。实际上,所有的危机都会使涉及的人员积极搜索相关信息。① 作为一种新兴的信息传播工具,危机中的社交媒体得到了越来越多人的关注。从理论上说,社交媒体新的技术特征可以扩大现有的沟通渠道,使信息的快速传播成为可能。然而在危机中,不确定性成为突出的挑战,在这种不确定性中,公众面临着多元化的、鱼龙混杂的"信息海洋",社交媒体的技术特征可能使危机中的信息传播变得更加复杂。从应急部门的角度来说,社交媒体重要的价值首先在于满足公众、利益相关者对于与危机相关的权威信息的强烈需求,这是衡量地方政府运用社交媒体应对危机能力的重要依据。在突发性公共卫生危机中,不确定性更加突出,政府应急部门的信息能力面临更大的压力,为了更好地应对这种不确定性,各国公共卫生应急部门也日益把社交媒体作为重要的危机应对工具。2020 年年初,一场近年来最严重的、引发重大生命威胁,对经济、社会等各方面产生重大影响的被命名为"新冠肺炎"的重大突发性公共卫生危机爆发。在应对此次危机中,社交媒体在信息传播方面扮演了重要角色,不少地方政府的疾控部门和危机沟通部门,如各级政府的新闻办都在有意识地运用社交媒体对外发布信息。然而,地方政府在运用社交媒体应对公共卫生危机方面的意义建构能力如何,是一个值得研究的重要话题。

---

① 参见〔荷兰〕阿金·伯恩等:《危机管理政治学——压力之下的公共领导能力》,赵凤萍等译,河南人民出版社 2010 年版,第 42 页。

第一节　不确定性与公共卫生危机中的政府社交媒体意义建构

正如我们在第一章所论述的,不确定性是公共危机重要的特征之一,也是危机管理面临的最大挑战,这种不确定性很大程度上源于危机中的信息混乱。在这种庞杂、混乱的信息状态中,危机中的人们很容易失去方向,产生心理上的恐慌与焦虑。在新的媒体环境中,公共危机应对机构将社交媒体用作危机意义建构、消减这种不确定性的关键工具,但是对于公共卫生组织在传染病暴发情况下如何利用这些平台,以及如何影响公众对危机的理解、如何通过社交媒体应对疫情等,人们知之甚少。

一、不确定性与危机中的信息需求

所谓不确定性,指的是一种模糊状态,在这种状态中,个人和组织"无法理解、赋值或预测事件的结果"[1]。严格来说,不确定是一种常态,个人和组织在作决定、计划和与他人交往的时候都存在着不确定性。不确定是一种心理上的自我感知,是对自己所处的环境的认知,是具体情境下对自己能力的自我感觉。可以说,不确定性无所不在、无时不在,当情况的细节模棱两可、复杂、不可预测或具有偶然性时,当信息不可用或不一致时,当人们在自己的知识状态或一般的知识状态下感到不安全时,都可能产生不确定性。[2] 不确定性与事件发生的概率之间存在曲线关系,当发生概率为 0 或 100% 时,不确定性最低,当发生概率为 50% 时,不确定性最高。当人们"知道"一个事件会或不会发生的时候就形成了稳定的预期。当事件发生或不发生的可能性相等时,人们会经历越来越多的不确定性。如果可能有多种选择,那么当所有可能性相等时,不确定性最高。[3] 而在突发性的公共危机中,这种不确定性尤其

---

[1] K. Kosenko, Uncertainty Management Theory, in T. L. Thompson (ed.), *Encyclopedia of Health Communication*, Sage, 2014, p.1425.

[2] See A. S. Babrow and K. N. Kline, From "Reducing" to "Coping with" Uncertainty: Reconceptualizing the Central Challenge in Breast Self-Exams, *Social Science and Medicine*, Vol. 51, Iss. 12, 2000, pp.1805–1816.

[3] See Dale E. Brashers, Communication and Uncertainty Management, *Journal of Communication*, Vol. 51, Iss. 3, 2001, pp.478–479.

突出,因为一切都显得非常突然,一切都超出了人们的正常认知,对到底会发生什么人们都处于茫然的状态。几乎在每一次危机中,不确定性都以不同的形式出现,如未知的危机原因和性质(什么和为什么)、未知的利益相关者参与(谁)、未知的危机影响范围(哪里)和持续时间(何时)。人们永远无法预测谁会卷入危机,每一次危机都需要政府组织、非政府组织和其他利益集团组成不同的应对网络。鉴于许多危机跨越地理和职能界限,也很难预测危机的边界和范围。危机的时间框架也是不可预测的,因为它们并不遵循线性过程或简单的因果关系。① 在正常的日常生活中,这种不确定性本身并没有什么问题,它是中性的,无所谓好坏。② 然而,在危机状态中,高度不确定性就意味着生理和心理的失衡,人们在危机状态中面对各种不确定时就会产生恐慌、混乱,也可能会出现愤怒、不满等情绪,从而产生行为失控甚至是极端行为。"不确定性造成了一种迷失方向的体验,在这种体验中,信念和意义建构受到严重阻碍。"③

对于危机应对机构和人员来说,如何有效地管理这种不确定性,以避免由此带来的各种风险和新的危机是危机管理和沟通的关键性任务,也是关键性的挑战。尽管产生不确定性的原因有很多,但是,需要强调的是,信息的混乱和可信赖信息的缺乏是导致危机中不确定性的最直接的原因。在这个不确定的时代,人们对信息的需求越来越高。当信息不足或出现冲突时,人们或社会会经历模棱两可的情况。当周围环境出现威胁(如自然灾害或社会政治变化)而信息明显不足的时候,模糊性和不确定性就会升级。④ 当人们在危机中能够获得稳定的、可信赖的信息的时候,不确定性所带来的心理上的恐慌和行为上的非理性也就得到了有效的缓解。如果媒体和组织收集和传递有助于定义当前情况和实施一定的行为以避免威胁的信息,危机中的模糊性和不确定性问题就可以得到解决。

---

① See Xiaoli Lu, *Managing Uncertainty in Crisis: Exploring the Impact of Institutionalization on Organizational Sensemaking*, Springer Nature Singapore Pte Ltd., 2017, pp. 3-4.

② See D. J. Goldsmith, A Normative Approach to the Study of Uncertainty and Communication, *Journal of Communication*, Vol. 51, Iss. 3, 2001, pp. 514-533.

③ R. R. Ulmer, T. L. Sellnow, & M. W. Seeger, *Effective Crisis Communication: Moving from Crisis to Opportunity*, Sage, 2013, p. 102.

④ See S. J. Ball-Rokeach and M. L. DeFleur, A Dependency Model of Mass-Media Effects, *Communication Research*, Vol. 3, Iss. 1, 1976, p. 9.

然而,在来源众多的信息的竞争中,权威的、可靠的信息如何被识别和接受是一个问题。大量的研究考察了信源可信度与人们对特定沟通渠道的依赖程度之间的关系,一般的结论是,信源可信度影响一个人所依赖的特定沟通渠道。换句话说,人们倾向于选择性地将自己暴露在他们信任的特定沟通渠道中。[①] 在危机中,人们寻求权威信息的来源通常主要是两个对象:一是权威的组织,也就是作为垄断重要资源、掌握核心信息的政府部门;二是作为专业性信息传播机构的大众媒体。如果政府部门和大众媒体无法满足期待的信息需求,不能及时提供可信赖的信息,人们就会寻找替代性的信息渠道,如小道消息和口耳相传的各种信息。当政府应急部门提供的信息被视为不可信时,误导性信息就可能会在其他渠道扩散。这反过来可能会强化这种不确定性,从而带来更大的恐慌和不信任。因此,对于政府应急部门来说,在危机中扮演关键性的权威信息的来源,如何及时有效地提供被认为可靠的消息成为不确定性管理的核心任务。在这种情况下,沟通是一种重要的资源,能为受害者和幸存者提供必要的信息,以便在心理上调整或理解危机事件。[②] 尽管对于政府危机应对部门和危机沟通部门来说,其本身同样面临着巨大的不确定性困境。

二、管理不确定性:政府和公众关系视野中的危机意义建构

对于面临危机的组织来说,最大限度地消除不确定性带来的困境,最根本的在于有效的意义建构。所谓意义建构就是理解模糊情况的过程,也就是在危机期间,组织或个体在面对不确定性和模糊性时寻找意义的过程。意义建构就是理解正在发生的事情,并评估潜在的反应,通过观察、解释这些观察并采取行动来建立对意外或混乱情况的理解,[③]从情境或环境中出现的信号中获取意义,并从中得出解释。"因此,意义建构是关于连接线索和框架,以

[①] See Y. Tsfati and J. N. Cappella, Do People Watch What They Do Not Trust? Exploring the Association Between News Media Skepticism and Exposure, *Communication Research*, Vol. 30, Iss. 5, 2003, pp. 504-529.

[②] See A. M. Mason, Shirley Drew, & David Weaver, Managing Crisis-Induced Uncertainty: First Responder Experiences from the 2011 Joplin-Duquesne Tornado, *International Journal of Disaster Risk Reduction*, Vol. 23, 2017, pp. 231-237.

[③] See W. J. Muhren and B. Van de Walle, Sense-Making and Information Management in Emergency Response, *Bulletin of the American Society for Information Science and Technology*, Vol. 36, Iss. 5, 2010, pp. 30-33.

创建一个正在发生的事情的说明",是一种制造、辨别、定位、确定的过程,它使"主观的某物更加有形",是关于人们产生他们所理解的东西的方式。[①] 在危机发生后,不管是组织还是社会中的普通人都面临一个重要的问题,那就是搞清楚到底发生了什么事情,以及这事情对自身到底意味着什么,人们往往由此提出三个敏感的问题:在这场危机中发生了什么(即情景意义建构)?在这场危机中我是谁(即以身份为导向的意义建构)?我做什么又有什么关系呢(即以行动为导向的意义建构)?[②] 不断得到并确认这些问题的答案的过程也就是意义建构的过程。意义建构往往决定了个人和组织在危机中的行为,如果意义建构不成功或被误导,如果个人或组织无法准确理解发生在他们周围的事情,对意外的危机发展感到惊讶,他们最终可能无法作出充分的反应,甚至在这个过程中失去他们的生命。[③] 然而,实际上发生了什么事情和认为发生了什么事情往往会存在偏差,不管是组织对危机的意义建构还是个人对危机的意义建构都可能受到方方面面因素的影响,包括所接收到的信息、周围环境感知和过去经验的惯性认知。不同的人和组织对危机有着不同的理解,这种理解上的相互冲突会影响到危机应对中的协同和合作,从而导致危机应对的失败或困境。正因为如此,危机的意义建构是一个社会过程。对于公共危机来说,政府与公众之间实现共同接受的、相对一致的意义建构意义重大,这有利于政府和公众之间建立稳固的合作和协同关系,有利于消除公众因为不确定性而产生的惊慌和恐惧。

　　从公众感性的角度来看,人们对危机的意义建构是框架和所获得的数据之间相互影响和作用的结果。一个人对危机情况的反应是已知和接受的知识与通过感知或交流输入的新信息之间的持续振荡,导致接受为知识的内容发生变化,从而决定应如何行动或反应。当然,这些知识中的一部分是个人的,取决于个人先前的经验等,但其中很大一部分属于皮埃尔·布尔迪厄(Pierre Bourdieu)所称的"信念"(doxa),即一个人或一个群体在某一时间的想法或价值观。这也可以被描述为一种影响我们所有人的无意识的"常识"。

---

　　① See K. E. Weick, The Collapse of Sensemaking in Organizations: The Mann Gulch Disaster, *Administrative Science Quarterly*, Vol. 38, Iss. 4, 1993, pp. 628-652.

　　② See Jori Kalkman, Sensemaking Questions in Crisis Response Teams, *Disaster Prevention & Management*, Vol. 28, Iss. 5, 2019, pp. 649-660.

　　③ See K. E. Weick, Enacted Sensemaking in Crisis Situations, *Journal of Management Studies*, Vol. 25, Iss. 4, 1988, pp. 305-317.

这意味着，每当我们试图弄清楚事件的意义时，我们总是从"一些视角、观点或框架——无论多么微小"开始。① 我们最初的观点可以看作是一个框架，它对个人如何看待数据的状态有着严重的影响：我们可以用各种有意义的形式来表示框架，包括故事、地图、组织图或脚本，并且可以在后续和并行过程中使用它们。尽管框架定义了什么是数据，但它们本身实际上塑造了数据（如房主、消防员和纵火调查员对房屋火灾的感知不同）。另外，当我们获取数据时，框架也会发生变化。换言之，这是一条双向的道路：框架塑造并定义了相关数据，数据要求框架以非平凡的方式改变。而这一过程是个人与社会之间互动的结果，一个人的感官活动不能仅仅被视为他/她内心的孤立，而是内部和外部或社会过程的结合。危机发生后，当个体在现有框架和当前事件之间感知到差距时，自然的第一步是寻求更多关于正在发生的事情的信息，并确定是否存在对自己或家人和朋友的威胁。询问朋友或邻居是这样做的一种方式，但利用媒体获取信息也是大多数人行为的一个最为重要的组成部分。

危机中公众的意义感知和建构过程为政府的危机应对，特别是政府在危机意义建构中的角色提供了有价值的启示。在公共危机中，公众意义建构最重要的信息来源无疑是政府，来自政府的各种信息对自身框架的重构或强化会产生重要的影响。作为公共危机应对者和权威的危机信息的来源者，政府通过大众媒体或社交媒体所传递的信息建构着公众对危机的理解。在卡尔·威克（Karl Weick）看来，"意义建构"概念本身就是一种合作。从他的组织观点来看，意义建构是为了构建共同的意义和目标而协商信念和解释时发生的事情，它构成了解释观察到的现实的框架。在组织中，这种协作式的意义建构通常是通过面对面的交流进行的，随着新的信息技术的发展，这种协作式的意义建构变得越来越现实，即时性和网络传播性，加上"喜欢"和讨论的可能性，为共同接受的意义提供了完美的背景。② 因此，危机发生后，政府首先需要迅速地收集信息，准确掌握和理解危机的规模、根源、（可能）受害的人数、可用的应对能力以及危机可能如何发展，并在政府内部形成对危机的共同理解，也就是实现政府自我的意义建构，达成危机的共同运作图景。③ 在

---

① See Gary Klein, Brian Moon, & Robert R. Hoffman, Making Sense of Sensemaking 2: A Macrocognitive Model, *IEEE Intelligent Systems*, Vol. 21, Iss. 5, 2006, pp. 88-92.

② See K. E. Weick, *Sensemaking in Organizations*, Sage, 1995.

③ See J. Wolbers and K. Boersma, The Common Operational Picture as Collective Sensemaking, *Journal of Contingencies and Crisis Management*, Vol. 21, Iss. 4, 2013, pp. 186-199.

此基础上,面对危机中多元的信息竞争和混杂的信息干扰,政府需要扮演关键性角色,有效地介入到公众的危机意义建构中去,实现有效的意义给赋(sense-giving),其目的是"影响他人的意义表达和意义构建,使之朝着组织现实的首选定义发展"①,也就是使公众对危机的理解和再定义朝组织所期待的方向发展。在这一过程中,政府如何准确、清晰地传递可靠的信息成为危机管理的关键政治挑战和机会。② 图 6-1 对公共危机意义建构过程中的政府信息介入进行了简单呈现。

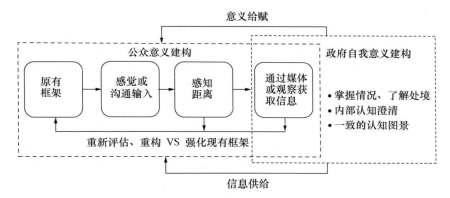

图 6-1　公众意义建构与政府自我意义建构的关系

三、公众意义建构中的政府社交媒体信息供给

在公共危机中,政府影响公众意义建构的最主要途径就是信息供给。在危机意义建构理论看来,框架和数据之间的相互作用和影响是动态的、持续性的,是一个相互的社会过程。在这一过程中,政府无疑扮演着核心的角色。因此,从危机开始到危机结束的所有阶段,政府在信息方面都应该保持积极干预的态势,在意识上不断进行信息强化,以巩固政府所倾向的框架。公众需要一个非常强烈的信号或多种信号的组合,才能使人重新调整对情况的判断。一旦公众平静下来,即使发出警报并意识到应采取预防行动,也不会导

---

① D. A. Gioia and K. Chittipeddi, Sensemaking and Sensegiving in Strategic Change Initiation, *Strategic Management Journal*, Vol.12, Iss.5, 1991, pp.433-448.
② 参见刘一弘:《危机管理的意义建构——基于"甲流"事件的政府话语分析》,载《公共管理学报》2017 年第 4 期。

致对局势的评估或行为的任何改变。① 然而,对于组织和政府来说,如何在危机中提供有效的信息以便让公众更好地理解所处的环境和面临的问题,并不是一个简单的问题,而是需要建立在对公众信息需求有效满足的基础上,实现可靠的、权威的信息供给。

危机发生后,公众最关心的事情莫过于事件对自身健康和生命的影响,危机沟通人员所传播的信息应该有利于公众健康的态度和健康信念的形成。当公众无法搞清楚到底发生了什么事情的时候,为了更好地缓解不确定性带来的恐慌和失序,风险和危机传播研究学者的共识是,危机沟通信息传播应让公众理解正在发生的事情并作出有效的反应。② 这些信息包括关于未来某件事情发生的可能性的信息,关于围绕危机的当前事态发展的信息、指导人们面对危机如何作出适当的反应以保护自我的信息,以及鼓励自我效能感和反应效能感的信息,这些信息可以影响人们对威胁情况的反应,可以降低危机的风险,因为个人可以准备和学习如何应对风险并作出适当的反应。③ 政府必须有效地满足公众的这些需求,并及时提供权威、可靠的信息来源。但是,何为重要信息?在危机中政府应对部门应该提供什么样的信息无疑是非常重要的问题,这直接关系到公众对信息的信赖和对危机的理解,影响不确定性是否以及在多大程度上得以缓解。

在斯特奇斯看来,危机中政府应对部门所提供的信息要想有效,使对组织重要的公众产生积极的影响,消解人们内心的恐慌,帮助其准确理解危机,应该最大限度地提升信息内容的针对性,也就是需要根据危机的阶段与公众在危机的任何特定阶段所需和期望的信息类型定制信息内容。危机的每个阶段都有自身的特定逻辑和动力,仅仅强调信息的准确和完整及其后果是不够的,而应该针对危机不同阶段中的受众的心理和身体需求期待来实现信息内容的调整和定制。为此,斯特奇斯提出了组织在危机不同阶段有效运用的三种不同类型的信息:指导性信息(instruction information)、调整性信息(adjusting information)和内化性信息(internalizing information)。所谓指导性信息就是告诉受危机影响的人们应该如何在身体上加以应对的信息,调整

---

① See Orla Vigsø and Tomas Odén, The Dynamics of Sensemaking and Information Seeking in a Crisis Situation, *Nordicom Review*, Vol. 37, Iss. 1, 2016, pp. 71-84.
② See B. Reynolds and M. W. Seeger, Crisis and Emergency Risk Communication as an Integrative Model, *Journal of Health Communication*, Vol. 10, Iss. 1, 2005, pp. 43-55.
③ See Sarah C. Vos & Marjorie M. Buckner, Social Media Messages in an Emerging Health Crisis: Tweeting Bird Flu, *Journal of Health Communication*, Vol. 21, Iss. 3, 2016, pp. 301-308.

性信息是帮助人们在心理上应对危机的信息，而内化性信息则是帮助人们形成对组织正面认知的信息。在斯特奇斯看来，危机爆发前的潜伏期或者在危机的早期阶段，应急组织在消息定制方面应该强调"内化性信息"为主，告知公众的是"组织在危机中处在何种位置"，并传播一系列关于组织正面的观点，以此消除顾虑、稳住人心、获取支持；在危机迅速进入发展、爆发的阶段，组织应该将信息内容转变为"指导性信息"，也就是向公众传播"如何应对危机"的信息，指导人们更加有效地应对危机；在危机减退阶段，向公众传播的应为"调整性信息"，以帮助公众从心理上恢复正常；而在危机平息阶段，在危机早期阶段的"内化性信息"应该再次被强调，这将有利于树立组织的正面形象。斯特奇斯基于这种分析提出了危机中信息内容传播的基本模型，这一模型从危机情势维度、危机沟通策略、危机沟通实施与危机沟通效果之间关系的角度建立了一个基本的框架，如图6-2所示。①

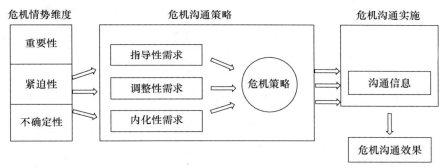

图 6-2 斯特奇斯危机沟通内容模型

资料来源：D. L. Sturges, Communication Through Crisis: A Strategy for Organizational Survival, *Management Communication Quarterly*, Vol. 7, Iss. 3, 1994, p. 313。

斯特奇斯对于危机中的信息定制内容在很大程度上是基于舆情引导的角度提出来的，目的是使对组织持正面看法的人与危机前相同或更多。更重要的是，斯特奇斯是在传统媒体环境下建构的信息定制模型，而在社交媒体环境下，这种信息定制模型就不一定合适了，如在多元竞争、开放性的信息环境中，强调自我正面形象的信息定制可能会起到适得其反的效果。社交媒体对政府应急部门的信息定制能力要求更高，公众需要获得更多直接来自官方

---

① See D. L. Sturges, Communication Through Crisis: A Strategy for Organizational Survival, *Management Communication Quarterly*, Vol. 7, Iss. 3, 1994, pp. 297-316.

的指导信息,①对于应急管理人员来说,面临的一个关键挑战是发挥社交媒体的潜力,制定有效的信息传递策略,通过社交媒体及时传递更加有针对性、更加实用、更加权威的信息,如危机应对准备方面的指导性信息、危机中的自我保护指导等。克莱顿·伍基奇(Clayton Wukich)对危机中尤其是灾害中政府运用社交媒体传递的信息类型进行了较为详细的研究,认为从内容上看,可以分为以下几种类型的信息:行动保护信息(protective action messages)、情境信息(situational information)、资源供给信息(resource provision information)、众包和其他与公众的直接互动信息(information of crowdsourcing and other direct interaction with the public)、预防、缓解和准备信息(information of prevention, mitigation and preparedness)、行政和运行信息(information of administration and operations)、谣言管理信息(information of rumour management),以及情感、观点和评论信息(emotional messages, opinions and commentary messages),具体内容如表 6-1 所示。②

表 6-1 危机中政府社交媒体信息供给

信息类型	具体内容
行动保护信息	关于公众应该做什么来减少他们的风险暴露的明确指导;规定行动的具体时间表、受影响者的位置,以及描述即将发生的危险及其后果
情境信息	事件的类型、地点和时间;关于损害、伤亡和事件的其他后果的信息
资源供给信息	告知公众和其他机构关键资源的分配,如医疗物资、食物信息
众包和其他与公众的直接互动信息	从公众那里获得的关键性信息,收集到的相关情报
预防、缓解和准备信息	参与预防、缓解和备灾指导的信息;日常性的、危机前的应对指导信息
行政和运行信息	应急机构日常活动;所采取的行政行动,如紧急声明和备灾公告
谣言管理信息	谣言澄清信息
情感、观点和评论信息	道歉、安慰、慰问、祝福等信息

资料来源:Clayton Wukich, Government Social Media Messages Across Disaster Phases, *Journal of Contingencies and Crisis Management*, Vol. 24, Iss. 4, 2016, pp. 233-237。

---

① See A. L. Hughes and L. Palen, The Evolving Role of the Public Information Officer: An Examination of Social Media in Emergency Management, *Journal of Homeland Security & Emergency Management*, Vol. 9, Iss. 1, 2012, pp. 1-20.

② See Clayton Wukich, Government Social Media Messages Across Disaster Phases, *Journal of Contingencies and Crisis Management*, Vol. 24, Iss. 4, 2016, pp. 233-237.

在危机中,社交媒体所传播的几种信息类型在不同的危机阶段的重要性不一样。① 研究表明,总体来说,行动保护信息、情境信息以及预防、缓解和准备信息对意义建构尤其重要。危机应对部门应该根据危机的具体情形熟练地综合运用不同类型的信息。当然,需要强调的是,斯特奇斯所讲的政府运用社交媒体所传播的信息类型主要是针对自然灾害类的危机,对于其他类型的危机,则需要另当别论。

四、突发性公共卫生危机中的政府社交媒体意义建构

在所有的公共危机中,突发性公共卫生危机的不确定性最为突出,尤其是在突发性的不明原因疾病导致疫情大暴发的公共卫生危机中,这种不确定性往往令人更加恐慌。如2015—2016年巴西寨卡(Zika)病毒疫情的一个决定性特征就是不确定性,全球健康不确定性、公共健康不确定性和临床不确定性在危机初期难以理清,很快,每一种不确定性都开始沿着不同的轨迹发展。② 由于几乎所有的一切都不确定,病毒的源头、临床症状、传播途径、传播范围、持续时间和生命危害程度都处于模糊状态,更加容易引发集体性的恐慌和失序行为。这对于政府应急部门的危机意义建构提出了新的挑战。社交媒体在公共卫生危机中对于舒缓公众紧张情绪、满足公众对危机信息需求等方面有积极作用。③ 因为社交媒体能提供易于使用、低成本和即时性的互动工具,可以帮助公共卫生专业人员在紧急情况下与目标人群接触,而且许多公共卫生部门都有专门和活跃的社交媒体,他们能利用这些媒体与公众进行交流。④ 早在2006年社交媒体刚刚兴起的时候,一些国家的疾控部门就已经把其运用到公共卫生的意义建构过程中。2009年甲型H1N1流感大范围暴发,社交媒体在意义建构中的作用得以充分体现,可以说是突发性公共卫

---

① See Zhan Xu *et al.*, Understanding Public Opinion in Different Disaster Stages: A Case Study of Hurricane Irma, *Internet Research*, Vol. 30, Iss. 2, 2019, pp. 695-709.

② See A. H. Kelly *et al.*, Uncertainty in Times of Medical Emergency: Knowledge Gaps and Structural Ignorance During the Brazilian Zika Crisis, *Social Science & Medicine*, Vol. 246, 2020.

③ 参见于燕枝:《公共卫生危机中的博客传播研究——以甲型H1N1流感事件为例》,载《新闻知识》2011年第12期。

④ See R. Thackeray, B. L. Neiger, A. K. Smith, & S. B. Van Wagenen, Adoption and Use of Social Media Among Public Health Departments, *BMC Public Health*, Vol. 12, Iss. 1, 2012, p. 242.

生危机中社交媒体运用的第一次集体亮相。虽然新闻和传统媒体依然是应急部门用来向受众提供最新情况、指导、关键信息和资源的主要工具,但社交媒体从一开始就是公共卫生危机回应的一部分。社交媒体可以向尽可能多的人提供及时的健康和风险信息,能够迅速提供信息和更新,向传统媒体渠道接触不到的人(如年轻人)定制信息和材料,让人们按需获取信息(如通过YouTube),及时从公众获得反馈。[①] 研究表明,在2009年甲型H1N1流感危机中,在众多提供相关建议和信息的人和组织中,尤其是在有影响力和感兴趣的社交媒体用户中,社交媒体有效地促进了信息和指导的一致性。[②] 在此后如涉及埃博拉病毒、炭疽病菌等几乎所有的重大突发性公共卫生危机中,社交媒体和移动技术在向组织和公众传播信息、消除不确定性方面发挥着越来越大的作用,当熟悉公众的医疗机构使用社交媒体信息时,以及基于风险传播原则(如基于解决方案的信息传递、整合视觉图像)的战略使用时,社交媒体的意义建构可能最为有效。各国疾控部门都将社交媒体平台视为战略健康传播的有效和必要途径,并把其视为公共卫生危机意义建构中的重要内容。

社交媒体正成为风险和危机沟通的主流场所,在公共卫生危机中,当信息来自政府组织如疾控中心时,公众遵从信息的意愿比来自用户生成的来源(如链接到Facebook上共享的博客文章)时更强烈,政府部门的社交媒体信息是最受欢迎的信息参考源。[③] 也就是说,公众对于政府部门的信息有更强的信任度,如何共享信息至关重要。政府部门有责任更好地运用社交媒体满足公众对信息的强烈需求。[④] 然而,在突发事件等高压力情况下,有效的信息传递和公共宣传对公共卫生危机沟通人员构成了重大挑战,他们必须制定战

[①] See Santosh Vijaykumar et al., Social Media and the Virality of Risk: The Risk Amplification Through Media Spread (RAMS) Model, *Journal of Homeland Security & Emergency Management*, Vol. 12, Iss. 3, 2015, pp. 653-677.

[②] See F. Smith, Using Social Media to Meet CDC's Mission: H1N1 Flu Response, https://www.yumpu.com/en/document/read/41333232/using-social-media-to-meet-cdcs-mission-h1n1-flu-response, visited on 2020-05-20.

[③] See Karen Freberg et al., Managing and Sharing H1N1 Crisis Information Using Social Media Bookmarking Services, *Public Relations Review*, Vol. 39, Iss. 3, 2013, pp. 178-184.

[④] See Karen Freberg, Intention to Comply with Crisis Messages Communicated via Social Media, *Public Relations Review*, Vol. 38, Iss. 3, 2012, pp. 416-421.

略,准确理解并描述风险并传播信息,而不能表现出过度自信或在公众中引起不适当的恐惧。① 这需要明确界定风险,制定沟通策略,不断提供新的信息,提高公众对个人风险和遵循官方指导的必要性的认识。危机应对部门需要通过社交媒体呈现有效的信息,在医疗保健提供者、机构和焦虑的公众之间建立一座桥梁。但问题在于,如果疾控部门等专业机构对于未知的病毒同样处于模糊的状态,在这种情况下如何提供有效的信息? 或者说,到底哪些信息才算是值得信任的? 健康信念模型(HBM)指出,一个人对健康行为的采用受一系列信念的影响,这些信念包括:他们是否易患疾病或面临健康风险(感知易感性);疾病的严重性(感知严重性);采取行动的难易程度和行动的帮助程度(感知障碍和感知利益)以及他们是否能够成功地执行推荐的健康行为(自我效能感)。② 公共卫生危机沟通人员应该帮助公众建立健康信念。

在专业实践人士看来,为了强化政府在突发性公共卫生危机中的意义建构角色,政府信息应该集中在几个方面:沟通必须成功地指导、告知和激励适当的自我保护行为,更新风险信息,建立对官员的信任和辟谣。③ 美国疾控中心(CDC)基于公共卫生危机沟通管理的实践,提出了"危机和应急风险沟通"(crisis and emergency risk communications,CERC)模型,把意义建构作为公共卫生危机沟通中的重要内容,并基于公共卫生危机和风险沟通在危机不同阶段的沟通重点和信息类型进行了较为详细的阐述。例如,在危机前阶段,应该强调风险提示信息、警告信息和危机准备方面的信息;在危机初始阶段,应该强调自我效能感信息、解释危机、表达共情、描述(已有)行动、承诺(将来)行动;在危机持续阶段,应该提供背景信息、解释危机演变情况、规避和应对谣言方面的信息;而在危机平息阶段,应该强调提醒防范、评估改进方面的

---

① See Jeanine P. D. Guidry et al., Ebola on Instagram and Twitter: How Health Organizations Address the Health Crisis in Their Social Media Engagement, *Public Relations Review*, Vol. 43, Iss. 3, 2017, pp. 477-486.

② See C. Z. Meadows et al., Twitter Message Types, Health Beliefs, and Vaccine Attitudes During the 2015 Measles Outbreak in California, *American Journal of Infection Control*, Vol. 47, Iss. 11, 2019, pp. 1314-1318.

③ See E. Vaughan and T. Tinker, Effective Health Risk Communication About Pandemic Influenza for Vulnerable Populations, *American Journal of Public Health*, Vol. 99, Iss. S2, 2009, pp. S324-S332.

信息。① CERC 模型已经成为被广泛接受的公共卫生危机沟通框架。2011年秋,美国 CDC 召集了一个由 CDC 传播者组成的专家小组会议,基于实践工作者和学者之间的高度共识、支持性的科学证据、广义的价值和有效性的具体过程,定义了"危机和突发事件风险信息"和"保护公众健康"这两个术语。该小组会议审查和综合了一系列关于公共卫生危机沟通情况的出版物,就专门涉及公共卫生危机传播内容的七个危机和紧急风险信息的"最佳实践"达成了共识。为了消除公共卫生危机中的不确定性,政府应急部门应该重点提供七个方面内容的信息,如图 6-3 所示。②

> （1）解释事件对人类健康的影响。
> （2）解释目前尚不清楚的对人类健康的威胁。
> （3）解释事件是如何或为什么发生的。
> （4）鼓励读者或观众采取行动,减少人身威胁。
> （5）表达对人类健康威胁的同情。
> （6）表达问责。
> （7）表达承诺。

图 6-3 公共卫生危机中政府应急部门的信息供给

细致地分析可以看出,这七种类型的信息都是单向性的信息,并没有特别强调社交媒体的环境,我们可以理解为,在公共卫生危机中,疾控中心等政府应急部门当然有责任、有义务充分运用社交媒体及时向公众传播这些信息。需要强调的是,社交媒体是一种交互性的、共享性的媒介工具,仅仅强调这几种类型信息显然没有充分发挥社交媒体的优势,因此在传播这些类型的信息的同时,如何回应公共卫生危机中公众的关切和质疑,也就是我们前面提到的众包和互动信息,以及如何有效地、快速地对社交媒体中出现的谣言进行呈现和回应,也就是管理谣言信息,同样非常重要。

---

① See CDC, Crisis and Emergency Risk Communications Introduction, https://emergency.cdc.gov/cerc/ppt/CERC_Introduction.pdf, visited on 2020-05-20.

② See J. Parmer *et al.*, Crisis and Emergency Risk Messaging in Mass Media News Stories: Is the Public Getting the Information They Need to Protect Their Health? *Health Communication*, Vol. 31, Iss. 10, 2016, pp. 1-8.

第二节 实证分析:新冠肺炎疫情中的地方政府社交媒体意义建构

2020年的开年之际,一场突如其来的新冠肺炎疫情突然暴发,其来势之凶猛、蔓延之态势,比2003年暴发的"非典"疫情有过之而无不及。早在2019年12月底,有关武汉发现新病毒的消息就在网上,特别是在社交媒体上流传,一时间引发舆情关注。2019年12月30日,武汉市卫健委发布了《关于做好不明原因肺炎救治工作的紧急通知》,确认武汉一些医院机构发现不明原因肺炎的病人。2020年1月18日,钟南山院士连夜赶往武汉的消息在各大媒体成为头条,这让大家感觉到事态的严重。1月20日,习近平总书记作出重要指示,指出要把人民群众生命安全和身体健康放在第一位,制订周密方案,组织各方力量开展防控,采取切实有效的措施,坚决遏制疫情蔓延的势头,标志着一场新冠肺炎疫情防控的战役全面打响。在此后的两个多月时间里,新冠肺炎疫情一直牵动着全国人民的心,并对人民的生命和健康造成了重大威胁。根据国家卫生健康委员会官方网站的信息,截至2020年3月31日24时,据31个省(自治区、直辖市)和新疆生产建设兵团报告,新冠肺炎累计确诊病例81554例,累计死亡病例3312例,其中湖北省累计确诊病例67802例,累计死亡病例3193例。① 经过两个月艰苦卓绝的努力,疫情防控已经取得了阶段性重大胜利,经济社会秩序逐渐恢复。

与以前不一样的是,在此次公共卫生危机事件中,微博、微信、今日头条、抖音等社交媒体扮演了重要的角色。一方面,相关信息往往是第一时间通过微信、微博等平台传播出来的,普通人通过社交媒体获得了有关疫情的动态化消息,通过移动程序交流想法、分享信息、寻求帮助、协助参与抗疫;但另一方面,在社交媒体环境中,"信息疫情"蔓延——各种正确的和不正确的信息在社交媒体上混杂,公众难以获得值得信任的资源和可仰赖的指导。一段时间里恐慌、不满和质疑等负面情绪充斥社交网络。在这种社交媒体环境中,各地方政府是如何运用社交媒体进行意义建构的?尤其是在社交媒体日益成为公共卫生危机沟通中重要因素的背景下,地方政府在此次疫情中运用社

---

① 资料来源:http://www.nhc.gov.cn/xcs/yqtb/202004/28668f987f3a4e58b1a2a75db60d8cf2.shtml,2020年6月20日访问。

交媒体消除危机带来的恐慌的表现如何？我们试图通过分析社交媒体中的地方政府信息类型，以分析此次疫情期间地方政府在意义建构中扮演的角色和能力。

一、资料收集

本研究以疫情期间省级政府和地级政府的新闻办官方微博为分析对象。之所以选择政府微博（新浪）而不是其他的社交媒体平台作为研究对象，是因为新浪微博依然是公共危机期间中国各级政府最常用的社交媒体平台。研究表明，微博的特征更适合公共危机期间的信息发布，在传递信息的真实性、为政府与公众之间对话打开了可能性。[①] 在中国，政府微博是最普遍、最常用的政务社交平台。从功能特征来说，微信更多的是一种私人交往的媒介工具，不太适合危机时刻广泛的公共信息传播，而抖音更多的是一种娱乐性短视频分享平台，今日头条尽管在信息分享和传播方面有很大的优势，但是用户群体规模受到一定的限制。而地级以上政府新闻办几乎都设立了微博账号，作为对外信息发布的重要平台。政府新闻办是专门的对外沟通机构，在承担日常性的对外信息发布和宣传职责的同时，更是在危机期间扮演着专门的和关键性的危机沟通角色。之所以不把县级政府新闻办纳入研究视野，主要是出于公共卫生危机沟通的专业性考虑的。突发性公共卫生事件应对需要更高层次的统筹和资源整合，更需要建立在非常权威的卫生医疗和心理等知识基础上，省级政府和地级政府层面无论是权威的专家人才还是权威信息、知识储备等相对来说无疑是合适的。另外，重要的原因是，不少县级政府新闻办并没有官方实名认证的微博，或者说微博运行维护长期缺位。从公共卫生这一专业的角度来说，以各省市的疾控中心为分析对象似乎是更加合适的，但事实是，在重大突发公共危机期间，在中国，政府新闻办是作为对外集中的、权威的信息沟通管道，疾控部门作为公益类的一级事业单位，更多的是提供业务性的、专业性的指导和参与应急工作。另外的原因是，本研究的对象是地方政府社交媒体的信息传播能力，但是搜索发现，地方疾控中心绝大部分并没有开通实名认证的社交媒体账号，不管是在抖音、今日头条还是在微博平台，如新浪微博显示，只有11个省的疾控中心有官方微博，而这11个

[①] See Mark Margaretten and Ivor Gaber, The Crisis in Public Communication and the Pursuit of Authenticity: An Analysis of the Twitter Feeds of Scottish MPs 2008-2010, *Parliamentary Affairs*, Vol. 67, Iss. 2, 2012, pp. 328-350.

微博只有 5 个在疫情期间发布了少量微博，难以展开深入的分析研究。

抽样依照疫情地图，以累计确诊病例数量体现的疫情严重程度排名为依据，从第 1 位开始，每间隔 5 位抽出 1 个省级政府，然后进入选中的样本省。考虑到工作量和样本的代表性，以省内疫情严重程度排名为依据，在排名前 5 的名单和排名后 5 的名单中分别随机抽取 1 个地级市。一共抽取出 6 个省级政府新闻办和 10 个地级政府新闻办微博（青海省出现确诊病例的西宁和海北两个地级市均没有新闻办微博），样本具体情况见表 6-2。以 2019 年 12 月 1 日到 2020 年 3 月 31 日整整 4 个月期间所发布的微博为分析单位。在剔除了不相关的微博以后，一共获得 14110 条有效信息。

表 6-2 本研究的样本情况

省级政府新闻办微博	粉丝数	疫情微博数
湖北发布	1870425	1651
江西发布	83875	1318
四川发布	6466109	1107
云南发布	5136673	1689
山西发布	345085	1261
青海发布	887446	392
地级政府新闻办微博	粉丝数	疫情微博数
武汉发布	3807196	2121
十堰发布	120230	98
南昌发布	1212308	625
赣州发布	115422	787
微甘孜	15713	153
绵阳发布	10662	812
昆明发布	761778	1281
丽江发布	64639	24
晋中发布	265284	499
临汾发布	63274	290

二、研究方法

本研究主要采用内容分析法，通过分析疫情期间样本新闻办微博所发布微博的信息内容来呈现政府在社交媒体危机建构中的表现。本研究从意义建构的角度对微博的内容进行类目创建。从危机建构的角度来说，问题、原因和方案是三个核心问题，政府对这三个问题的定义和解释对于影响公共认知、掌握危机事态具有关键性的作用。① 其中,"问题"是告诉公众到底发生了什么事情,"方案"是政府采取了或将采取什么措施加以应对,乔里·卡尔克曼(Jori Kalkman)把两者分别称为"情景意义建构"和"以行动为导向的意义建构";② "原因"则是解释为什么会导致危机的产生,我们可以称之为"责任归因的意义建构"。除此之外,著名危机管理学者西格等人认为,在高度不确定性的危机环境中,减轻危害的行为建议与减少风险和重建安全所需纠正措施的信息对于构建公众的行为选择有重要的影响,③尤其是在突发性公共卫生危机中一直强调公众采取行动方面的建议具有意义建构价值,我们称之为"行为促进的意义建构"。此外,正如侯光辉等人所认为的那样,情感是理解政治传播的重要视角,情感在获得社会支持和动员方面效能显著,把情感和认知维度共同纳入是非常必要的。④ 参照公共卫生"危机和应急风险沟通"模型和公共卫生危机沟通中的"最佳实践"建议,结合前期测试编码中发现的问题,我们对类目进行了修订,最终把微博信息内容分为六类:危机情境类、责任归因类、政府行为类、行为指导类、精神感召类和其他。具体编码内容见表 6-3 的说明。

表 6-3 基于意义建构的微博内容类目创建

类目名称	类别解释	举例
危机情境类 (到底发生了什么)	当前危机的程度、对健康和社会的危害	#情况通报#武汉市新冠肺炎疫情动态;本地每天可供应 N95 口罩 30 万只,保障 6 万多医护人员的防护需要;针对医学观察期一些人可能有虚弱、乏力、腹泻、腹胀甚至自觉发热等症状……
责任归因类 (为什么会发生)	解释已经发生的事情及其原因和责任	关于××小区疫情防控不力的有关情况的说明;刑释新冠肺炎确诊人员离汉抵京问题的调查

---

① 参见刘一弘:《危机管理的意义建构——基于"甲流"事件的政府话语分析》,载《公共管理学报》2017 年第 4 期。

② See Jori Kalkman, Sensemaking Questions in Crisis Response Teams, *Disaster Prevention & Management*, Vol. 28, Iss. 5, 2019, pp. 651–653.

③ See M. W. Seeger *et al.*, Media Use, Information Seeking, and Reported Needs in Post Crisis Contexts, in B. S. Greenberg (ed.), *Communication and Terrorism: Public and Media Responses to 9/11*, Hampton Press, 2002, pp. 53–63.

④ 参见侯光辉等:《框架、情感与归责:焦点事件在政治话语中的意义建构》,载《公共管理学报》2019 年第 3 期。

第六章　应对不确定性:地方政府在社交媒体中的危机意义建构

（续表）

类目名称	类别解释	举例
政府行为类（政府做了和将会做什么）	政府已经采取或将要采取的措施，政府的态度、决心和部署，政府的责任和担当	商务厅近日采取四项保供举措，规范市场秩序，稳住武汉市民的"菜篮子""米袋子"；近期将给困难群众再增发价格补贴；决不能拖泥带水、犹豫不决，坚决果断遏制特殊场所疫情的发生
行为指导类（公众应该怎样做）	公众如何保护自己，如何调整生活和工作方式，个人和组织如何配合疫情防控工作，包括正面的指导和反面的惩戒	专家介绍正确的口罩佩戴方法；《抗击新型冠状病毒肺炎公众健康管理手册》线上免费看；《武汉最全社区团购攻略来了！除了蔬菜，还有鲜肉、热干面、日用品……》等文章发布
精神感召类（以什么样的心态和精神面对）	抗疫中的感人故事，积极、乐观、向上的精神面貌；对受疫情影响的个人和组织心理上的理解、慰问与支持等	《感动！这群厦门"白衣天使"对病人像亲人》《硬核鼓励！武汉舰官兵为武汉加油》《外卖小哥、小学教师……他们走上国新办发布会！他们是最闪亮的星》等
其他	上面5种类型之外的信息	今天下午1:30将举行新闻发布会；疫情期间天气预报

另外，为了考察地方政府在危机中意义建构的连续性和动态性表现，更好地反映不同危机阶段的信息呈现，本研究还把所有的微博经过的危机阶段进行编码，参照斯特奇斯的危机三阶段划分方法，把2019年12月1日到2020年1月19日定为危机潜伏期；①把2020年1月20日到2月17日定为危机演化期（根据相关数据统计，现有病例数2月17日达到峰值之后开始减少，疫情开始缓慢消退）；把2020年2月18日到3月31日定为危机消退期。同时，把所有微博都划分为"单向性信息"和"回应性信息"两类，并依照信息来源把所有微博划分为"原创"和"转发"。两类编码工作是由两位行政管理专业的硕士生完成的。在正式编码之前，我们抽取了样本之外的内容进行了编码检测，两位编码员在编码的一致性方面达到了90.2%，对其中一些分歧的地方进行了讨论沟通，最后达成共识。所有数据导入SPSS软件。

---

① 2020年1月20日，钟南山院士在接受媒体采访时表示，新冠病毒存在人传人的现象。从公共危机意义建构的角度来说，这标志着一场公共危机被正式确认，各级政府开始严阵以待。在此之前更多的只是一些非正式的消息传闻，因此把2019年12月1日到2020年1月19日视为危机潜伏期。

三、分析结果

总体来说，在疫情期间，地方政府运用社交媒体进行信息发布的活跃度还是比较高的，省级政府新闻办微博平均发布的微博数为1236.33条，以120天计算，平均每天发布数量超过10.3条；地级政府新闻办微博平均发布的微博数为669条，平均每天发布量超过5.7条。特别在2020年1月20日之后，有关疫情的信息呈现集中发布的态势，在疫情关键时期，地方政府新闻办微博的信息非常集中，大部分新闻办微博发布的微博数平均每天都超过30条。当然，从标准差可以看出，不管是省级政府还是地级政府新闻办，所发微博的数量都呈现出非常大的离散性，省级政府新闻办所发微博数最多的达到1689条，而最少的不到400条。同样，地级政府新闻办所发微博数最多的高达2000多条，而最少的只有20多条。从政府层级来看，数据表明，省级政府和地级政府新闻办的平均疫情微博数并没有呈现出统计意义上特别明显的差异性（见表6-4）。

表 6-4 政府新闻办疫情微博基本情况

	N	均值	标准差	标准误	均值的95%置信区间		极小值	极大值
					下限	上限		
省级	6	1236.33	471.966	192.679	741.04	1731.63	392	1689
地级	10	669.00	641.181	202.759	210.33	1127.67	24	2121
总数	16	881.75	633.550	158.387	544.16	1219.34	24	2121

注：$F=3.51$，$p=0.082>0.05$。

1. 信息类型的基本情况

表6-5对新冠肺炎疫情中政府在微博中的信息进行了简单的呈现。从表中可以看出，危机情境类信息在所有信息中占有最大的比例，高达51.8%，也就是说超过半数以上的信息都是关于危机情境类的信息。地方政府通过大量的信息呈现试图告知公众到底发生了什么，以及我们所面临的新的疫情对我们到底意味着什么。这些信息具体可以分为几个方面：一是本地疫情发展的基本情况。这类信息在情境信息中占有的比例最大。危机发生后，地方政府在微博上几乎每天都在更新关于本地新增确诊病例、累计确诊病例、疑似病例、危重症病例、死亡病例和治愈病例，集中隔离观察、解除隔离观察、追

踪密切接触者等情况,对确诊病例的行动路线、活动范围进行梳理、呈现。二是新冠病毒的危害。包括对人体的危害(如引发肺炎、死亡率等)、易感染人群、症状表现(发烧、咳嗽、胸闷)、病毒的特性、病毒的生存环境和发病病理,以及受疫情影响的生活、生产的相关情况等。三是相关资源的分布和准备情况。包括本地定点收治医院、定点隔离机构名单、相关的联系方式和交通方式,口罩、防护服、测温仪等医用应急物资筹集情况和基本生活物资的相关情况,各地专业医疗队伍的基本情况等。超过半数比例的危机情境类信息不断强化和刺激着公众对危机的认知和理解,地方政府很显然采取了一种构建严重性的策略,也就是有意识地强调当前所面临的巨大风险,从而让更多的人重视并参与进来。①

表 6-5 疫情信息类型基本情况

		频率	百分比	有效百分比	累积百分比
有效	危机情境类	7302	51.8	51.8	51.8
	行为指导类	2702	19.1	19.1	70.9
	责任归因类	277	2.0	2.0	72.9
	政府行为类	2017	14.3	14.3	87.2
	精神感召类	1440	10.2	10.2	97.4
	其他	372	2.6	2.6	100.0
	合计	14110	100.0	100.0	

行为指导类的信息占总比例的 19.1%。这些信息涉及疫情期间个人防护、日常生活工作方式调整、疫情防控等。具体包括以下几个方面:一是日常生活和工作中如何有效地进行个人防范。这类信息提示和指导人们如何采取有效措施保护自己的安全,以及遇到某些具体情况后应该采取怎样的应对措施。疾控中心、医学专家以及一线的防疫抗疫医生通过大量生动的漫画、视频、图片和现身说法,告诉公众佩戴口罩的重要性,以及如何选用合适的口罩、如何正确佩戴口罩。另外,还有一些信息是关于日常生活和工作中如何安全做好基本的卫生防疫,如何在公共场所保持安全的行为模式,并通过朗朗上口的顺口溜在微博中不断地呈现,如"戴口罩、勤洗手、多通风、少聚集"等;还有针对特殊人群的行为指导,这些特殊人群包括疑似病例患者、易感人

---

① See D. Rochefort and R. W. Cobb, *The Politics of Problem Definition: Shaping the Policy Agenda*, University Press of Kansas, 1994, p.178.

群等如何进行自我判断,如何就医,如何进行特殊的防护。二是如何有效配合和遵守政府、社区和相关组织的抗疫行动和管制措施。有相当一部分的微博内容是关于政府、社区和相关组织所发布的各类抗疫措施以及公众应该注意和配合的各类事项。如疫情期间火车站、机场、农贸市场等公共场所的体温监测和佩戴口罩的要求,社会交往方面的新的规范要求,包括禁止聚集、访亲拜友,居家隔离要求等。这些信息以"禁令""通告"等形式呈现出来。对于一些违反相关规定的行为,如散布谣言、不配合管控措施等,相关的惩罚结果等信息也起到了警示、促进行为规范的作用。三是有关疫情期间生活方式和工作方式调整方面的行为指导。包括居家隔离期间的心情调整、居家锻炼、居家购物等。特别是疫情期间不少政府机构和与公众密切相关的组织发布了不少业务办理方式的调整和指导信息。四是针对相关组织的行为指导。一些信息针对学校、社区、企业等组织在疫情期间的行为进行了规范和指导,如如何进行消毒、组织体温监测,如何复工复查,学校在疫情期间如何强化对学生的管理,如何组织在线网课,以及在什么情况下复学,如何做好复学相关工作,还有社区如何进行疫情防控等。

  与不少危机建构所倡导的应该将"为什么发生"视为核心问题不同的是,在新冠肺炎疫情中,地方政府在运用社交媒体中并没有把其作为一个重要问题来看待。统计表明,责任归因类的信息只占 1.9%。少数责任归因类的信息仅仅只是对当地疫情防控中出现的问题进行了简单的说明。政府行为类的信息占比 14.3%。政府在抗疫中的责任、担当在微博中得到了充分呈现,大量微博以新闻报道的形式,图文并茂地呈现本级政府或上级政府在疫情防控方面负责任的态度、高效的行动能力和强有力的决心;同时,政府对未来疫情防控以及经济社会等各方面将采取的措施和承诺也得到呈现,如对受到疫情影响的中小企业的税收调整、政策帮扶,对相关规定期限的后延等。精神感召类的信息占比 10.2%,不少地方政府新闻办微博中有相当比例的信息呈现了抗疫期间各类感人事迹、感人瞬间。如抗疫一线医务人员忘我、不畏牺牲的抗疫故事,一线社区抗疫人员、警察、党员干部等在抗疫中的使命担当,默默奉献的、积极配合参与抗疫的普通民众的感人故事,以及一些令人热血沸腾的主题歌曲等。

  以上五种类型的信息占比之和为 97.4%,剩下的一些信息主要是新闻办微博所发布的活动预告类的信息,如新闻发布会的召开时间、邀请的专家信息等,占比只有 2.6%。

表 6-6 不同层级政府新闻办与信息类型的交叉表

政府层级			信息类型						合计
			危机情境类	行为指导类	责任归因类	政府行为类	精神感召类	其他	
	地级	计数	3112	1176	79	951	706	113	6137
		百分比	50.7%	19.2%	1.3%	15.5%	11.5%	1.8%	100.0%
	省级	计数	4190	1526	198	1066	734	259	7973
		百分比	52.6%	19.1%	2.5%	13.4%	9.2%	3.2%	100.0%
合计		计数	7302	2702	277	2017	1440	372	14110
		百分比	51.8%	19.1%	2.0%	14.3%	10.2%	2.6%	100.0%

注:$df=6,x^2=34.540,p=0.000$。

表 6-6 是省级政府新闻办和地级政府新闻办微博不同信息类型的比较。危机情境类、行为指导类、责任归因类、政府行为类、精神感召类、其他六类信息在地级政府新闻办微博中的比例分别是 50.7%、19.2%、1.3%、15.5%、11.5% 和 1.8%,而在省级政府新闻办微博中的比例则分别是 52.6%、19.1%、2.5%、13.4%、9.2% 和 3.2%。相对来说,省级政府新闻办微博中的危机情境类比例比地级政府新闻办要高,而地级政府新闻办微博中的政府行为类和精神感召类信息比省级政府新闻办要高。但是,就几种类型的信息比例分布情况来说,两个层级的政府新闻办微博呈现出较强的一致性。

2. 不同危机阶段的社交媒体信息

为了更好地呈现疫情期间在不同危机阶段地方政府在社交媒体上所发布信息的变化,我们从时间的维度进一步分析新闻办微博信息类型。我们根据之前对新冠肺炎疫情的危机阶段划分,呈现危机潜伏期、危机演化期和危机消退期三个不同阶段的信息类型。结果如表 6-7 所示,从信息总量上来说,在 2020 年 1 月 20 日之前,相关的信息量与后面的两个阶段差距非常大,只有 64 条相关信息,全部集中在处于"震中"的"@湖北发布"和"@武汉发布"两个样本微博。最早的有关疫情的微博是 2019 年 12 月 31 日,两个微博同时发布了关于国家卫健委专家组抵达武汉,就出现的新型肺炎展开调查的信息,同一天发布了调查结果的信息通报。此后到 2020 年 1 月 19 日,两个微博陆续发布了相关的信息,主要包括:一是危机情境类信息,主要是新型肺炎调查进展情况,对所发现的疑似新型肺炎病患者的确诊数量、症状表现、治疗效果、病例来源背景、传染性特征等,这一类信息占这一阶段总数的81.3%。二是行为指导类信息。防范类的措施包括如何戴口罩、如何采取防范措施以及对相关疑问的解释,这类信息占12.5%。除此之外,几条微博也表达了政府在应对新型肺炎危机方面的责任和承诺。很显然,在1月20日之前,有关新型肺炎的风险并没有得到其他地方政府足够的重视。1月20日,国家卫健委党组召开会议,传达学习贯彻习近平总书记关于新冠病毒感染的肺炎疫情的重要指示精神、李克强总理批示要求,贯彻落实国务院防控工作有关会议决策部署,研究落实工作。此后,有关疫情的信息成为各个地方政府新闻办微博中最重要的内容,在一些疫情比较严重的地区,在疫情比较严峻的时期,几乎所有的信息都是有关疫情方面的。

表6-7 危机阶段与信息类型的交叉列表

			信息类型						合计
			危机情境类	行为指导类	责任归因类	政府行为类	精神感召类	其他	
时间段	消退期	计数	3480	1253	376	1117	790	72	7088
		百分比	49.1%	17.7%	5.3%	15.8%	11.1%	1.0%	100.0%
	演化期	计数	3769	1440	140	897	649	61	6958
		百分比	54.2%	20.7%	2.0%	12.9%	9.3%	0.9%	100.0%
	潜伏期	计数	52	8	0	3	1	0	64
		百分比	81.3%	12.5%	0.0%	4.7%	1.6%	0.0%	100.1%
合计		计数	7301	2701	516	2017	1440	133	14110

注:$df=10$, $x^2=196.708$, $p=0.000$。由于四舍五入的原因,部分项目百分比加总存在不等于100%的情况。

从表中可以看出,在三个阶段中,危机情境类、行为指导类的信息都占据主导。危机演化期内危机情境类、行为指导类、责任归因类、政府行为类、精神感召类和其他的比例分别为54.2%、20.7%、2.0%、12.9%、9.3%和0.9%,而在危机消退期,这一比例分别是49.1%、17.7%、5.3%、15.8%、11.1%和1.0%。可以看出,在演化期,危机情境类、行为指导类的信息比例要比消退期相应的信息类型比例要高;而政府行为类和精神感召类信息比例则是消退期比演化期要高,分别高出2.9%和1.8%。

为了更好地呈现疫情期间地方政府社交媒体不同类型信息的变化情况,我们以可视化的图形进行了进一步的展示,见图6-4。从图中可以看出,不同类型信息的变化趋势存在着差异。危机情境类的信息量进入演化期后迅速出现飙升趋势,到 2020 年 2 月中旬的时候达到顶峰,此后呈现明显的下降趋势,但依然属于比例最高的信息类型。行为指导类的信息总体增长比较平缓,与危机情境类信息不同的是,行为指导类的信息在 2020 年 1 月底 2 月初的时候就达到顶峰,此后呈现下降趋势,但是下降的趋势明显比危机情境类信息的下降趋势缓和很多。这种演化趋势可以从突发性公共卫生危机中公众的信息需求加以解释。正如我们前面所分析的,突发性公共卫生危机发生后,公众最关心的是两个方面的问题:一是到底发生了什么;二是"我"该怎么办。公众需要清晰地了解当前的局势,面对未知的新病毒,公众迫切地想要知道新病毒所带来的危害和公众所面临的风险,以及面对这种风险应该采取怎样的有效行为免于受到伤害,公众对危机情境类和行为指导类的信息有着强烈的需求,政府必须及时提供准确的信息,以使公众了解事情的真相,并指导公众采取预防措施或避免可能使他们处于危险中的行为,有效避免因为信息不透明产生的恐慌情绪。在危机沟通中使用不准确的信息会产生一些负面后果。同时,发布不正确的信息还会进一步削弱公众对有关公共当局的信任,降低它们在未来危机中的有效应对能力。[①] 另外,如果缺少指导类的信息或者发布不正确的指导信息,同样会产生新的风险。而行为指导类的信息之所以随着危机进入消退期下降的趋势相对比较平缓,是因为随着疫情基本控制,并明显好转,公众对如复工复产、生活和学习方面的行动指导同样有着较强的需求。

相比较而言,政府行为类和精神感召类的信息随着疫情危机进入消退期并没有呈现明显下降的趋势,精神感召类的信息在危机消退期还呈现小幅上扬的趋势。实际上,随着各地疫情的逐渐控制,一些地方甚至在 2 月初本地确诊病例就已经清零,也无新增确诊病例,公众对疫情本身基本不太担心,但是新的问题依然摆在面前,那就是未来工作、生活、学习安排因为受到疫情影响可能面临的困境,对于疫情管控措施何时结束等问题依然充满着焦虑和担忧,因此,在危机消退期,不少关于精神感召和政府行为类的信息是针对这些焦虑和担忧的。而精神感召类的信息呈现小幅上扬是因为随着各地援鄂医

[①] See Paul Quinn, Crisis Communication in Public Health Emergencies: The Limits of "Legal Control" and the Risks for Harmful Outcomes in a Digital Age, *Life Sciences, Society and Policy*, Vol. 14, Iss. 4, 2018, pp. 1-40.

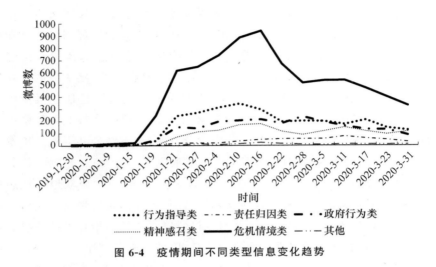

图 6-4 疫情期间不同类型信息变化趋势

疗队由于疫情压力大大缓解,纷纷回到原工作地,有关医疗队凯旋的感人瞬间的内容明显增多。

3. 信息的权威性与回应性

在突发性公共卫生危机期间,信息的权威性、可靠性对于消除不确定性意义重大。社交媒体作为一个互动性的、分享性的媒介工具,在实现多元化的信息来源和有效的信息跟随的同时,也带来了权威性、可靠性的困境。官方的社交媒体信息成为公众仰赖的重要的信息来源,最重要的原因在于其权威性和准确性。因此,公共危机应急部门应该检查所发布的社交媒体信息的准确性,诚实回答问题;与可靠的消息来源分享信息。其中检查所有信息的准确性尤其重要,因为共享和转发不准确信息不仅使组织看起来不专业,损害组织的声誉,并可能在危机期间造成公众健康、安全和环境的损害。[①] 我们主要从信息的来源来分析新冠肺炎疫情期间地方政府在社交媒体上所发信息的权威性。表 6-8 列出了疫情期间各地新闻办微博所发信息的原创和转发情况。可以看出,不管是省级政府新闻办还是地级政府新闻办,都有六成以上的信息是转发过来的,原创性的微博所占比例均没有超过四成。在原创

---

① See S. R. Veil, T. Buehner, & M. J. Palenchar, A Work-In-Process Literature Review: Incorporating Social Media in Risk and Crisis Communication, *Journal of Contingencies and Crisis Management*, Vol. 19, Iss. 2, 2011, pp. 110-122.

性的微博中,内容主要包括以下几个方面:一是本级政府新闻发布会的内容。不少微博对每次新闻发布会的内容以微博文字或视频直播的方式同步呈现。二是本地疫情发展的相关数据。三是本级政府的相关公告。由于这些信息都是直接来源于本级政府官方部门的权威资料,可靠性自然比较高。

表 6-8 信息来源与政府层级的交叉列表

			政府层级		合计
			地级	省级	
信息来源	原创	计数	2354	3083	5437
		百分比	37.9%	39.0%	38.5%
	转发	计数	3853	4820	8673
		百分比	62.1%	61.0%	61.5%
合计		计数	6207	7903	14110
		百分比	100.0%	100.0%	100.0%

注:$x^2=1.730$,$p=0.188$。

对于超过 60% 的转发性微博,我们对其转发的来源进行了分析,结果发现,总体上可以把信息来源分为如下几类(如图 6-5):一是政府内部信息,占 55.05%,包括本级政府和各个部门如交通管理部门、卫健委、公安局、教育局、民政局等有关疫情方面的有关措施与相关工作调整等;也包括上级政府及相关部门如省级政府或国务院及相关部门有关疫情的情况通报和抗疫工作部署,疫情通报不少是直接转发各所辖市、区、县政府微博。二是大众媒体的官方微博或网页链接,这一来源的信息占比 41.41%,不少新闻办微博内容直接转发包括报纸、电视台的官方微博,或者提供电视、报纸相关内容的视频、网页链接。这些微博的内容主要涉及疫情新闻报道、专家采访、励志性的歌曲和短视频。三是事业单位和公益性组织的信息,占比较低,为 3.44%。事业单位主要是疾控中心和医院,转发疾控中心的微博主要涉及有关疫情的指导性建议和对病毒的认知、解释。一些定点医院如湖北的武汉市中心医院、武汉协和医院,以及四川华西医院等在疫情期间所发布的患者收治、医疗队援助等情况也成为新闻办微博转载的来源之一。典型的是"@武汉协和医院"在 2020 年 1 月 31 日发布的"协和医院西院自制口罩及塑料袋充作防护服"的辟谣微博被广为转发。在这几种信息来源之外,其他来源的信息非常少,尤其是几乎没有来自社会微博的信息。

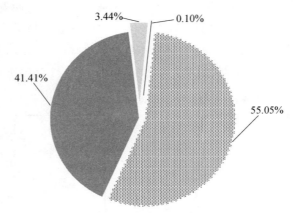

图 6-5 新闻办转发性微博来源结构

从信息来源的角度来说，可以看出，地方政府新闻办的微博信息最终都是要么来自政府部门，要么来自传统媒体，要么来自准行政化的事业单位。政府部门作为疫情防控的直接管理者、指挥者，掌握着疫情防控相关的大量一手的、权威的信息；而疾控中心作为专业的卫生疾病防控组织，代表着卫生防疫方面的最权威可靠的信息；医院作为治疗一线参与者和见证者，在信息的权威性方面同样比较高。

表 6-9 不同方向信息类型统计

		频率	百分比	有效百分比	累积百分比
有效	单向性信息	13723	97.3	97.3	97.3
	回应性信息	386	2.7	2.7	100.0
	合计	14109	100.0	100.0	

理想情况下，政府可以在公共危机中使用社交媒体来促进在线对话和协调风险降低活动。这种方式与传统的政府单向信息发布形成对比，后者限制了政府机构与公众互动的程度。政府机构在危机中同样可以使用社交媒体寻求直接与公众和其他机构接触，以便解决问题。[①] 在新冠肺炎疫情中，如表

---

① See D. C. Brabham, The Four Urban Governance Problem Types Suitable for Crowdsourcing Citizen Participation, in C. N. Silva (ed.), *Citizen E-Participation in Urban Governance: Crowdsourcing and Collaborative Creativity*, IGI Global, 2013, pp. 50-68.

6-9所示,统计表明,政府新闻办微博信息从方向的角度来说,97.3%的信息属于单向性信息,也就是属于传统大众媒体时代政府对受众的以我为主的信息传递方式,只有2.7%的信息属于回应性信息。针对疫情期间公众的疑问和关心的问题,一些新闻办通过微博进行了某种形式的回应,通常是以@新闻媒体和其他机构微博的形式,就相关的报道进行回应。另外,辟谣性的微博也属于回应性微博。除此之外,几乎没有其他任何形式的双向互动,社交媒体在危机中的众包功能也基本上被集体忽略。这可能与新闻办本身的定位有关,新闻办是政府权威信息的发布机构,在危机期间,更强调的是政府信息的权威性发布,而不是危机的双向性沟通机构。实际上,在新冠肺炎疫情中,各地政府主要是通过新闻发布会的形式,就公众关心的一些问题和疑问邀请相关部门的负责人和专家进行集体回应和解释。

第三节 地方政府社交媒体危机意义建构的特征与反思

通过对疫情期间地方政府新闻办微博的分析可以看出,在整个疫情期间,各地方政府总体上还是比较主动运用社交媒体不断地影响和强化公众对危机的认知和理解,强化自身的意义给赋功能。从2019年年底开始,有关疫情的信息就在地方政府的微博中得到清晰的呈现。疫情的信息供给与疫情的本身发展总体保持了较好的适应性和匹配度。从信息类型上看,在我国突发性公共卫生危机中,面对高度不确定性的状态,地方政府通过社交媒体所呈现的最重要的信息是危机情境类、行为指导类、政府行为类和精神感召类四类,危机情境类和行为指导类信息一直主导了疫情期间政府在社交媒体上的信息形式,政府新闻办不遗余力地通过社交媒体传递大量的有关当前危机情况以及指导人们如何进行有效防护和行为调整方面的信息,这总体上符合突发性公共危机期间政府在危机意义建构中应该扮演的角色的主张。我们也发现,与之前相关研究所不同的是,不管是在疫情最严峻的时期还是在疫情逐渐消退的阶段,精神感召类的信息在疫情期间的政府微博中一直占有10%左右的比例,地方政府通过社交媒体讲述积极向上、感人、励志的抗疫故事。与此同时,与不少学者和实践者强调应该发挥社交媒体在危机中的交互性、众包意义建构功能不同,地方政府在社交媒体上的信息呈现依然是传统意义上的单向性意义建构方式,也就是说,社交媒体在突发性公共卫生危机中是作为一个政府信息发布的平台,而不是双向危机沟通的平台。如何看待我国突发性公共卫生危机中地方政府在社交媒体信息呈现方面的这些异同?如何看待这种异同对于应对这种危机中的价值、意义或不足?透过这种社交媒体进行意义建构方式的分析,能够更好地透视政府的抗疫行为和行为逻辑,有助于深刻地理解我国突发性公共卫生危机中地方政府社交媒体的应对模式及其效果。

一、明确而清晰的危机情境定义

从危机意义建构的时间维度看,地方政府通过社交媒体对公众就新冠肺炎疫情危机公开的意义建构早在 2019 年 12 月 30 日就开始了,作为新冠病毒最早发现地的官方微博"@武汉发布"和"@湖北发布"就连续发布了相关信息。从意义建构过程来说,当然是越早介入越好,当组织感知并理解上升的风险指标时,它们可能会采取行动来减少不确定性,减轻或避免负面结果。信号提高了公众对风险增加的认识。这些信号可以表现为新闻报道、来自科学家的警告、活动人士的参与、政府监管机构或同龄人与家人之间的交流。[1] 如果注意到并理解了风险信号,建立明确而清晰的危机情境定义,可能会促使组织采取纠正措施。未能识别和应对风险指标可能会导致危机管理者忽视即将到来的危机的重要预警信号。塞尔瑙(T. L. Sellnow)和西格认为,"危机的发展包括未能识别、接收或处理威胁信号"[2]。识别和响应风险信号的能力对于寻求维持或恢复组织正常功能的战略沟通者来说是至关重要的。但是,这些信号通常很弱,很难被注意到,也很难被解释。[3] 面对新的未知的病毒,由于信息的有限性、对信息确认过程的渐进性以及专业病理的解释和不同机构之间沟通和协调的复杂性,涉及专业知识的判断和科学的认证过程,因此很难在短时间内形成明确统一的认知。从"@武汉发布"和"@湖北发布"的微博来看,2020 年 1 月 20 日之前基本上属于我们前面提到的政府内

---

[1] See Roger. E. Kasperson *et al.*, The Social Amplification of Risk: A Conceptual Framework, *Risk Analysis*, Vol. 8, Iss. 2, 1988, pp. 177-187.

[2] T. L. Sellnow & M. W. Seeger, *Theorizing Crisis Communication*, Wiley-Blackwell, 2013, p. 50.

[3] See W. D. Nowling and M. W. Seeger, Sensemaking and Crisis Revisited: The Failure of Sensemaking During the Flint Water Crisis, *Journal of Applied Communication Research*, Vol. 48, Iss. 2, 2020, pp. 270-289.

部的意义建构过程,在一过程中,微博内容呈现出地方政府、地方卫健委、疾控部门、医院和上级主管部门、高级别专家组围绕新出现的肺炎病毒进行不断的沟通、鉴定和深化认知,经过临床医学、流行病学、病毒学专家会诊,最终对其危害、传染性、传染途径、发病症状等加以确认,形成统一的认识,不断地从情境或环境中的信号里提取意义,并从中提取解释,从而完成了内部意义建构过程。当然,这种意义建构在以后的新的线索和互动过程中不断地持续和修正。

在政府内部实现了对新病毒的统一性理解和认知后,政府迅速地实现对公众的意义给赋的角色转换,面对在此之前流传的各种不确定性信息带来的猜疑和一定程度上的恐慌,自1月20日开始,各地政府新闻办微博有关新冠病毒的信息集中、大规模呈现,这些信息传递出非常明确而清晰的有关病毒的说明和解释,包括症状表现(发烧、咳嗽、胸闷)、对人体的危害(如引发肺炎、死亡率等)、传播途径(直接传播、气溶胶传播、接触传播)以及易感染人群等等,包括本地死亡病例、确诊病例等,不断强化公众对新冠病毒的认知,在公众头脑中描述出一张清晰的危机和病毒图景。面对这种病毒,地方政府通过引用专家和专门组织的建议,不断强调公众应该采取个人防范的重要性,不断发布有关措施,包括口罩佩戴、居家隔离、物理安全距离、出行安全的建议信息。从不同危机阶段危机情境类信息和行为指导类信息一直占据主导地位可以充分地印证这点。与1月20日之前相对不确定、模糊的信息不同,这些信息在内容上非常明确而具体。地方政府通过社交媒体实现了非常清晰的意义建构,这对突发性公共危机期间,尤其是在早期处于恐慌状态的公众来说尤为重要,这种清晰而明确的意义建构使得公众对危机的状态和对病毒的理解有了非常具体、确定的认知。这种清晰的、明确的意义给赋对于引导公众的行为起到了积极的作用。所有的网民都可以第一时间、每天从政府部门获得确切的信息,并得到具体的行动指导,所有人都了解到病毒传播的路径,认识到病毒的危害,主动做好各项防护措施,在正值春运高峰期的时候,自觉佩戴口罩,做好日常消毒和物理隔离。

二、基于政府行为的意义建构和形象树立

行动是呈现某种意识的一种手段。从公众的角度来说,政府对危机的定义和理解不仅仅体现在对危机状态语言上的描述和解释,还在于政府在危机

发生后所采取的措施和态度。从某种意义上说,在危机应对中表现出来的负责的态度和有力的措施可以强化政府自身对危机的意义建构,而当语言描述和行动不一致的时候,很容易让公众产生迷茫。比如,在危机中,当对所处的危机描述得非常严重,但是在行动方面却表现得让人感觉无所谓或行动迟缓、应对敷衍,会让人产生错误的认知:危机真的如政府所描述得那么严重吗?政府真的尽力了吗?因此,政府言行一致有利于强化公众对危机的认知和理解。事实上,很多时候,做什么比说什么更能传递出强烈的信息。同时,政府在危机中不断凸显的自身责任和在危机应对方面的行动力能够更加有效地给公众传递信心与希望。依照危机意义建构理论,危机线索和信息的呈现,不仅满足了人们对信息的需求,使他们对当前形势有了一个真实的了解,而且也增加了他们对未来信息的关注,并可以恢复他们对当局的信心。危机发生后,人们可能想要听到的是,有一个权威和控制系统正在采取适当的行动。① 这种责任呈现同时有效地建构着公众对政府形象的正面感知。

在新冠肺炎疫情应对中,政府新闻办微博上所呈现的比例不小的有关政府负责任的形象以及迅速、果断和强有力的应对措施,无疑强化了公众对当前危机的认知。习近平总书记对新冠肺炎疫情作出的重要指示和李克强总理的重要批示,呈现了最高决策层对新冠肺炎疫情的高度重视和重大决心。批示往往就是领导对于议题的紧急和优先性的判断,无论过去、现在都是中国各级领导工作的重要方式。一旦被领导批示就意味着该事务受到了领导的重视,就需要投入超过一般事务的资源来进行处理。② 最高领导层的指示和批示无疑让普通公众意识到了新冠肺炎疫情的严重性,这一行为本身就是对当前危机最强烈的意义建构。而在整个疫情期间,地方政府新闻办微博的不少内容都积极地呈现了政府在抗疫方面强有力的应对行为,包括第一时间成立以省市行政首长为组长的疫情应对指挥部,连夜召开专题会议、视频会议,连续发布重要公告,全体动员,全面部署各项防控管制措施,协调各方面资源,做好各项保障工作,成立特别监督小组,现场督促,现场整改,各级领导亲临疫情防控第一线,对违反相关防控规定或防控处置不力的党政干部进行

---

① See Orla Vigsø and Tomas Odén, The Dynamics of Sensemaking and Information Seeking in a Crisis Situation, *Nordicom Review*, Vol. 37, Iss. 1, 2016, pp. 71-84.
② 参见陶鹏、初春:《府际结构下领导注意力的议题分配与优先:基于公开批示的分析》,载《公共行政评论》2020 年第 1 期。

强有力的问责等。所有这些信息都在微博上被充分地呈现出来,建构着政府作为负责任的和严肃的危机应对者的态度和形象。这种政府行为的展示与政府对危机的解释和当前情势的描述相互呼应、相互建构和强化了公众对危机的理解框架,对于消除公众内心的恐慌有着积极的正面影响,从而有效地建构着公众在危机中的安全感。当然,对于在公众心目中树立政府的正面形象也有积极的意义。

三、组织化的政府动员与行为促进

从政府与公众的角度来说,政府在危机中的意义建构目的是帮助公众建立更加清晰而明确的认知,让人们理解某种危机情况并采取适当行动,促进公众采取有效的应对方法。政府对危机情境的解释和对危机风险的认知本身就蕴含着行为促进的意义建构,但是来自政府的直接的行为建议和指导性的信息更能让公众明确自己的行为选择。不过,意义建构中的信息来源往往是多元化的,不同的主体面对未知的不确定状态往往会产生相互矛盾或不一致的认知,以及在此基础上的差异化的行为指导建议,因为信息在政府和其他的政治设置中是一个通用的重要权力,有时信息被作为一种奖励或者支持的象征,有时则被当成惩罚或者使潜在的对手中立化的手段。这种不一致可能会导致危机形势下对信息解释的歪曲,有时甚至会导致灾难性的后果。① 例如,对于新冠病毒感染性和传播途径的不同认知可能会形成不同的保护建议,最典型的例子就是需要佩戴口罩还是不用佩戴口罩。不同的甚至是对立的建议会让公众不知所措。意义建构是一个交互式的社会过程,人们在这个过程中收集和比较信息并进行解释,以便就如何对相关情况进行分类和决定采取(或不采取)何种行动达成某种共识。② 一致性的组织化信息会使公众形成集体认知,并在此基础上形成集体一致的行为倾向。

深入分析疫情期间各地政府新闻办的微博信息内容可以发现,地方政府在社交媒体上呈现出明显的自上而下的组织化动员特征,使得信息之间呈现出高度的一致性和互补性。来自上级政府、不同政府部门以及疾控中心和医

---

① 参见〔荷兰〕阿金·伯恩等:《危机管理政治学——压力之下的公共领导能力》,赵凤萍等译,河南人民出版社 2010 年版,第 42 页。
② See Orla Vigsø and Tomas Odén, The Dynamics of Sensemaking and Information Seeking in a Crisis Situation, *Nordicom Review*, Vol. 37, Iss. 1, 2016, p. 84.

院等事业组织的信息相互印证、相互补充,提供了有关公众在疫情期间应该做什么和不应该做什么的各种信息。上级政府和不同政府部门针对广大公众的危机应对公告、政府的各种管控措施等规范公众行为的权威声明,来自医院和疾控中心代表专业的医学建议,督促公众应该采取怎样的保护措施,而其中关于疫情期间不遵守管控措施等行为,如暴力殴打防控人员、聚众、隐瞒情况故意传播病毒、散布谣言等行为受到惩处的相关信息向公众传达出了强烈的行为规范倾向。除此之外,政府微博所呈现的有关疫情期间抗疫一线医务人员、基层防控人员等令人感动的无私奉献和负责任的行为以及体现疫情防控主题的歌曲、视频,同样也对公众的行为在精神上起到感召的效果,潜移默化地影响着公众的行为选择。这种组织化的政府动员是建立在清晰的、一致性的危机意义建构基础之上的,在动员过程中表现出高度的协同性特征,从而有效地指导、促进和规范公众在疫情期间的行为。

四、以政府为中心的单向意义给赋

意义建构理论强调危机中的意义建构是一个动态的、多向度的社会互动过程,政府、利益相关者、社会组织和公众共同参与其中,意义建构的探索过程是在有限的信息或来自环境的信号下进行意义协商的过程。正如米勒(K. Miller)所阐明的那样,意义建构是具体信息环境中的交互行为,"在这个环境中,组织参与者的活动和经验充满了意义",在人与人之间的互动中提取线索。[①] 在意义建构理论中,意义建构不是一种决定行为过程的行为,它是一个动态的过程,以达到合理的意义理解,并在此基础上采取行动,沟通的中断往往是意义建构失败的关键因素。这种意义的建构过程当然会使所有人在这种参与、互动中更好地实现一致性的意义感知和危机情境理解。但是,问题同样明显,那就是在危机的紧急状态中,这种多元互动过程往往会使不同意义的竞争变得非常激烈,不同的组织基于自身的理解可能会对危机作出完全不同甚至是相反的解释,如果没有绝对权威解释占据竞争优势,有效整合和吸纳其他的意义,那么可能使得公众在这种持续性的混乱、相互矛盾的解释中变得更加迷茫和无所适从,这同样可能导致严重的后果。而以政府为中

---

① See K. Miller, *Communication Theories: Perspectives, Processes, and Contexts*, McGraw-Hill,2005, pp. 207—227.

心的单向性的意义给赋可以避免这种混乱和矛盾,在最短的时间内实现意义建构,从而有效地管理危机的不确定性。当然,同样也存在问题,那就是政府的意义输出必须建立在科学、权威的认知基础上。

地方政府新闻办在疫情期间发布的微博信息呈现出明显的以政府为中心的意义给赋特征,也就是说政府微博并不是以交互性的平台角色出现的,而更多的是承担政府权威信息的发布功能。疫情发生后,政府在实现了内部对这一危机的意义建构的基础上,通过社交媒体第一时间向公众传递政府对这场危机的理解和认知。在疫情期间,不同部门、不同层级的政府和大众媒体从自身专业和职能角度,通过这一平台持续性地传递明确而清晰的意义指向,引导和强化公众对新病毒的理解,并规范和引导公众的行为,使得公众在最短的时间里建立起集体的意义框架,在疫情中积极配合和协助政府的各项抗疫措施。当然,这种政府单向的意义给赋模式在危机中存在一定的风险,也就是如果政府意义建构出现了问题,那么可能导致相反的效果。但是,我们需要强调的是,在公共危机中,政府作为危机应对的责任组织,同时也掌握了核心的信息、知识和人才,在危机意义建构方面本身代表了最权威和最仰赖的意义来源。政府需要做的是危机发生后在尽量短的时间内实现政府内部的危机意义建构,而这种内部的建构是政府相关部门和组织沟通和互动的过程。也就是说,在这种以政府为中心的单向意义给赋模式中,政府内化了意义建构的社会化互动,从而避免了危机建构中由于某个人、某个组织单方面的武断而造成的意义建构失败。

第七章

倾听与对话：地方政府在危机中的社交媒体沟通能力[①]

在公共危机中，对政府来说，有效及时的沟通是危机应对中最为重要的工作之一，正如美国危机管理大师罗伯特·希斯（Robert Heath）所言，在危机管理中，沟通是最重要的工具[②]。与一般的危机沟通不同，公共危机沟通对政府的能力要求非常高，政府往往必须在很短的时间内迅速作出反应，对沟通的过程和节奏的把握、对沟通内容和沟通过程中瞬息万变的信息了解、在沟通态度和沟通技巧方面的要求都大大提高。在公共危机事件中，可以说，地方政府的沟通意识和能力往往在很大程度上决定着事件的发展态势和结果。如果政府的沟通及时有效，危机往往可能转变成提高政府声誉的转机，沟通失败危机则可能恶化，继而带来严重后果。一些事件之所以最终会演变成为全国性的公共危机事件，从危机应对的角度来说，往往是政府危机沟通失败的结果。一些地方政府日益注意到社交媒体工具对于危机沟通的重要性，在公共危机事件过程中有意识地充分发挥社交媒体在公共沟通中的优势，并成功地使公共危机得以有效地化解。在过去的几年中，类似的案例时有呈现，而发生在2012年引发全国广泛关注的深圳"5·26"飙车事件中深圳相关部门在社交媒体沟通方面的表现赢得了公众的认可，通过真诚、有效的双向沟通，使得一起可能升级的公共危机及时得到了纾解。

[①] 注：本章的案例部分发表于《公共管理学报》2013年第1期，并受到国家社科基金（编号：12ZZCO19）的资助，在此表示感谢。

[②] 参见〔美〕罗伯特·希斯：《危机管理》，王成等译，中信出版社2003年版，第173页。

第一节　基于社交媒体的公共危机双向沟通及其模式

社交媒体的交互性是其区别于传统大众媒体最突出的特征之一,该特征能够增强现有媒体渠道的沟通能力,尤其是参与更多互动和实时沟通的能力。在一些人看来,受危机影响的人们之所以在危机期间转向社交媒体寻找信息,最常见的原因之一就是社交媒体的双向沟通能力。[①] 危机管理组织与广大受众之间的互动沟通,将在很大程度上消除"中间人"的角色或减少对新闻媒体的依赖,从而有效地实现双向危机沟通的目的。

一、危机中的政府单向式沟通

所谓危机中的政府单向式沟通,就是在危机中,政府通过所成立的专门组织以自上而下的方式对外集中地发布相关信息,或者通过规范化的文件、传统媒介,经过严格的组织程序,以点对面的方式发布相关的信息,这源于政府的组织体系特征。很长时间以来,政府沟通组织可以被视为一种理想类型,它强调通过行政程序对内部和外部沟通进行管理。官僚式的组织模式目标在于产生效率、效力和可靠性,因此,负责政府外部沟通的组织也需要符合这些标准。[②] 理想类型的政府外部沟通背后的基本思想是,这种沟通需要连接到内部组织,以免破坏它。这种政府单向式的沟通强调权力的高度集中,外部沟通将通过一组有限的"把关人"来引导,以确保外部沟通可以得到有效的监督和控制。基层官员可以与公众个人进行沟通,但与更广泛的受众进行沟通则需要组织的把关。权力集中对于防止沟通风险很重要,例如组织声誉受损、责任淡化、沟通不正确以及有限的运营协调。"把关人"是对这些风险的一种把关,目的是确保向外界提供的信息是正确的,并防止敏感信息被传播到组织之外。另外,这种政府单向式的对外沟通强调沟通过程的高度规范化。规范化意味着个人事务和任务的执行需要严格分开。对于政府对外沟

[①] See I. Shklovski, M. Burke, S. Kiesler, & R. Kraut, Technology Adoption and Use in the After-math of Hurricane Katrina in New Orleans, *The American Behavioral Scientist*, Vol. 53, Iss. 8, 2010, pp. 1228-1246.

[②] See A. J. Meijer, E-mail in Government: Not Post-Bureaucratic But Late-Bureaucratic Organizations, *Government Information Quarterly*, Vol. 25, 2008, pp. 429-447.

通部门来说,这意味着政府官员以官员的身份而不是以个人的身份进行沟通。他们代表政府机构,并以这种方式进行交流。也就是说,集中对外发布信息有利于减少组织对个人特征的依赖,突出组织特征。外部交流者,如发言人、客户联络中心的工作人员和紧急服务中心的工作人员,都是作为工作人员而不是个人进行交流,从而保证信息沟通中的权威和严谨性。另外,政府单向式的对外沟通强调清晰的组织边界。也就是说,对外发布信息是专门组织的专门职责,是通过专门的渠道实现的,如果来自组织内部的信息没有传递给负责外部的传播机构,组织将无法向外部受众提供准确的信息。因此,这是一种线性的信息传播方式。

由于建立在组织内部的严格的"把关人"结构基础上,这种严密的组织化和规范化的信息传播总体上有利于危机中沟通过程的权威性和准确性,再加上传统媒介所扮演的"守门人"角色,信息自政府流向公众的过程无疑使得沟通过程变得更加可控。但同样明显的问题是,这种单向式的沟通很难适应危机状态中对敏感的外界的反应能力要求,无法适应动态化的危机情境变化,也难以及时有效地吸纳公众的意见,建立高效的回应机制,而这对于危机应对来说往往更加重要。同时,这种经过层层过滤的信息也可能与危机中的公众信息需求大相径庭,从而很大程度上影响到沟通的效果。

二、社交媒体:公共危机双向沟通的纽带

对称的双向沟通被视为建立互惠互利关系的必要条件。在社交媒体平台上发布内容的行为不足以证明这样一个平台具有对构建或维护公共关系至关重要的功能。如果个人不创建和共享内容,或者已创建的内容没有评论回应,则既不能进行对话,也不能进行双向沟通。当组织使用社交媒体仅仅限于发布内容时,这并不意味着这些内容在组织的社交媒体追随者之间创建了对话,也不意味着组织与其追随者之间有对话,更不意味着有关系的创建。① 传统的传播渠道与社交媒体的主要区别在于是否存在单向、双向或交互式的信息交换功能。社交媒体最大的优势之一就是交互性,社交媒体为互

---

① See Chiara Valentini, Is Using Social Media "Good" for the Public Relations Profession? A Critical Reflection, *Public Relations Review*, Vol. 41, Iss. 2, 2015, pp. 170-177.

动、参与性、同步、双向交流提供了潜力。与报纸、广播、电视等传统媒体相比,社交媒体最大的特点在于其高度互动性以及突出的性价比,通过这一媒介,任何人都可以与其他人交流自己的想法与信息,从而改变了传统媒体"一对多"的传播范式,创建了新的协作互动的媒体机制和信息消费模式。社交媒体是一种包含了不同沟通模式和不同内容的聚合性媒体,它允许不同组织和个人之间直接的对话和多种形式的沟通,不管是以自上而下还是自下而上的方式。社交媒体创造了一种全新的组织和个人互动机制,它打开了信息的方便之门。社交媒体从根本上改变了危机信息沟通过程中内容创建者与内容消费者之间的权力结构,并最终可能影响到组织危机应对的具体策略和结果。因此,对于危机沟通具有特别的意义。

而站在公众的角度来说,在危机中,信息的获取程度在很大程度上会影响到公众的情绪以及对政府等组织的责任归因。微博所代表的社交媒体在很大程度上放大了普通个人在危机沟通中的能力,每个人似乎都成为信息灵通的人。在以往的危机状态中,政府或其他组织往往能够凭借自身对危机信息的垄断,在危机信息的传播过程中对信息内容进行编辑,并选择目标人群,甚至有时候直接采用封闭信息的方式。但是很显然,这种状况在社交媒体的环境中只会适得其反。社交媒体在很大程度上改变了这种状况,其在危机信息获取方面的实时性、便利性以及廉价性的突出特点,使得普通人很轻松就可以得到大量危机信息。普通人只要打开自家的电脑或随身携带的手机等终端,已加关注的相关组织和个人的最新信息就能自动地展现在眼前,并可以随意地交换各种信息,轻松了解政府程序、法律制度以及自己关心的所有话题。由于社交媒体完全跳过了传统信息传递中报纸、电视等过滤性中介的干扰,实现了点对点的直接信息互动,从而可以快速地获得更加真实和全面的信息。更为重要的是,社交媒体大大增强了普通公民在危机沟通过程中的存在感和主体性。社交媒体这种全新的电子化的自我展示模式深刻地影响着公众的政治观感,并以一种强有力的新方式联系、影响和推动公民参与——甚至也许推动了公民联系和影响政府以及政治人物与公众之间互动模式的激烈转型。① 社交媒体是一种对话媒体,因此,它们需要用户的互动和积极参与才能保持"活力"。

三、基于社交媒体的政府公众互动模式

社交媒体作为沟通的工具,在危机中如何发挥危机沟通能力是其最重要的价值体现。雷迪克(C.G. Reddick)对政府运用社交媒体与公众进行互动的模式分为三种②:一是管理模式(managerial);二是咨询模式(consultative);三是参与模式(participatory)。管理模式是政府主导的互动模式,本质上是单回路的,信息从政府单向流向公众。在这种形式的互动中,公众仅仅使用政府在网上提供给他们的东西。政府决定和控制什么可以放到网上,并指导与公众的单向互动。与管理模式相比,咨询模式更倾向于公众及其与政府之间的互动,在这个模式中,政府的角色不是像管理模式中强调的那样专注于为公众提供更有效的服务,而是通过公众在决策过程中的参与来创造更好的政策决策。咨询模式中经常使用的是 Facebook 和 Twitter 等社交媒体平台,它们只是提供内容,并根据用户的评论在线回答问题。社交媒体可以用其来传播信息,但它也允许公众对信息进行评论和质疑。例如,政府可以在市政府的 Facebook 页面上发布更新,并征求意见。信息从政府流向公民是一个方向,但需要公众能够对问题作出反应。不过,咨询模式下政府与公众之间的互动仍然是单循环的;在参与模式中,政府和公众之间存在复杂的信息流,其目的是加强和形成政策。信息的流动是多向的。在参与模式中,变化可以发生在不同的方向。公众可以在社交媒体留下评论,并为政府议程设置项目,使得信息从公众流向政府。政府可以与公众之间产生持续的、双向的、多循环的信息交互。表7-1对三种模式进行了简单的比较和呈现。

---

① See J. Grant Will and Brenda Moon, Digital Dialogue? Australian Politicians' Use of the Social Network Tool Twitter, *Australian Journal of Political Science*, Vol. 45, Iss. 4, 2010, pp. 579-604.

② See C. G. Reddick et al., A Social Media Text Analytics Framework for Double-Loop Learning for Citizen-Centric Public Services: A Case Study of a Local Government Facebook Use, *Government Information Quarterly*, Vol. 34, 2017, pp. 110-125.

表 7-1　地方政府运用社交媒体与公众之间的互动模式

	管理模式	咨询模式	参与模式
组织学习类型	单环学习	单环学习	双环学习
社交媒体运用	用于向公众提供内容	用于发布信息和接收来自公众的评论	积极使用社交媒体促使公民和政府开始对话，提供有意义的改变
政府角色	为公众提供高效的服务	通过公众的偏好作出更好的政策决定	通过公众反馈和互动，推动公共政策发展
公众角色	几乎没有，被当作"顾客"	消极角色	积极角色
信息流	从政府直接到公众；单向信息流动	政府主导，公众投入塑造；双向互动	政府和公众的双重流动影响着治理和政策；双向、多向互动
技术运用	在线申报，网络公共信息	用于发布信息供评论	积极使用社交媒体、电子投票、民意测验、电子市政厅会议
逻辑	提升服务的有效性	提升政策成功率	提高民主治理质量
实施中的问题	缺乏成本节约意识	公众冷漠	信息混杂，难以把握关键信息

资料来源：C. G. Reddick *et al*., A Social Media Text Analytics Framework for Double-Loop Learning for Citizen-Centric Public Services: A Case Study of a Local Government Facebook Use, *Government Information Quarterly*, Vol. 34, 2017, p. 113。

在危机应对中,这种以政府为主导的单向信息发布的管理模式尽管很重要,但收集公众的意见同样很重要,因此持续的、动态化的政府与公众的双向沟通能力显得更加有价值。在危机中普通公众对政府不满更多的是来自自身主观的感受,这种感受不仅是因为政府反应的效率,也在于政府危机发生后的回应精准性,也就是对不同的受众采取的有针对性的行为取向。对于公众来说,无法得到有效的资源配置是这种主观感受最为重要的来源。要真正地提升危机应对的精准性,则需要更好地让公众参与进来,需要及时了解和累积公众的偏好,并依照这种偏好的变化及时进行调整。社交媒体是双向沟通的有效工具,能够让公共机构和政治人物直接与公众进行沟通,让每一个人都能够轻松地表达自己的观点,对地方官员提出建议和批评,甚至包括那些在过去不太愿意表达自己观点的人。在危机应对过程中,地方政府可以通过社交媒体与公众保持持续性的双向沟通,而社交媒体能够让地方政府的危机应对更好地建立在地方性知识和社区意愿的基础上。正如柯里（D. Currye)提醒我们的那样，"记住，社交媒体不仅仅是你与公众交谈，它也是公众彼此交谈的方式"[1]。透过社交媒体的交互性特征，能够实现政府与公众之间无缝隙的危机沟通和互动，平民化的简洁语言风格和随时随地的便利性能够有效地消除政府与公众之间的距离感，例如，通过公共场所的多媒体触屏设备和家用电脑，公众可以有效地向地方政府发送信息。在危机应对过程中，公众也能够较为直接地监督地方政府，并让地方政府更好地承担起自身的责任。地方政府通过社交媒体及时地向公众以及利益相关者提供危机的相关信息，可以更加有效地提升政府的透明度和责任感，也可以有效地提升公众对政府的信任，提升政府的形象和信誉度。

第二节 案例分析：地方政府如何运用社交媒体实现双向危机沟通

以上基于社交媒体的危机沟通模型并不是专门针对政府或地方政府的，而是针对一般的组织机构，但是，对地方政府同样适合，社交媒体让地方政府能够更好地传递政府信息，拓展政府服务，更有效地获得政府与公众之间互动的信息反馈和意见。社交媒体开放和对话的特性让政府在过去与公众沟通中面临的各种障碍成为历史。研究结果表明，社交媒体的运用程度，而不是使用社交媒体的种类多少，对地方官员危机控制能力的自我评价以及对整个危机应对的评价有着正比关系。[2] 在很多国家，由于受到日益缩减的财政约束，地方政府的日常运转管理所能运用的人力和财力变得越来越少。危机应对者应该决定到底哪种社交媒体比较适合，以及到底应该保持怎样的信息更新。有时候运用多种社交媒体平台更加合适，而有时候运用某一种或几种对于危机沟通来说更加有意义。例如，在 2007 年和 2008 年美国加利福尼亚州的野火危机中，主要是 Twitter 承担着对公众信息分享和更新的责任。而

---

[1] D. Currye, Expert Round Table on Social Media and Risk Communication During Times of Crisis: Strategic Challenges and Opportunities, Washington, DC: American Public Health Association (APHA), 2010, p.127.

[2] See M. W. Graham, E. J. Avery, & S. Park, The Role of Social Media in Local Government Crisis Communications, *Public Relations Review*, Vol. 41, Iss. 3, 2015, pp. 386-394.

在2010年的海地地震中,微博和Facebook则成为危机沟通的首要工具。[①] 2012年,在飓风"桑迪"灾害中,受灾的大西洋沿岸地区的地方官员和其他地区的政治人物都是非常依赖Twitter、Facebook和Youtube来对公众发布各种灾害信息和撤离预警。[②] 越来越多的地方政府和组织已经把社交媒体纳入到其危机应对的战略之中,并把善于针对不同群体运用不同社交媒体的能力视为危机应对能力的重要组成部分。尽管一些地方政府在危机中,对社交媒体依然持怀疑、戒备甚至是排斥的态度,但是,一些案例充分地说明,只要社交媒体运用恰当,积极沟通,不但能够有效地化解可能进一步激化的危机,而且可以为地方政府赢得良好的声誉。发生在2012年的深圳"5·26"飙车事件就是一个典型案例。

一、案例简介与危机的形成

2012年5月26日凌晨3点多,一男子驾驶一辆价值百万的红色跑车带着三名女性以据称接近200公里的时速,在深圳市滨海大道由东往西高速行驶,至侨城东路段时,先后与两辆出租车发生剧烈碰撞,其中的一辆电动出租车起火,该车的三人(出租车司机和两名女性乘客)当场身亡。事后,肇事司机弃车逃逸,7小时后,自称为肇事司机的侯某某到福田交警大队投案自首。经检测,侯某某属于醉酒驾驶,交警部门以涉嫌危险驾驶罪、交通肇事罪对侯某某实施刑事拘留。让人意想不到的是,这看似一起普通的交通事故在此后几天持续地在网络发酵,在微博等社交媒体和大众媒体的传播效应作用下,事发现场的细节片段、围绕着肇事司机的相关信息以及肇事司机与交警方面的种种揣测被不断地挖掘出来,从而使得事件已经远远地超出了普通交通事故的范畴,公众对此案的强烈质疑使得深圳交警部门瞬间陷入了一场严重的公共舆论危机中。在整个事件中,微博对公共舆论的产生、发展都发挥了非常重要的作用,以"@深圳交警"为主的政府微博扮演了政府网络发言人的角色,承受了巨大的舆论压力,并成为政府与公众沟通互动的重要平台。

[①] See J. Morgan, Twitter and Facebook Users Respond to Haiti Crisis, BBC News, January 15, 2010, http://news.bbc.co.uk/2/hi/americas/8460791.stm, visited on 2020-05-20.

[②] See J. Preston and B. Stetler, How Government Officials Are Uusing Twitter for Hurricane Sandy, *The New York Times*, 2012, http://thelede.blogs.nytimes.com/2012/11/02/how-government-officials-used-twitter-for-hurricane-sandy/, visited on 2020-05-20.

2012年5月26日上午11点43分,也就是距离事件发生后9小时不到的时间,深圳交警新浪官方微博"@深圳交警"发布了第一条关于这起交通事故的微博,"26日凌晨3:08许,一辆粤BG×××R红色跑车在滨海大道由东往西行至侨城东路段,与同方向行驶的两辆的士发生碰撞,造成粤BH×Q××的士起火,导致车内三人当场死亡、三车损坏的重大交通事故。初步调查,粤BG×××R红色跑车司机侯某某涉嫌超速行驶、酒后驾驶,在超越同方向车辆时与前方同方向车辆发生碰撞"。其中"跑车""酒驾"等字眼迅速刺激到了公众的神经,微博评论中的一些质疑声开始浮现,要求警方公布更多的肇事司机的资料。由于微博只是简单地提到事故的时间、地点和死亡人数等基本情况,公众的情绪更多的是对飙车这一恶劣行径的强烈谴责以及对遇难者的同情。当天下午5点多,"@深圳交警"通过微博发布了更加详细的"事故续报":"3名死者为出租车司机和车内2名女乘客,1名轻伤者为跑车内乘客。事故发生后跑车司机侯某某弃车逃逸,后于当日上午10时许到福田交警大队自首,交警立即对其进行呼气式酒精测试(结果为104mg/100ml)和血液检测"(结果当时没有公布)。其中透露出的更加详细的信息在公众敏感的神经里被很快贴上了特殊的意义标签:出租车司机代表的是底层,是无辜的受害者,而"跑车+两名年轻女性+凌晨飙车"映入公众眼帘的就是一幅富二代放荡不羁、玩世不恭的景象,而事发后7个小时才对肇事者进行酒精测试则被理解为相关方包庇纵容。此后,在微博等社交媒体的交互中,关于肇事者的身份背景和交警之间关系的所谓内幕被不断"揭露"出来,公众情绪的对象发生了明显的转向,深圳交警成为"众矢之的"。公众这种情绪的转变是典型的霍尔(Stuart Hall)所言的受众的优先性(preferred)解读模式到对抗性(oppositional)解读模式的转型[1],也就是对原有的信息给予相反的,甚至是对立性的意义赋予。

对地方政府来说,公众情绪朝着负面方向的转变就意味着危机的产生。在塞尔沃尔(M. Thelwall)等看来,在社交媒体时代,公共事件的发展往往与

---

① 霍尔提出三种受众解码模式:优先性解读、协商性解读和对抗性解读。所谓优先性解读就是认同和接受原有意义界定和解释;协商性解读是在总体认同的同时基于自身的利益或理解进行修正;对抗性解读是对原有信息和意义的全面否定,并赋予相反的意义。See Stuart Hall, Encoding, Decoding, in Simon During(ed.), *The Cultural Studies Reader* (2nd ed.), Routledge, 1993, p.517.

社交媒体中负面情绪的积累有着非常密切的关系。① 依照归因理论，如果公众认为危机源头主要来自地方政府本身的话，那么地方政府会被认为需要对事件承担主要责任。事件一开始从危机的类型上来说应该属于"意外集群"，但此后演变成为"故意集群"。此后，作为事故处理方的深圳交警部门始终成为公众情绪发泄的核心对象，其实名账户为"@深圳交警"的政府微博也始终成为网络民意表达的"集散地"。在事件发生后的第二天，也就是5月27日，微博上各种所谓的"网络爆料"和传言纷纷涌现，主要有："深圳有关部门对媒体发布了封口令"；"肇事司机根本不是深圳警方所公布的侯某某，而是另有其人，侯某某只不过是一个顶包者；案件真正的肇事者很有背景，并且已经外逃"。而对政府部门可能存在的权力腐败也成为网民情绪宣泄的主要内容。而当天，事故中死亡的士司机和两名女乘客家属在交警大队看到涉案司机时，讲述说该涉案司机面部并没有明显的受伤痕迹，而这与医生所描述的情况完全不同，医生曾表示，"疑似肇事司机"下巴有伤且被缝了8针。这一消息在各大媒体中被集中报道，瞬间在网络引发巨大轰动。网络公共舆论不断发酵，而之后在网民看来交警部门遮遮掩掩的微博回应则进一步激化了原有的质疑、猜测和不满。

  一时间，"炫富的跑车""疑似'富二代'的司机""不明来路的美女""肆无忌惮的醉驾""午夜疯狂的飙车""三条无辜人命"以及"警察明目张胆的包庇"，这些平日里单个都能刺激公众情绪的要素在同一事件中聚集在了一起，使飙车事件面临前所未有的围观和质疑，公共舆论危机迅速凝聚升级。持对抗性解读模式的受众在不信任深圳警方非顶包框架的大前提下，主要建构了三种替代性解释框架：警方不正义、背景不寻常、权利不平等。② 到了5月27日下午2点之后，随着各种"消息"的汇集，一股非常强大的负面舆论在网络上得以汇集。这点在"@深圳交警"的微博中得到很好的体现，"@深圳交警"5月26日发布的第一条事故微博在两三天内就被转发了7000多次，被评论2400次。在网友于5月27日中午12点之前的近1500条评论中，对政府表示质疑、不满的评论只有20条不到，而此后的评论在情绪上则发生了极大的

---

① See M. Thelwall, K. Buckley, Sentiment in Twitter Events, *Journal of the American Society for Information Science & Technology*, Vol. 62, 2011, pp. 406-418.

② 参见尹连根：《框架之争！作为公共领域的微博空间——以深圳飙车案为例》，载《武汉大学学报（人文科学版）》2014年第3期。

转向,几乎所有的评论都是一边倒地对政府表达极大的不满、质疑甚至是愤怒。对之后"@深圳交警"发布的事故相关微博的评论中也都充斥着这种负面情绪。一起看似普通的交通事故,迅速上升为一起全国普遍关注的公共舆论危机事件。

二、危机沟通中的"核心节点"

在危机沟通中,那些有影响力的社交媒体的核心节点往往在危机沟通的过程中扮演非常重要的角色,甚至可能引发舆论的风暴,因此也可以形象地称之为"风暴眼"。地方政府应该重点关注这些人并作出及时应对。而那些有影响的社交媒体内容创建者往往是那些与事件本身最接近,尤其是处于事件核心范围内的微博等社交媒体使用者,他们在信息获取方面拥有时空上的便利性,并在社交媒体内容跟随者的信息传递过程中成为舆情的聚集地。这也就意味着突发事件关联方的政务微博、当事人或"爆料者"微博以及相关领域的名人微博,将是突发事件中微博舆论的"风暴眼"所在。[①] 传播目标主体与突发事件的相关度越高,舆论集结的可能性也就越大。这些人在过去的媒体环境中受制于信息传递方面的困境,往往很难对舆论产生很大的影响,但借助于微博等社交媒体工具,所有的一切变得轻而易举。由于微博在很大程度上打破了政府在舆论方面的话语垄断权,作为草根的网民以及大众通过新媒体轻松地实现了自我赋权,成为公共舆论形成中的决定力量。[②] 在微博世界中,所有人都可能是新闻报道者(news reporter),通过实时信息的频繁上传和个人状态的实时更新,在发达的信息分享机制和跟随机制作用下,与公共事件相关的信息能够得到快速的拼接,这种接近新闻现场的场景感和接近事实的真实感能够迅速地凝结网络民意和情感,对公共舆论产生重要影响。对于危机应对者来说,困境往往在于,这种"风暴眼"可能随时形成,如果应对不够及时,不同的"风暴眼"可能很快连成一片,形成超级舆论风暴。

[①] 参见夏雨禾:《突发事件中的微博舆论:基于新浪微博的实证研究》,载《新闻与传播研究》2011年第5期。

[②] See Jiesi Cheng, Aaron Sun, Daning Hu, & Daniel Dajun Zeng, An Information Diffusion-Based Recommendation Framework for Micro-Blogging, *Journal of the Association for Information Systems*, Vol. 12, Iss. 7, 2011, pp. 463-486.

表 7-2 深圳"5·26"飙车事件中"核心节点"情况一览表

微博用户名称	在本案中的角色	与本案相关的微博数(条)	粉丝数(个)	消息转发数均值/消息评论数均值(条)
@小爽之	目击者	8	1936	202.2/408.9
@眼袋兔兔子	遇难者好友	4	4387	8953.2/2658.2
@滨河526揭秘	爆料者	20	9245	660.0/370.2
@网眼八分斋	遇难家属代言人	24	142330	193470/826.7
@杰克牌风扇	爆料者	2	3045	983.2/759.1

资料来源:作者根据相关材料整理。

在深圳"5·26"飙车事件中,充当"内容创建者"角色的主要有"@小爽之""@眼袋兔兔子""@滨河526揭秘""@网眼八分斋"和"@杰克牌风扇"(具体情况见表7-2)。"@小爽之"是事故现场的目击者,在5月26日事故发生之后仅仅过了20分钟不到,发出了关于这一事故的第一条微博,"一辆法拉利像风一样地从我身边过去,快得都能嗅到烟味,没过100米,撞上2辆出租车,现场的火啊!我快拍了一张,赶紧上车离开,怕炸没命"。微博贴出了现场颇具震撼性的燃烧的出租车以及损毁的跑车照片,"'富二代'街头飙车"的公共话题自此开始形成。此后,"@小爽之"成为现场相关情况的重要信息来源。"@眼袋兔兔子"在5月27日晚上8点多发布了一条关于两位好友在刚刚的车祸中去世的消息,怀疑真相不明,"希望能揪出真正逃逸的肇事司机,还她们家人一个公道",暗指警方公布的嫌疑人不是真正的肇事者,微博配发了两位好友生前俏皮可爱、青春美丽的照片。这应该是公众第一次看到遇害女性的照片,这样两个美丽的花季少女居然由于富二代的疯狂飙车行为而送命,而真正的肇事者依然逍遥法外,这种强烈的对比让公众的愤怒和不满被极大地催化出来。这一寥寥80多字的微博在短短的三天内被疯狂转发了34000多次,其略带悲情的叙事激发了网络草根强烈的情感共鸣和认同,不少网民纷纷到两位遇害女性生前的微博中留言。这种共鸣成为联结网民情绪的重要纽带,并转而在相关的政府微博评论中发泄出来,成为公共舆论危机的重要源头。为这一事件专门注册的微博"@滨河526揭秘"在从28日到30日短短三天内连续发布了20多条微博,"揭露"警方公布的肇事者侯某某和车主许某辉的真实背景。他们把两个人的姓名、身份、职业、家庭背景甚至住址等个人信息都刨了个底朝天,比如说车主许某辉月薪只有2500元,老婆是某公司普通职员，而且两个人是租房住，不可能买得起价值200多万元的跑车，因此，强烈怀疑警方在隐瞒真相。而此后又爆料许某辉其实是某建筑公司的一名员工。许某辉不过是肇事跑车的登记人，而真正的拥有人则是许某辉的叔叔许某周，也就是深圳某建筑公司的老板，并对许某周所拥有的豪车等情况进行了详细罗列。顶包者侯某某之前是某汽车修理店做改装的，肇事车主的车就是侯某某改的，并爆出其工作的店名。由于其中爆料的某些信息与警方后来公布的相关信息完全相符，似乎印证了此前公众的想象。这些所谓的爆料中震撼性的信息对激化公众的不满与愤怒起到了非常重要的作用。"@深职爆料"以职业爆料人的身份不断发布一些内幕信息。知名博主"@网眼八分斋"则以意见领袖的身份不断传递受害人家属的一手信息，包括他们的诉求，受害人家属与肇事车主以及政府方面协商互动的情况等，例如，"肇事方预拿300万来与死难者家属私了""已经委托公司紧急启动公关造势，有媒体介入"等。"@杰克牌风扇"以受害者同学的身份第一次把事故现场的视频展现在公众面前。这些微博舆论"风暴眼"裹挟着巨大的信息和情感，让所有人仿佛置身于事故现场，并融入到事故的所有情节和人物场景中。这让政府无所适从，舆论危机就此产生和升级（见图7-1）。

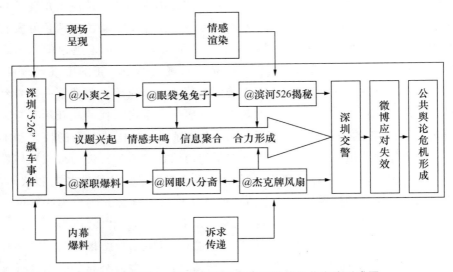

图7-1 深圳"5·26"飙车事件中社交媒体公共舆论形成图

三、基于社交媒体的双向危机沟通与危机应对

在社交媒体环境中,公共事件一旦发生就可能瞬间被爆料并形成舆论漩涡,政府应该在事件刚发生未被外人知晓,或知情者还来不及歪曲事件或策划谣言的情况下即进行回应,才能更好地引导舆论。① 而如果政府反应不及时或不充分,依照奥尔波特(Gordon W. Allport)等人的理论,相关信息就会变得非常模糊,公众由于无法及时获得事件的核心信息,谣言就非常容易产生并蔓延,最终形成强大的舆论危机。在社交媒体时代,网络公共舆论可能在几小时之内就形成,政府反应稍有滞后就可能处于被动地位。深圳"5·26"飙车事件中政府微博的反应不能说不迅速,但是,很显然,政府面对微博这种全新的社交媒体依然表现出明显的不适应。尽管深圳交警方面在事件发生后9小时内就通过官方微博发布了相关信息,但依然远远落后于社交媒体环境下舆论形成的速度。一开始,地方政府并没有想到事件会发展成为一起严重的公共危机事件,当网络舆论在事件发生几小时之后开始兴起、凝结并在第二天形成强大的舆论风暴时,政府才意识到公共危机的来临,社交媒体应对才真正得到重视。正如库姆斯所言,政府部门通常不太可能会在网络中变得积极,除非自身的组织声誉面临深度的危机从而使得它们不得不站出来加以保护。② 但是,政府的滞后回应却会使自己处于艰难的处境,成为公共舆论的众矢之的。

面对汹涌的网络舆论压力,深圳交警再也无法"淡定",不得不在事故发生后的第3天也就是5月28日召开了第一场新闻发布会,并透过微博贴出了发布会的相关情况。针对公众的质疑,政府公布了大量的相关信息:包括肇事司机逃逸时丢在跑车内的"人字拖鞋"(交警公布的翻拍视频显示,侯某某当晚穿着拖鞋在两家酒吧喝酒,逃逸时却光着脚,而这双拖鞋在肇事跑车内发现);"下巴男"的真实身份(网民紧追不放的是"下巴男"不是之前公众所认为的肇事司机,而是事发当晚在深圳竹林五路摔了一跤,之后在华侨医院挂号时与跑车内3名女伤者混在一起的患者);肇事司机侯某某的真实背景

---

① 参见邹建华:《突发事件舆论引导策略》,中共中央党校出版社2009年版,第13页。
② See W. T. Coombs, Protecting Organization Reputations During a Crisis: The Development and Application of Situational Crisis Communication Theory, *Corporate Reputation Review*, Vol. 10, Iss. 3, 2007, pp. 163-176.

情况(肇事司机侯某某是深圳市某建筑工程有限公司员工,跟随该公司老板许某辉十多年,深得许某辉信任,所以有跑车钥匙);医院监控视频和侯某某逃逸后进入游艇会所走廊的监控视频等。但是,"@深圳交警"的微博回应与网民的期待有不小的差距,这些信息的公布不但没有打消公众的质疑,反而进一步加深了这种质疑。网友的质疑在对"@深圳交警"微博的评论中表露无遗:公布的视频为什么不是原版,而是手机翻拍?在游艇会所的监控视频中,侯某某的头顶为什么会有光环?为什么车祸前后沿途的监控视频会全部失灵?更有网友质疑侯某某顶替的根本不是"下巴男",而是车主许某辉。网友更是搜出疑似肇事司机侯某某的新浪微博账号"@庆哥哥1983",微博中贴出的多张照片与侯某某照片高度相似,其中也有多张疑似肇事跑车的照片,但是其所填写的职业信息并不是交警公布的"深圳市某建筑工程有限公司"而是"深圳市某汽车用品公司"。这反而让深圳交警部门陷入了更为严重的信誉危机。网友强烈要求警方提供令人信服的证据,向公众厘清侯某某与车主许某辉之间的真实关系以及许某辉在车祸中的真正角色。一些网友纷纷在微博向交警部门提出了建议,认为"既然驾车者受伤,车内会有血迹、指纹、头发等生理证据,要判断肇事者是车主许某辉还是侯某某很容易",进行DNA检测,事实就一目了然;另外,有网友提议,"要证明真正的肇事者到底是不是车主许某辉,让许某辉站出来'露露下巴',不就清楚了吗"。

面对升级的舆论危机,深圳交警倍感压力,于5月29日下午召开了第二次新闻发布会,并透过"@深圳交警"贴出了新的证据,公布了新获取的肇事司机侯某某离开酒吧开走跑车的监控视频,视频显示,侯某某身穿花格衬衫,脚穿人字拖,均与警方之前公布的证据一致。应公众的要求,警方还公布了肇事司机侯某某和车主许某辉赤裸上身的照片,照片显示许某辉上半身没有任何车祸的痕迹,而侯某某脸上则有明显的擦伤,并公布了许某辉案发时间进入小区电梯的视频,证据显示,肇事司机不是车主许某辉。为了更好地回应公众质疑,5月30日,深圳交警通过微博进一步公布了肇事司机侯某某事发前后的完整视频,视频清晰显示,5月25日晚10时至次日上午9时许,侯某某从进酒吧饮酒、出酒吧驾车、撞车、出事后逃逸至宾馆,最后从宾馆走出、自首的全过程。针对网友对视频中侯某某头顶"光环"的质疑,交警方面进行了现场模拟,力证视频的真实性。同时,深圳交警在微博上贴出了侯某某的DNA鉴定文书,鉴定结果显示,跑车内、衬衫上以及拖鞋上的血迹与侯某某

STR 分型一致，相似度超过 99.99%。从科学的角度，侯某某为肇事司机确凿无疑。但是，网络舆论没有就此罢休，不少网友依然对于事故前后沿途监控失灵的问题耿耿于怀，要求公布现场的相关画面，一些网友表示，只有看到侯某某在跑车内的照片才相信警方的结论，眼见为实。面对这种紧追不放的网络舆论，深圳交警终于在 5 月 31 日召开了第四次新闻发布会，并通过微博链接了发布会的情况。发布会公布了事故发生前后沿途监控所拍摄的画面，尽管画面质量不高，但是依然可以显示，当时驾车的男子身穿格子衬衣，与事发当天侯某某所穿的衣服相吻合。至此，可以说，之前公众所有的质疑都得到了很好的回应，事故发生以来政府所承受的舆论压力得到了明显的舒缓。

在确凿的证据支撑下，警方依照法定程序于 6 月 1 日正式拘捕了犯罪嫌疑人侯某某，事件本应到此结束。但是，6 月 1 日下午，自称是事故遇难者张某同学的新浪微博用户"@杰克牌风扇"发布的一段据称是车祸现场的视频，使得深圳交警部门立刻又陷入新的巨大的舆论压力中。该视频有大约 1 分 40 秒左右，是一段现场女性的叫喊声，被网友翻译为"赶紧走，别说我是司机"，关于"司机根本不是侯某某，而是一位白衣女性"的说法迅速在网络传开。6 月 2 日，深圳交警部门在新浪官方微博表示，已经找到了视频中搭载"白衣女性"经过现场的出租车司机董师傅、当时喊话的"白衣女性"以及拍摄原始视频的土耳其籍男子，并把采访他们的录音视频全部在微博中公布，事实的真相才被还原。事实上，这位女乘客当时是用上海话向其两名亲戚大声喊道："快点走，快点走，就要爆炸了。"交警也获取了该男子当晚拍摄的原始视频，在向警方录取口供的过程中，该男子明确表示在当晚的拍摄过程中，他确实没有看到任何人由事故车辆跑到红色出租车内。至此，事件中公众所有的质疑都通过微博公布的证据得到了有力的回应，相关真相基本厘清。

6 月 2 日下午，一位网友代表在负责处理此次事故的深圳福田交警大队的门前拉出横幅，上面写着："亲们：对不起！我也是曾质疑你们在调查'5·26'飙车案时'不公、不正、不廉、不明、造假、顶包'的一位小网民，现真诚向你们公开道歉！你们委屈了！你们辛苦了！魅力深圳会因你们的魅力而更具魅力！！"向交警方面表示歉意和慰问，深圳交警方面的微博公关终于使得自己从这场网络公共舆论危机中走出来，并总体上得到了外界普遍的认可和赞许。尽管从结果上来看，深圳交警方面的危机应对效果还是不错的，甚至可以成为近年来地方政府危机应对的一个典范，但是，纵观整个危机应对过程,深圳交警的官方微博一直都处于一种非常被动的境地,完全是处于网络舆论强大压力下的一种被动式回应。这种被动式的回应主要体现在两个方面:一是从微博回应的时间点上看,深圳交警的微博都是在网络舆论强大的压力下才作出反应,几乎没有一次是主动的信息公开;二是从微博内容上看,在整个事件的微博回应中,所有的微博内容都是针对公众的质疑,也就是说公众怀疑什么,微博就回应什么,基本上没有超出公众质疑之外的其他内容。以至于有人质疑交警方面到底还有什么不为公众所了解的内情没有对外公开。表7-3 对事件中"@深圳交警"最为重要的几次微博回应情况进行了梳理,从中可以看出,深圳交警的官方微博总体上处于网络舆论倒逼式的回应,相关信息的微博发布也被外界认为是挤牙膏式的信息发布。这在很大程度上影响到了政府的形象,成为公众不满的重要原因。

表7-3 舆论压力下的"@深圳交警"微博被动式回应情况一览表

微博发布时间	微博的主要内容	面对的舆论压力
19:11 28/5	交通事故第一次新闻发布会情况及相关证据	有人顶包、政府封口、司机外逃
22:11 29/5	交通事故第二次新闻发布会情况及相关证据	警方之前公布的证据疑点太多
22:22 28/5	车主许某辉与肇事司机侯某某赤裸上身的照片	车主必须现身自证清白、进行DNA检测
20:21 30/5	肇事司机DNA鉴定文书	
21:27 30/5	关于侯某某头顶"光环"视频的现场试验录像	警方公布的视频经过剪辑
22:14 30/5	肇事司机侯某某采访视频	侯某某不是真正的肇事司机
17:54 31/5	事故前后沿途监控所拍摄照片	公布沿途照片,眼见为实
23:25 01/6	关于网上流传的事故现场视频的调查情况	司机不是侯某某,而是"白衣女性"

四、社交媒体双向沟通与危机消解

公共管理理论强调,为了与公众建立长远而坚固的关系,政府部门应该积极主动与公众进行双向性的互动沟通。格鲁尼格(J. E. Gruring)和亨特(T. Hunt)提出了颇具影响的政府公共关系策略的四种模式——新闻宣传型(press agency)、公共信息型(public information)、双向非对称型(two-way asymmetry)和双向对称型(two-way symmetry)①。所谓新闻宣传型也就是传统的政府自上而下的单向宣导和动员模式,要求公众依照政府的意志、响应政府的号召而采取相应的行为。所谓公共信息型就是政府把公共关系的主要任务视为向公众提供和公开相应的信息,让公众及时了解事实的相关情况。双向非对称型是指在公共沟通过程中,信息的流动和互动是双向性的、回应性的,存在明显的信息动态性的互动过程。但是,这种信息的流动并不一定意味着双方之间是完全对等的,在传递的信息量方面也不一定是等量齐观的,存在一方强势一方相对弱势,或一方主动一方相对消极的状态。双向对称型则是强调双方相对平等、积极主动和协商性的信息沟通过程。沃特斯(Richard D. Waters)等认为,公共事务传播应尽可能经常地将最后一个模式,也就是双向对称型沟通纳入社交媒体的沟通中,从而朝着成为一个以受众为中心的组织(audience-centric organization)迈进。双向对称的沟通促进了一个组织和它的公众之间的平衡对话,以鼓励一个开放的,互利的关系。在 Twitter 上,这种模式代表了一个组织与其追随者之间的合法对话。② 这种双向对称型的策略主要包括应公众的要求在微博上公布相关信息以及运用微博的相关功能创造对话。在公共危机事件中,毫无疑问,及时公布相关信息是微博沟通的首要原则,但是,缺乏对话性的互动则可能因为沟通的梗阻而产生新的危机。

在深圳"5·26"飙车事件中,"@深圳交警"一共发布了 19 条微博,所有微博无一例外都属于回应公众需求的信息发布,是一种间接性的双向沟通与互动。这些微博从内容上主要分为四类:一是证据公布。在这一危机事件中,可以说如何在短时间内获得具有足够说服力的证据是深圳警方面临的最大压力。"@深圳交警"在证据呈现方面扮演了非常重要的角色。在事件过程中,共有 6 条微博直接贴出了公众所关心的相关证据的照片和视频,形式多样、内容丰富,这些证据都是在事故新闻发布会之后几个小时内上传到微博的。可以说,微博第一次把警方高效率的整个办案过程动态化地呈现在公众面前;当然,还有一些是间接性的证据呈现。

---

① See J. E. Gruning and T. Hunt, *Managing Public Relations*, Cengage Learning, 1984.
② See Richard D. Waters and Jensen M. Williams, Squawking, Tweeting, Cooing, and Hooting: Analyzing the Communication Patterns of Government Agencies on Twitter, *Journal of Public Affairs*, Vol. 11, Iss. 4, 2011, pp. 353-363.

二是事故相关情况通报。事故处理的进展情况同样是公众极为关注的。纵观整个过程,在短短的几天内,深圳相关部门对事件的调查处置还是比较及时的,并第一时间对外公布。在"@深圳交警"发布的微博中,共有9条微博实时动态地向外界通报了事故处理的情况。为了凸显实效性,微博及时简洁的特征得到了充分的体现,这些微博有的非常简单,如5月26日18点11分,肇事司机侯某某刚刚被拘留,"@深圳交警"就发布了"刚刚获悉,交警已对5·26特大交通事故肇事司机侯某某办理了刑事拘留!"的微博,尽管只有寥寥数字,但是却让公众第一时间获得了相关信息。有的则在保持时效性的同时凸显了内容的重要性,"@深圳交警"运用了"长微博工具",突破了140字的限制,非常详尽地展示了事故处理的相关情况,对几次事故新闻发布会情况的通报都是采取了这种形式。由于新闻发布会涉及内容较多,社会各界高度关注,微博140字的内容显然难以达到传递有效信息的目的。例如,第一次新闻发布会后,"@深圳交警"发布的长微博就足足有一千多字,涉及的内容有"事故基本情况""驾驶员情况""车辆情况""死伤者情况"和"事故调查情况",特别是"事故调查情况"内容更加丰富;有的则配发了大量的现场照片,非常直观地展示了相关情况的进展,如车祸现场警方所拍摄的照片以及新闻发布会现场的照片都通过微博及时地展示出来。

三是相关事件提示与预报。对重要的事件和内容,"@深圳交警"进行了适时的提醒和动员。如5月27日上午11点多,"@深圳交警"就已对下午将要进行的新闻发布会进行了提示,提醒网友加以关注;5月29日22点多,"@深圳交警"提示网友,警方已就本次事故相关的原始视频和照片在福田交警大队设立了查询室,欢迎媒体与市民经申请批准后查看。按照沃特斯等的观点,这类微博具有明显的动员公民参与的特征,这是微博沟通的一种重要体现。

四是提供第三方媒体的报道链接。依照情境危机沟通理论,提供第三方对自己有利的信息属于典型的强化危机回应策略。为了体现信息发布方面的全面性和客观性,"@深圳交警"于5月30日22点14分提供了深圳电视台《第一现场》节目采访肇事司机侯某某的视频链接,呈现了侯某某面对镜头对受害者家属声泪俱下的道歉场景。6月2日,又贴出了电视台记者采访出租车司机董师傅的视频,以回应网民关于"肇事者另有他人"的质疑。尽管"@深圳交警"的每一条微博都有数量巨大的质疑和评论,但是"@深圳微博"

没有针对某一具体网民利用"回复"功能进行直接的对话。实际上,在公共危机事件中,面对人数众多的公众,政府没有精力也没有必要与每一个具体的公众进行直接的互动,正如拉托内罗(Mark Latonero)等所言,在公共危机的网络沟通中,政府的主要职责之一就是通过微博进行"倾听",以收集民意并作出回应。① 政府发布微博——网民进行评论和转发——政府微博再回应就是微博时代最为典型的政府与公众的沟通模式,这种模式重要的不在于有没有直接的、点对点的互动,而在于政府能不能"敞开大门"发布信息,并对网络民意作出及时有效的回应。

交警部门与网民之间的直接对话则通过新浪微博的"微访谈"来实现。面对强大的网络舆论压力,在网民质疑声最强烈的 5 月 30 日 20 点至 21 点,"@深圳交警"与网友进行了直接的沟通。在短短的一个小时内,网友一共提出了 2113 个问题,"@深圳交警"回复了其中的 18 个。从网友提问的语气可以明显地感觉出其中裹挟的强烈的质疑和不满情绪,而"@深圳交警"的回复总体上态度非常诚恳,没有任何的官话、套话和空话,对网友提出的各种尖锐的问题并没有刻意回避,要么进行较为详细的解释,如面对"@大优子吖"质问警察在事发 7 小时内到底在干什么,以及侯某某进入会所的视频里的时间为什么会停止,"@深圳交警"进行了细致的解释;要么语气非常客气地建议,如面对网友提的最多的要求警方提供更多证据的要求,"@深圳交警"都非常客气地提醒和建议网友查看相关的消息来源;当然,也有针对网友的质疑为自身辩解,如对于网友质疑警方公布相关证据是应付公众的质疑,"@深圳交警"表示警方都是在获取证据的第一时间对外公布的。具体情况如表 7-4 所示。从沟通本身来说,"微访谈"意义并不大,因为网友提的大多数问题其实在此之前都已经得到了较好的处理。但是,很显然,从政府声誉重建的角度来说,这种访谈还是很重要的,深圳交警方面通过"微访谈"对网民传达的更多的是一种沟通的态度和诚意,与网友坐下来面对面地平等交流本身就是网络危机公关的一种有效方式,事实证明,效果还是不错的。

---

① See Mark Latonero and Irina Shklovski, Emergency Management, Twitter, and Social Media Evangelism, *International Journal of Information Systems for Crisis Response and Management*, Vol. 3, Iss. 4, 2011, pp. 1-16.

表 7-4　深圳"5·26"飙车事件中"@深圳交警"与网民"微访谈"问答情况

提问微博账户	具体问题	"@深圳交警"的回应
@李伟-Attorney	是否已经向深圳市检察院提供了有关案件的全部视频资料，包括公路监控	检察院已介入调查
@董小甘	我想知道另外一辆的士上的乘客和司机应该看到肇事车辆的驾驶员，为何那两个人一直没有出现？那两个人应该是目击者	福田交警大队已经对另外一辆的士司机和乘客作过调查
@LT21	侯某某有受伤吗？车主有受伤吗？有指纹、DNA对比吗？	肇事司机侯某某有伤痕，车主没在车上，相关鉴定结论已公布
@离不开肉的灰太狼	目击者称看到有另外一辆跑车高速通过该路段，警方是否找到了相关车辆？要是没有的话，如何解释目击者看到的那辆车呢？难道那辆车是"E.T."开的吗？还有就是警方称7小时内嫌疑人不可能串供，这是基于什么事实作出的判断？如何知道他们没串供？	可以通过已公布的视频了解整个过程
@博了博乐8887	深圳警方像挤牙膏一样，民众们拱一拱，警方就挤出来一点，太被动了。为什么不一开始就全公布？投下票，支持深圳警方的能有多少人，反对深圳警方的能有多少人？	相反，深圳警方对掌握的信息一经核实，立即公布，至今已开了三次新闻通报会，但掌握信息和核实信息都需要时间
@大优子吖	为何侯某某进入游艇会所时，28日发布的监控录像里面，时间是静止的，一直停留在5∶15∶09？	侦查人员首次到游艇会所提取监控录像时，无法提取监控录像原件，侦查人员为固定证据，先行将有关视频翻拍并及时公布，因在翻录时游艇会所工作人员按了慢放键，导致画面相对静止；今天侦查人员再次到游艇会所依法调取了视频原件，并已向社会及时公布
@北京野小子	别的先别说，你要是能把那段路上的监控视频为什么集体失灵解释清楚，大家都不会再有什么疑问，请问，你能做到吗？	所有有关视频已公布，请关注

(续表)

提问微博账户	具体问题	"@深圳交警"的回应
@雄起大只	送侯某某坐计程车去大梅沙的那个姓吴的朋友是否也应出来面对一下大众的质疑	吴某已到福田交警大队做了笔录
@今夕是嘛世界	为什么不采访侯某某？我就不信他有这样的素质去顶包。谎话测试做了吗？为什么公众不信现在结果，你们深圳警方反思了没有？	今天《第一现场》已经采访了侯某，请关注
@阿听说的	车主为什么不拍照，不来现场？	福田交警大队对车主现场做了询问笔录并拍照
@莫罗托夫的鸡尾酒	侯某某是七小时后投案的，你们的酒精检测是在案发后多久进行的？	在侯某某到案后立即进行了呼气测试和抽血检测
@蔡家小小爬墙爱831	无论是警方的视频，还是酒吧、物业公司、游艇会所等视频，看到重点了，唯独没有滨海大道的视频，这是最关键的不是吗？而且，关于有人反映开车的是女的，为什么不直面回答？	滨海大道的相关视频已经全部在今天的新闻通报会上公布
@台风Figo	视频疑似经过后期处理是怎么一回事？	对您提的问题，已在今天的新闻通报会上做过详细解释，具体请看相关报道
@爷们儿5908	我就不说别的啦，好多人在瞪着眼睛看着你们怎么把这件事摆平的啦。那种应酬话还是说得越少越好，大家都想看证据链啦	证据链条已经在今天的情况通报会上向公众作了详细的展示，请关注各大媒体的报道
@吁迪在岸边等你	既然下午的发布会你说是射灯的问题，那么我们要求一个模拟技术视频，是怎么样实现头上发光的。而且也给我们实现一下，如何醉中还能一秒走三步！如果你能技术性击倒我，我就信你说的！	请看今天深圳都市频道《第一现场》，对您所提的问题有详细的展示

(续表)

提问微博账户	具体问题	"@深圳交警"的回应
@gnipeix	肇事后的7个小时内,交警做了些什么?难道一定要等7个小时后肇事者自己来自首吗?	案发后市公安局成立了以交警为主的专案组,共出动50余名警力对案件进行调查,对现场进行处置,并迅速锁定肇事嫌疑人,组织警力实施抓捕。在警方的强大压力下,嫌疑人于2012年5月26日上午10时许到福田交警大队自首
@蔡家小小爬墙爱831	不出事时,道路视频清晰到连车主脸上的痘痘都能拍出来。一出事,视频就集体坏了?是人为还是有鬼?而且,明明就有目击者看到开车的是个女的,为什么出来自首的又是男的?自首的侯某某是另一家公司的员工,你们都不觉得有问题?	无论是警方的视频,还是酒吧、物业公司、游艇会所等社会的视频都已在最短时间内调取,并及时向公众发布,请关注各大媒体新播出的视频,谢谢您的关注
@诗蓉sherley	车一路开到撞车点,这么长的一段路的视频都不行了吗?发布会中说有撞车点的视频但不清楚,虽然不清楚,但可否公布呢?	从民田路到滨河路、滨海大道沿路能调取到的视频全部都已经在情况通报会上公布

资料来源:作者根据相关资料整理。

纵观深圳"5·26"飙车事件的整个过程,深圳交警的官方微博的反应总体上还是值得认可的。尽管一开始对危机意识不足,反应明显滞后,而处于非常被动的境况,但是此后交警部门及时放下了公权力的"傲慢与偏见",充分发挥微博这一社交媒体的沟通平台发布消息,公布证据,收集民意并积极与网民沟通,政府微博在整个案件中扮演了非常重要的连接政府与网民的桥梁角色。从政府的角度来说,微博把整个案件处理过程中政府透明、公开和公正的形象快速地建立起来;而从公众的角度来说,一些情绪通过社交媒体发泄和表达出来,社交媒体更好地满足了网民的参与权和知情权。及时、有效和理性的社交媒体互动与沟通,使得政府能够在短短几天内从网络舆论危机中走出来,网民情绪也能够得到较好的疏通和消解,没有走向极端,公共危机没有进一步激化,成功地消解了一起可能爆发的群体性事件,并以一种较为完美的方式落幕。

第三节　地方政府基于社交媒体的双向危机沟通反思

从深圳"5·26"飙车事件可以看出，社交媒体的影子几乎贯穿整个案件的始终，在危机中扮演着非常重要的角色，从危机的引爆到舆论的发展，从信息呈现到政民互动，以网民为主体的社会微博在信息的挖掘和情绪凝聚中展示了令人惊叹的力量。由于社交媒体的出现，公共危机内在发生和演化机制在很大程度上改变了，社交媒体以技术名义重新建构着政府与公民之间的沟通模式和公共话语体系。公共危机来源于现实，但却往往引爆于网络、凝结于网络，并最终可能对现实产生巨大冲击，这成为公共危机的常态过程。目前，中国总体上进入了公共危机的频发期，而新的媒体技术的出现和发展则为各种矛盾找到了新的宣泄口和传播路径，大大增加了"不可计算的不确定性"，这对于政府来说则意味着双重危机。各地政府都开始重视社交媒体的作用，开通了实名认证微信和微博等社交媒体账号，以更好地应对这些危机。但很多地方政府在如何运用社交媒体与网民打交道方面依然不得要领，在公共突发事件中表现出明显的不适应。深圳"5·26"飙车事件作为地方政府运用社交媒体进行有效沟通应对危机的范例为其他地方政府提供了很好的借鉴和启示。

一、社交媒体危机沟通离不开有效的日常管理

对于微博等社交媒体工具，我们通常可以从两个层面加以审视：一是强调其技术层面，社交媒体说到底和其他新的技术无异，是一种无关价值的新媒体技术，只不过是这种技术在客观上为政民之间的互动创造了新的机会，大大提高了沟通的效率和便利性；二是强调其价值层面，尽管社交媒体本身只是一种技术手段，但是这一技术手段与其他的技术不同，而是"内嵌特殊规则"的价值载体，网络内嵌着自由、共同体、平等、利他主义和民主等价值[1]，微博等社交媒体则进一步彰显了这些价值。目前，对于很多地方政府官员来说，依然更多的是在技术的层面上来看待社交媒体，将其视为临时性的应急工具，一些地方甚至只有在危机到来时才临时注册实名微博，而危机一过，该

---

[1] See C. May, *The Information Society: A Skeptical View*, Polity, 2002, p.17.

微博就被晾在了一边,无人问津。在深圳"5·26"飙车事件中,政府在社交媒体方面的表现可圈可点,为外界所认可,这实际上与深圳交警部门日常的微博管理有着密切的关系。深圳交警部门早在事发两年多以前就已经开通了实名认证的官方微博。搜索之前的微博可以看出,"@深圳交警"总体上保持了较高的活跃度,平均每天都有二三次的微博更新,对微博运用的意识和能力应该说还是比较强的。而反观某些地方政府,尽管政府微博、微信公众号等从数量上来说已经蔚为大观,但是日常性的维护与运行往往被忽视,空心化问题严重,危机一旦来临,地方政府往往是后知后觉。实际上,在中国,社交媒体被很多人寄予更多超越技术层面的价值内涵,这些价值内涵的重要内容就是公民参与、政府监督与网络问政。由于现有的公民参与的制度体系还不够完善,社交媒体寄托了由于现实参与的高成本和不便利而带来的巨大的公民期待,这种巨大的公民期待很可能转化为网络参与的超载。从这种意义上来说,社交媒体就具有更加浓厚的价值内涵,如何更好地实现公民的这种期待成为政府微博应认真思考的问题。这需要政府微博担负起政府与公民日常沟通互动的桥梁作用,并进行常态化的、细致的维护和经营,使得社交媒体公共参与、社交媒体问政成为一种习惯、一种制度,把危机化解于日常良性的政府与公民互动中。

二、社交媒体危机沟通需要与权威信息发布有机对接

政府一直管理着报纸、电台、电视和官方网站,形成了一整套利用权威新闻媒体进行政治宣传和动员的有效程序和方法,这种官方渠道更具有权威性、稳妥性和可控性。[①] 在公共危机事件中,面对外界强烈的信息需求,政府更加倾向于采取新闻发布会的方式来达到信息发布的目的。新闻发布会的优点是信息发布的权威性和集中性,而且具有明显的仪式感,让人感受到其中的严肃性,但缺点同样非常明显,就是时间的滞后性和信息流的单向性。通常来说,新闻发布会需要建立在较为充足的信息基础上,否则会被认为是不负责任的表现。而新闻发布会的这些缺陷在社交媒体上可以得到很大程度的弥补:微博可以在第一时间对外发布相关信息,建立持续性的有效对话,对信息的系统性和完整性方面的要求也比较低。但是,目前我国地方政府并

[①] 参见娄成武、刘力锐:《论网络政治动员:一种非对称态势》,载《政治学研究》2010 年第 2 期。

没有很好地发挥这种优势，在深圳"5·26"飙车事件中的"@深圳交警"表现中也可以得到较明显的体现。从时间上来看，"@深圳交警"都是滞后于传统的新闻发布会，基本上都是在对应的新闻发布会结束之后的 3—5 个小时才发布相关的信息。从内容上看，微博发布的所有信息只不过是对新闻发布会信息的简单重复，一些关键信息反而不如新闻发布会。结果导致一些信息已经在新闻发布会上发布，并通过报纸、电视和广播等广为传播，但是，不少网民依然一无所知，依然质疑为什么不公开这些信息。实际上，对于年轻人为主体的网民来说，他们更多的是依赖于微博、微信等社交媒体获取相关的信息，而传统的广播、电视、报纸等媒体在很多人的生活中日益被边缘化。而政府微博并没有及时准确地呈现出这些信息，导致这种质疑的产生，政府微博与新闻发布会呈现出明显的脱节现象。新闻发布会是传统媒体环境下的信息发布模式，而政府微博则是新的社交媒体环境中的信息互动模式，不应该成为新闻发布会可有可无的点缀，二者应该更加紧密地对接。在公共危机中，应该充分发挥政府微博即时性的特点，在获取相关信息的第一时间对外公布，另外结合新闻发布会集中式的权威发布形式，二者相辅相成，相互统一。这需要二者在人员配备、组织结构、运行机制等方面无缝隙地对接。

三、社交媒体危机沟通需要改变政府的态度和理念

在微博等社交媒体的逻辑里，个人是网络沟通的主体，相互间的沟通网络呈现出扁平化的特征，但是在政府的科层组织中，遵循的则是自上而下、层层负责的逻辑。基于微博等社交媒体所产生的强大的以个人为中心的、多向度的沟通互动与过去长期以来所形成的自上而下的权威体系存在着明显的张力。在公共危机事件中，这种内在的张力可能会达到一种临界点，如果这种自上而下的权威和基于个人的自下而上的网民意识无法得到有效的纾解，政府微博则是有效调和这种紧张关系的很好的平台。在深圳"5·26"飙车事件中，事件发生的一开始，这种紧张关系就呈现出来了，并随着网络舆论的演化而不断提升，而最终之所以得到有效的缓解而没有发展为群体性事件，主要的原因在于地方政府在很大程度上调整了自上而下的权威逻辑。这种权威逻辑的调整主要体现在以下几个方面：

一是地方政府表现出积极的态度。地方政府社交媒体危机应对最终的效果如何很大程度上取决于地方政府官员的态度。改革开放以来分权让利

的中央地方关系改革给了地方政府官员足够的行动空间,但是却并没有建立起有效的完善的民众导向的制度安排。因此,从制度逻辑的结果上说,在社交媒体时代,地方政府对网络民意的"盲视盲听"是带有某种必然的常态。只有地方政府官员对网民参与的重要性和对危机的后果有足够的认识,才有可能认真严肃地对待并积极地回应网络民意,才有可能改变过去习惯性的管控做法,放开胸怀,吸纳网络民意,从而有效地化解网络舆论危机。深圳"5·26"飙车事件最终能够得到较好解决,最关键、最核心的因素在于危机产生后,尽管政府总体上处于被动的境地,但是交警部门自始至终对网络民意充分重视,认真回应,及时舒缓了舆论压力。而这也为地方政府运用社交媒体沟通提出了一个值得深思的问题,那就是如何建立刚性化的约束和规范机制,使得地方政府的社交媒体危机应对不再是取决于政府官员和部门的态度,而是现有制度的内在强制性要求。

二是地方政府有效地回应公众的信息期待。在现有的政府社会关系结构中,地方政府社交媒体公共危机应对的核心在于满足公众的期待并及时有效地发布相关信息。由于地方政府体系依然具有较明显的封闭性特征,"悬浮"于地方社会,地方政府具有较大自主性,还没有有效地嵌入到地方社会的约束体系之中,基于面向公民的责任体系没有完全建立起来,"报喜不报忧"成为一种习惯。这种相对自主的地方权能很容易让公众产生权力滥用和不负责的心理投射。公共危机一经触发,这种心理投射就会强烈地在公众的行为中表现出来,政府对信息的垄断会极大地强化和扩展公众对地方政府权力的想象空间,"还原真相"成为我国公共危机事件中政府面临的最大的民意诉求。政府运用社交媒体进行沟通时必须具体、有针对性。在社交媒体环境中,只有当相互之间的对话不是作为抽象实体,而是作为可识别的个人和公众的集合时,双向沟通才存在。一旦政府在信息发布方面不能有效地满足这种诉求,公众对政府的质疑、不满和愤怒就会迅速地凝结、升级。从这个角度来说,我国地方政府社交媒体承载的信息发布方面的功能和使命要比其他国家大得多。深圳"5·26"飙车事件中,"@深圳交警"最值得外界称道的地方,正是其面临强大的民意压力下总体还算及时的信息发布,让真相及时地展现在公众视野中,同样,公众依然不满的地方也是其对相关信息的公布不够主动、彻底。

三是地方政府充分地展现出谦卑的姿态。从沟通的角度来说,双方只有在相对平等的前提下才可能建立较为有效的沟通机制,在现有的公众参与模式中,地方政府通过社交媒体这一平台向公众呈现谦卑诚恳的姿态,对于实现危机沟通有效性显得非常重要。当前我国公共危机事件中的参与具有某种非制度化特征,以"事件"为参与路径、以"宣泄"为目的成为一种新的值得关注的公众表达模式。这种参与模式通常累积了巨大的公众对社会的不满、怨恨和愤慨情绪,并很有可能会引发聚众行为。① 在公共危机事件中,作为公众发泄对象的地方政府应该特别注意自身的态度,放低姿态,放下身段与公众积极沟通,才能有利于在很大程度上消解这种情绪。地方政府如果依然以过去那种居高临下的动员式参与的态度与公众进行沟通无疑会起到相反的效果。深圳"5·26"飙车事件表明,在网络沟通中,地方政府只要态度诚恳、敢于面对、开诚布公,是可以较好地应对公共危机的,而且可能成为树立政府形象的良好契机。如果认同并接受他人,合作和沟通是可能的。

---

① 参见于建嵘:《抗争性政治:中国政治社会学基础问题》,人民出版社 2010 年版,第 161 页。

第八章

辩护还是妥协:地方政府社交媒体危机应对策略

任何危机如果处置不当都可能对组织的声誉和形象造成损害,因此,危机被视为对组织声誉和形象造成明显负面影响的事件,"对一个不可预知的事件的认知,该事件威胁到利益相关者的重要期望,会严重影响到组织的表现,产生负面的结果"①。普通公众对于政府在危机中的应对表现往往呈现出失望进而产生质疑、不满甚至是愤怒是一种次生性的危机。危机可能直接对其生活、工作以及物质等各方面造成损害,而这种损害最终会转化成对政府的负面情感和行为倾向,从而给政府贴上负面标签。因此,对于地方政府来说,如何在危机发生后有效地维护自身的声誉和形象是危机应对中的一个重要任务。当然,从根本上说,提升自己形象和声誉必须不断强化自身的危机应对能力,采取有效的应急措施,争取在尽量短的时间内消除危机。但是,仅仅这样显然是不够的,正如我们在第六章所提到的,危机其实是一个政府与公众的意义建构过程,也就是说,危机本身是怎样以及真实状况如何是一回事,公众怎样认为是另外一回事。因为公众对危机的感知更多的是一种主观认知,建立在这种感知基础上的对政府的感知更是一种主观态度的体现。所以,危机发生后,地方政府应该根据具体的危机情境采取恰当的应对策略与公众沟通,也就是采用适宜的语气、语调和口吻影响公众的认知从而有效维护自身形象。危机应对的重要任务就是把恰当的信息传递给恰当的目标人群,通过有效的沟通策略,成功地消除公众的种种负面认知,重建组织声誉。社交媒体为地方政府的沟通策略提供了多样化的、灵活的选择,也为地方政府的应对策略选择带来了新的压力,一不小心"失语"就可能"形象尽毁"。

---

① W. T. Coombs, *Ongoing Crisis Communication: Planning, Managing, and Responding* (4th ed.), Sage, 2015, p. 3.

第一节　危机应对策略与社交媒体危机应对策略

当危机发生后,对政府或其他组织来说,最关键的问题是到底"该说什么和做什么"①,而"说什么"就涉及危机应对策略问题。在面对危机时,政府或其他组织如何言说和言说什么的意义在于,在危机中运用恰当的象征性的符号来进行"对外发言",从而维护和修复组织的形象,以获得公众正面认知和信任。通过使用危机语言修复组织的正面形象,保证组织的正常运转。② 而在危机中地方政府到底该说什么或怎么说,需要从危机所处的具体情况以及公众对危机的责任归因状况出发。

一、组织形象修复与危机应对策略

以班尼特(William Benoit)为代表的形象修复理论(image restoration theory)学者对组织在危机中的应对策略进行了较为系统的研究。在他看来,声誉是个人和组织最重要的资产,应该从战略高度去维护声誉或公众形象。不管发生了什么事,对组织形成不利的印象是不应该的,除非该组织被认为对该行为负有责任。责任可以以多种形式出现:例如,一个企业可以因其执行、命令、鼓励、促进或允许发生的行为(或因其似乎负有责任的不作为或不良行为)而受到指责。此外,如果什么都没发生,或者发生的事情没有被视为冒犯,那么企业的形象就不会受到威胁。受众的感知比现实更重要,重要的不是企业是否真的对这种冒犯行为负责,而是企业是否被相关受众认为应该对其负责。只要受众认为企业有错,其形象就有风险。同样,关键问题不在于该行为是否真的具有冒犯性,而在于相关受众是否认为该行为是具有冒犯性的。组织经常面向多个受众,例如,一家企业可能面对当地公民、政府监管机构、股东、雇员、压力集团和政治家。每个潜在的受众都有不同的兴趣、关注点和目标。危机传播者必须确定最重要的受众(或确定重要受众的优先级),在此基础上选择最恰当的应对策略。

---

① W. T. Coombs, The Protective Powers of Crisis Response Strategies: Managing Reputational Assets During a Crisis, *Journal of Promotion Management*, Vol.12, Iss.3, 2006, pp. 221-249.

② 参见聂静虹、娄拥军、王博:《论危机情境与政府话语策略——基于两起个案的研究》,载《社会科学研究》2013年第1期。

班尼特提出了组织在危机中的五种形象修复策略[1]：

第一种策略是否认。也就是直接拒绝承认指控，组织可以否认该行为的发生、否认组织的行为或该行为对任何人有害；或者推卸责任，辩称另一个人或组织实际上应对该行为负责。第二种策略是逃避责任。组织辩称它的行为仅仅是对另一组织的挑衅行为的回应，而且这种行为可以被看作对这种挑衅行为的合理反应；或者声称缺乏有关情况的重要信息或缺乏对这些因素的有效控制；或者声称是纯属意外，如果组织能让受众相信有关行为是意外发生的，就应该少负责任，减少对组织形象的损害；或者组织可以向受众暗示，这种不当行为完全是出于善意的。第三种策略是减少敌意。被指控为不当行为的组织也可以尝试降低公众对该行为所感知的攻击性。可以描述他们拥有的积极特征或他们过去做过的积极行为，以抵消与不当行为相关的消极感受，尽量减少与组织不当行为有关的消极情绪，将组织的不当行为置于一个更有利的环境中。减少敌意策略具体包括支持、最小化、差异化、超越、攻击和补偿六个子策略。例如，班尼特认为，组织可以"通过加强受众对组织的积极影响来加强或减轻对行动者的消极影响"或"将与冒犯行为相关的消极影响的数量最小化"[2]。补偿是减少敌意的最后形式。如果受害者可以接受，组织的形象就可以得到积极的改善。第四种策略是纠正措施，也就是组织承诺纠正问题。这一行动可以采取的形式是恢复危机之前存在的事态和（或）承诺防止冒犯行动再次发生。不但承诺纠正目前存在的问题，而且承诺此类事件不再发生。第五种恢复形象的策略是忏悔和乞求宽恕，这种策略的一个潜在缺点是，它可能会招致受害者的诉讼。

然而，形象修复理论的一个主要问题是，对个人或组织的这些描述性策略研究不能支持实践中的危机沟通策略的应用，也不能真正支持组织形象修复策略之间的相互关系。[3] 同样，这一理论也未能为公关从业者在危机中何时以及如何选择正确的策略提供明确的方向。

---

[1] See W. L. Benoit, Image Repair Discourse and Crisis Communication, *Public Relations Review*, Vol. 23, Iss. 2, 1997, pp. 177–186.

[2] W. L. Benoit, *Accounts, Excuses, and Apologies*, State University of New York Press, 1995, p. 78.

[3] See D. R. Holtzhausen and G. F. Roberts, An Investigation into the Role of Image Repair Theory into Strategic Conflict Management, *Journal of Public Relations Research*, Vol. 21, Iss. 2, 2009, pp. 165–186.

二、不同情境下的危机应对策略

班尼特的形象修复理论之后面临不少质疑，在一些学者看来，任何具体的策略都应该是针对具体的危机情形才有意义。也就是说，没有绝对意义上的有效或正确的危机沟通策略，依照情境危机沟通理论(SCCT)，所有的危机沟通策略都应该建立在对危机情境(crisis situation)的准确理解和把握基础上，组织在危机应对中的策略，实质上就是要求组织根据不同的危机情境来选择运用不同的语言技巧和象征符号。[①] 库姆斯在归因理论(Attribution Theory)等前期研究的基础上提出了著名的SCCT，之后，SCCT成为最流行、最权威的危机沟通和管理理论。简而言之，SCCT认为，组织机构应该基于具体的危机情境来决定到底采用怎样的危机沟通策略。SCCT理论模型由三个基本内容组成：组织危机情境、危机回应策略以及危机情境与回应策略的匹配系统。

所谓危机情境，就是危机发生后，组织必须弄清楚一件事情，即在人们看来，这一危机的产生到底在多大程度上是组织本身的责任，也就是公众对危机的责任归因。这是有效危机沟通的前提和基础。需要特别强调的是，这种责任大小并不是组织机构实际应该承担的责任，而是被认为应该承担的责任。在SCCT看来，人们对组织机构应当承担责任大小的看法通常由三个因素所决定：一是初始责任，也就是从危机的发生角度来说，组织在多大程度被认为是危机产生的原因，也就是人们对危机进行的归因。库姆斯列出了十种危机，依照不同的归因类型，把这些危机划分为三个集群：受害者集群、意外集群和故意集群。受害者集群也就是在这类危机中，组织同样被认为是受害者，如天灾、谣言等所引起的危机；意外集群就是这类危机是由意外性的因素所产生的，组织自身难以控制，如技术错误等引发的危机；故意集群则是指那些组织自身人为因素导致的事故，如违法或故意将利益关系人置于风险当中等，在这类危机中，组织无疑承担核心责任（具体分类情况如表8-1所示）。二是危机历史，也就是说组织是否在过去有过发生类似危机的经历，如果有的话，人们往往会认为组织应该对危机承担较大的责任。三是关系历史，就是

---

① See W. T. Coombs, Choosing the Right Words: The Development Guidelines for the Selection of the "Appropriate" Crisis-Response Strategies, *Management Communication Quarterly*, Vol. 8, Iss. 4, 1995, pp. 438-439.

组织机构与主要利害相关人之间互动的情况,如果组织有过类似危机的经历,而与利害关系人之间的互动效果不好,就可能进一步强化其对组织责任的归因,影响组织的声誉。

表 8-1 库姆斯基于责任归因的危机分类

危机集群	责任大小	危机类型	解释
受害者集群	责任极小	自然灾害	如飓风、地震、火山爆发等
		谣言	广为流传的有关组织的错误的伤害性信息
		工作场所暴力	在工作地点,现任雇员之间或者前任雇员与现任雇员互相攻击
		产品被篡改	外部原因对组织产品造成损害,如在饮料里投毒
意外集群	责任较小	质疑挑战	利益攸关者声称组织违规操作,如组织因为使用动物实验而遭到批评
		技术过失事故	技术或者设备原因导致的工业事故,如厂房爆炸、硫酸泄漏等
		技术过失产品伤害	技术或设备原因导致产品有缺陷或存在潜在危害
故意集群	责任较大	人为过失事故	人为过失导致的工业意外,如工人忘记检修阀门
		人为过失产品伤害	人为原因导致产品有缺陷,或者具有潜在危害,如工人疏忽过滤环节导致纯净水含铅超标
		组织错误行为	组织管理层将利益攸关者置于危险境地或者违反法律法规,如组织使用低劣原材料

注:本表格参照了温琼娟的整理,并进行了修正,参见温琼娟:《组织—公众视角下的情境危机传播理论研究》,华中科技大学 2014 年博士学位论文,第 62 页。

理论上来说,从不同的角度可以区分不同的危机情境,但是,从危机沟通的目的来说,公众对危机发生的责任归因(responsibility attribution)是危机情境最为重要的内容,这直接关系到公众对政府等组织的形象和声誉的评价,公众对组织的责任归因倾向越强烈,危机对组织声誉损害的可能性就越大。在危机发生后,政府或其他组织需要了解公众对危机责任归因的看法,也就是对于公众来说,组织对危机的发生是否承担责任以及需要承担多大责任,在此基础上选择恰当的沟通策略,以保护自身的声誉免受危机的负面影响。然而,在政府危机应对的过程中,往往缺乏对公众感知规律的把握,疏于应对,导致公众将责任错误归因,造成一些不必要的伤害。①

防卫性 ←							→ 妥协性
攻击原告	否认	辩解	正当的理由	迎合	修正行为	完全道歉
直面指控者,采取强力的方式回击(如起诉等)	否认危机存在,解释不存在的原因	淡化组织责任,强调不可控性	声称危机伤害不大,受害者得到了补偿等	讨好相关者,促使其喜欢组织	修补危机损伤,防止发生类似危机	公开道歉,承认对危机负责,请求原谅,补偿受害者
责任小 ←							→ 责任大

图 8-1　责任归因与危机沟通策略
资料来源:根据库姆斯等的研究整理。

　　情境危机沟通理论认为,危机来临后,组织机构应该把如何保护公众免受伤害放在首位,主要是采用两种基础性的策略来达到这一目的:为公众提供指导类信息,教导公众如何让自己的身体免受伤害,另外就是为公众提供修正类信息,包括心理、精神调适方面的信息以及避免同样问题发生的相关信息。在提供这两种必要的信息后,组织机构需要从下面几种回应策略中选择一种或几种进行危机应对。基于责任归因的视角,不少学者对危机策略进行了研究,其中库姆斯的研究最具有影响力,他在整合前人和自己研究的基础上,总结出了组织在危机发生后的七种沟通策略,即攻击原告(attack accuser)、否认(denial)、辩解(excuse)、正当的理由(justification)、迎合(ingratiation)、修正行为(correct action)和完全道歉(full apology)。越靠前的策略防卫性越强,越靠后的策略和解性、妥协性越强,因此被称为防卫—和解连续带。②

　　危机回应策略和危机情境与回应策略的匹配是情境危机沟通理论的核心,组织到底采用哪种应对策略,取决于公众认为组织应该承担的危机责任。依照情境危机沟通理论,当危机导致的信誉损伤不大时,只要提供客观的信息就够了,而不需要采取进一步的应对方式。当责任被部分归因于组织的时

---

① 参见徐彪等:《公共危机事件后公众对政府责任感知的形成机制研究》,载《公共行政评论》2016年第6期。
② See W. T. Coombs, An Analytic Framework for Crisis Situations: Better Responses from a Better Understanding of the Situation, *Journal of Public Relations Research*, Vol. 10, Iss. 3, 1998, pp. 1977-1991.

候,组织可以采用"借口"或者"合理化"等部分承担危机责任的反应策略。采取过度承担责任的策略,如本应部分承担危机责任的组织采取"完全道歉"的策略,有可能适得其反,可能强化利益关系人将危机责任归因于组织的态度倾向。在利益关系人将危机责任完全归因于组织的时候,声誉受到严重损伤,组织就应该采用"修正行动"或者"完全道歉"等完全承担危机责任的反应策略。当然,有时候公共关系工作者很难让管理部门或其他的合法机构认识到对危机承担起责任的重要性。表达清晰的道歉可能让组织惹上官司,结果带来财政上的损失。[①] 补偿和同情与道歉一样,同样可以让受害者产生组织应该对危机负责的感觉,因为这种应对主要关注受害者的实际需求。自我及时揭露危机(危机时机策略)也是一种有效的选择,同样可以有效地减轻危机带来的损伤。

在危机发生后,组织应该第一时间判断所面临的危机的类型,是属于受害者集群、意外集群还是故意集群。如果危机属于受害者集群,如自然灾害等,组织自身被认为是危机的受害者而需要承担的责任非常小;如果危机属于意外集群,如技术故障带来的危机是非故意的或不可控的,组织则不需要承担主要责任;如果危机被认为是故意集群,组织则被认为与危机的产生有直接的关系而应该承担主要责任。[②] 在此基础上,结合组织的危机历史和先前是否存在负面声誉这两点,可以从上面的七种策略中选择合适的一种或几种策略来进行危机应对。如果组织被认为负有越大的危机责任,应对策略就应该变得更具妥协性,尤其是当组织声誉威胁增加时[③],否则,采取防卫性的策略是恰当的(见图8-1)。这些策略对危机应对产生了很大的影响,在一些人看来具有非常现实的指导意义。

三、基于社交媒体的公共危机应对策略

情境危机沟通理论基本上是在传统大众媒体这一环境下提出的,而社交媒体作为一个新的媒介要素并未纳入该分析框架。尽管社交媒体在危机中

---

① See W. T. Coombs, Protecting Organization Reputations During a Crisis: The Development and Application of Situational Crisis Communication Theory, *Corporate Reputation Review*, Vol. 10, Iss. 3, 2007, pp. 163-176.

② See W. T. Coombs and S. J. Holladay, Helping Crisis Managers Protect Reputational Assets: Initial Tests of the Situational Crisis Communication Theory, *Management Communication Quarterly*, Vol. 16, Iss. 2, 2002, pp. 165-186.

③ See W. T. Coombs, *Ongoing Crisis Communication: Planning, Managing, and Responding*, Sage, 2011, p. 113.

扮演着越来越重要的角色,但是,相关的研究一直相对比较滞后。正如库姆斯所言,新媒体的快速发展往往让公共关系的实践走在研究前面,危机沟通的实践同样走在社交媒体研究的前面。① 到 2010 年以后,随着各种社交媒体工具的快速发展,社交媒体在公共危机沟通中的作用越来越突出,相关的研究也越来越丰富,并逐渐形成了较为系统的理论,其中最有影响力的研究要数来自弗吉尼亚大学的 Yan Jin 和来自马里兰大学的 Brooke Fisher Liu 在反思过去情境危机沟通理论基础上提出的以社交媒体为中介的危机沟通(SMCC)模型。

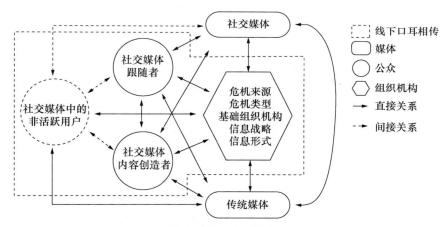

图 8-2　以社交媒体为中介的危机沟通模型

　　Jin 和 Liu 认为,应该把基于互联网技术的新型媒体纳入到危机沟通的模型中来,而库姆斯等的沟通模式并没有很好地体现这一点。2010 年,两人提出了一个以博客为中介的危机沟通(Blog-Mediated Crisis Communication,BMCC)模型,把博客作为危机沟通中的一个核心要素进行分析,认为学会有效地掌握基于微博的公共关系变得越来越重要,强调危机管理者尤其应该关注危机沟通中有影响力的博客,认为有影响力的博客不仅能够影响博客的跟随者,还能够通过为媒体提供危机信息和线下博客跟随者和非博客跟随者之间的口耳相传等方式,实现更加广泛的非直接性的影响。危机管理中应该通

---

① See W. T. Coombs, Crisis Communication and Social Media, Essential Knowledge Project, http://www.instituteforpr.org/essential_knowledge/detail/crisis_communication_and_social_media, visited on 2020-05-20.

过博客的内容相关度、信息的权威性和可信度等来鉴别有影响力的博客,并在此基础上采取有效的危机应对策略。[①] 随着微博、Facebook 等社交媒体工具的快速发展,人们对社交媒体的运用越来越普遍,原有的仅仅基于博客的危机沟通模型已经明显不适应。之后,两位作者把 BMCC 模型改为 SMCC 模型,也就是以社交媒体为中介的危机沟通模型。如图 8-2 所示,SMCC 模型依照危机过程中在社交媒体信息表现方面的差异把网民分为三种类型的群体,第一类群体是指那些专门为其他人创造新社交媒体信息的人,被称为有影响的社交媒体内容创造者(influential social media creator);第二类群体被称为社交媒体的跟随者(social media followers),他们直接消费第一类群体所创造的信息;第三类群体指那些不直接消费第一类群体所创造的危机信息的人,他们只关注那些经过很多次修改或转发的信息,属于社交媒体中的非活跃用户(social media inactive)。危机管理者应该学会运用 SMCC 模型鉴别危机中社交媒体信息使用方式不同的群体,通过检测社交媒体就能够了解如何以及何时作出网络回应。另外,SMCC 模型把沟通媒介分为三类:社交媒体、传统媒体和线下口耳相传方式,为了更好地呈现线上线下之间的融合和交互特征,新的模型更加清晰地反映了危机事件中组织机构、有影响力的社交媒体内容创造者、社交媒体跟随者以及社交媒体中的非活跃用户之间的口耳相传等传统的沟通形式,并用一个虚线的方框加以呈现。

为了更好地呈现出组织机构在危机中是如何通过传统媒体、社交媒体和线下口耳相传等方式进行危机应对的,SMCC 模型从危机来源、危机类型、基础性组织机构、危机信息战略和危机信息形式等五个方面对组织机构的危机应对进行分析。所谓危机来源就是指危机是源于组织机构内部还是外部,当某一危机涉及多个组织的时候,每一个组织都可以从自身的角度把自己定位为这一模型的中心,并采取相关的危机应对策略。这会影响到责任的归因,公众普遍认为组织内部危机应该比外部危机更容易控制,因此,组织对于源于内部的危机应该承担更大的责任,从而影响到有效的危机应对策略;基础性组织机构就是危机产生后负责危机沟通的主要机构,是通过集权化的中央性组织机构还是通过地方性的分支机构、附属机构乃至通过相关部门来进行

[①] See Yan Jin and Brooke Fisher Liu, The Blog-Mediated Crisis Communication Model: Recommendations for Respondingto Influential External Blogs, *Journal of Public Relations Research*, Vol. 22, Iss. 4, 2010, pp. 429-455.

信息沟通比较合适;危机信息战略取决于危机的源头。所谓危机信息的形式是指危机信息的传播是通过传统媒体、社交媒体还是(或者)线下的口耳相传来实现的。通常来说,这五个因素决定了组织机构在危机前、危机中和危机后的应对策略。有研究清晰地呈现出了危机应对中危机信息形态(通过哪种方式来实现信息传播)与信息的来源相匹配,也就是说不同来源的危机信息需要通过恰当的媒介来传播是非常重要的。①

有研究表明,在社交媒体环境中,如果危机被认为是内源性的,也就是公众认为组织需要为危机的发生承担主要责任时,危机相关的信息应该由组织自身的社交媒体账号发布,如果通过第三方的社交媒体发布,可能导致强烈负面情绪(如不满和愤怒)产生,进而只能选择妥协性的、和解性的策略,如道歉、补偿受害者等。相反,如果公众认为组织不需要为危机的发生承担主要责任时,组织采取防卫性的或逃避性的策略(如攻击原告、否认、辩解等)是恰当的,但需要注意的是,通过组织自身的社交媒体发布比较容易获得公众的认可。② 即使在意外集群中,运用道歉和补偿等策略也可能比否认或辩解策略更容易取得成功。与传统媒体相比,在社交媒体环境中,危机可能更容易被放大从而对组织声誉产生危害,因此,组织更加愿意采用妥协性的策略以减少声誉风险。③ 如果组织被认为不需要对危机的发生负责,运用社交媒体与公众建立良性的互动和合作也是非常必要的。然而不少组织在危机中并没有通过社交媒体来进行互动,社交媒体的危机应对功能没有充分地体现出来,不过,这也可能是有意这么做的。④ 在社交媒体的环境中,更好地基于公众的责任归因来进行危机沟通显得更加重要。

在此后的研究中,几位作者通过实证的方式对 SMCC 模型进行了细致深

---

① See Brooke Fisher Liu, Lucinda Austin, & Yan Jin, How Publics Respond to Crisis Communication Strategies: The Interplay of Information Form and Source, *Public Relations Review*, Vol. 37, Iss. 4, 2011, pp. 345-353; Yan Jin, Brooke Fisher Liu, & L. Lucinda, Austin. Examining the Role of Social Media in Effective Crisis Management: The Effects of Crisis Origin, Information Form, and Source on Publics' Crisis Responses, *Communication Research*, Vol. 41, Iss. 1, 2014, pp. 74-94.

② See J. Yan, *et al.*, Examining the Role of Social Media in Effective Crisis Management: The Effects of Crisis Origin, Information Form, and Source on Publics' Crisis Response, *Communication Research*, Vol. 4, Iss. 1, 2014, pp. 74-94.

③ See E. Ki and E. Nekmat, Situational Crisis Communication and Interactivity: Usage and Effectiveness of Facebook for Crisis Management by Fortune 500 Companies, *Computers in Human Behavior*, Vol. 35, 2014, pp. 140-147.

④ See Mina Roshan, Matthew Warren, & Rodney Carr, Understanding the Use of Social Media by organizations for Crisis Communication, *Computers in Human Behavior*, Vol. 63, 2016, pp. 350-361.

入的研究,这一模型逐渐成为当前危机沟通的重要分析框架。一些学者提出了基于社交媒体的危机沟通建议,下定决心要把社交媒体列为风险和危机管理政策和方法的组成部分,运用社交媒体工具进行环境扫描,以更好地倾听危机和风险承受者的想法。在日常沟通活动中学会运用社交媒体工具,积极参与对话,包括对谣言的管理,并决定采用何种最佳的途径和被信息隔绝的群体建立联系;确认信息的真实性并态度诚恳地进行回应;跟随并分享可靠的信息源,确认已经使用了社交媒体;认识到运用社交媒体就是进行人际沟通,把社交媒体作为信息更新的首要工具[①],当然,也应该充分认识到社交媒体不是万能钥匙。

表 8-2 面向组织危机应对的集成策略工具包

危机应对		立场	辩护	介于二者之间	妥协
	危机应对策略	危机前	危机中	危机后
基础性策略	信息提供(指导性、调整性和内化性信息)	√	√	
	监督	√		
	操纵与掩盖(减少媒体报道和相关者介入)		√	
	同情		√	
否认	法律行动	√		同样的危机沟通策略在这里应用
	攻击原告	√		
	拒绝	√		
	忽视	√		
	不评论	√		
	替罪羊	√		
辩解	借口		√	
	回应挑衅		√	
	撤销		√	
	强调意外		√	
	展示善意		√	
	推卸责任		√	

---

① See S. R. Veil, T. Buehner & M. J. Palenchar, A Work-In-Process Literature Review: Incorporating Social Media in Risk and Crisis, Communication, *Journal of Contingencies and Crisis Management*, Vol. 19, Iss. 2, 2011, pp. 110-122.

（续表）

危机应对	立场	辩护	介于二者之间	妥协
	危机应对策略	危机前	危机中	危机后
正当理由	增强		√	同样的危机沟通策略在这里应用
	改善		√	
	转移		√	
	提醒		√	
	讨好		√	
	最小化危害		√	
	区分		√	
	扩散		√	
	超越		√	
妥协	"抢雷"（自我揭露）	√		
	补偿		√	
	道歉			√

资料来源：Y. Cheng, How Social Media Is Changing Crisis Communication Strategies: Evidence from the Updated Literature, *Journal of Contingencies and Crisis Management*, Vol. 26, Iss. 1, 2016, pp. 58-68。

杨程在研究前人成果的基础上，发现了现有研究中一些不一致的地方，一方面，学者们对"攻击原告"与"减少攻击"策略在防御性的强烈程度方面有不同的看法，认为"减少攻击"策略比"否认"策略更具有适应性。例如，在库姆斯更新的危机沟通策略总清单中，"攻击原告"是排在第一位的防御策略，甚至比"否认"更具防御性。[①] 在形象修复策略的范围内，SCCT 响应策略如提醒、同情、替罪羊、讨好等策略未被提及。在 SCCT 中，诸如转移责任、区分和最小化形象修复等策略被排除在外。他提出了"互动危机传播"（Interactive Crisis Communication, ICC）模型，建立了包含社交媒体应对策略在内的一个综合战略工具包，集成了所有前人所提出的策略，并生成五个主要危机反应（基础性策略、否认、辩解、正当的理由和妥协）和 28 个策略（如攻击原告、拒绝、忽视、替罪羊、借口、回应挑衅、撤销、强调意外、展示善意、"抢雷"、补偿和道歉等）（见表 8-2）。

[①] W. T. Coombs, State of Crisis Communication: Evidence and the Bleeding Edge, *Research Journal of the Institute for Public Relations*, Vol. 1, Iss. 1, 2014, pp. 1-12.

第二节　丽江女游客被打事件中的地方政府社交媒体沟通策略

西方的这些研究为我国地方政府运用社交媒体应对危机的策略选择提供了很好的借鉴和启示。尤其是对一些地方政府来说，面对社交媒体的舆论风暴，不知道该怎么说，说什么，呈现出明显的社交媒体不适症，表现为紧张、失语、沉默、随意等，甚至屡屡出现"雷人"语言，引发新的次生危机。2016年发生在著名旅游城市丽江的一起引人关注的游客被打事件就是很好的例证，其中地方政府在整个危机期间通过微博等社交媒体进行的危机沟通策略，值得我们很好地反思。

一、案例简介

2017年1月24日，一位东北女游客通过微博账户"@琳哒是我"爆料称，自己在两个月前，也就是在丽江旅游期间的2016年11月11日凌晨与朋友在当地一家烧烤店就餐时遭到邻桌一群男子嘲讽，并无端遭受对方用酒瓶砸头、用玻璃片划脸和拳打脚踢等暴力殴打半个多小时，导致伤势严重和毁容。全长2000多字的博文详细地描述了事件发生的整个过程，以及由此遭受的巨大的身心创伤，并配上近10张被殴打后触目惊心的照片，立刻引发舆论场强势围观。博文怀疑当地警方处置不力、推诿责任、刻意偏袒。该微博迅速获得了大量转发和评论，一些名人"大V"也对此微博进行了转发和评论，一时间成为全国高度关注的公共舆情危机事件。网民对当地政府和警方的作为表示强烈的质疑和不满，尤其是被打后未立案，以及对要求损伤90天后进行鉴定的问题表示不解，丽江市政府与当地警方迅速被推到了舆论的风口浪尖。微博、论坛、微信等各类媒体对该事件进行了大量跟踪报告，仅仅两天的时间，全网关于"丽江女游客被打"事件的信息总量达84.7万条，其中，新浪微博的相关数据达83.8万条，占数据总量的98.9%。[①] 截至2017年2月9日，当事女游客"@琳哒是我"最早的一篇爆料微博被转发近49万次，累计评论数52万，点赞60万。

[①] 参见李勇等：《基于情感挖掘和话题分析的旅游舆情危机演化特征——以"丽江女游客被打"事件为例》，载《旅游周刊》2019年第9期。

面对网络上就此事件提出的各种质疑和不解,当事人通过自己的微博账户接连发表 40 多条微博——进行回应、解释与反击,并透露其曾被当地政府有关部门要求删除微博爆料内容等。当事人的不幸遭遇迅速博得网民的广泛同情,大量网民强烈谴责施暴者的野蛮行径和当地警方和有关部门的不作为,大量的传统媒体也纷纷跟进,要求查明真相,严惩相关人员。随着网络舆论的持续发酵与关注,"警匪一家""抵制丽江""报警无用论"等言论甚嚣尘上。很快,1 月 25 日以及 27 日,丽江警方先后通过官微两次发布官方通报予以回应,但在外界看来存在明显漏洞,且态度不真诚,刻意回避责任,自我辩护。当事女游客针对丽江警方进行了一一反驳,舆情进一步被推高。1 月 25 日,当地政法委成立联合调查组,6 名嫌疑人已被警方控制。2017 年 2 月 9 日晚,丽江市古城区委宣传部通过官方微博"@古宣发布"对外发布消息称,6 名涉案嫌疑人已被检察机关批准逮捕。然而,舆论并没有就此平息,一些网民对当地政府的滞后反应表示了不满,不少网民结合自身的经历纷纷曝光了丽江旅游管理中存在的诸多乱象,如演员张若昀及其父亲曾在丽江被围殴、"童话大王"郑渊洁微博发文质疑丽江古城维护费的收取,另有网民爆料"游客在丽江餐厅催饭遭殴打"等。一时间,有关丽江旅游的负面消息频频引爆,地域形象严重受损。2017 年 3 月 9 日,丽江市古城区人民法院依法受理了丽江市古城区人民检察院对六名被告提起的公诉。2017 年 3 月 30 日,丽江被打女游客"@琳哒是我"再次发声,表示已经聘请律师与丽江古城法院对接,取得卷宗,并进行阅卷和整理。2017 年 8 月 17 日上午,丽江市古城区人民法院依法对六名被告做出寻衅滋事罪、故意伤害罪的判决,六人分别被判 1 年到 3 年 6 个月不等的刑期。至此,一起引发全国关注的舆情事件落幕。

在整个事件过程中,当地政府相关部门积极运用微博进行危机沟通,如丽江古城区宣传部、丽江公安局等都分别通过官方微博账号发布相关信息对外进行危机沟通。然而,在整个过程中,一些官方微博的语气、语调和态度表现出明显的不恰当,甚至引起公众很大的不满,进而引发舆情反弹。基于前面提到的情境危机沟通理论和以社交媒体为中介的危机沟通模型,从公众责任归因的视角,审视当地政府和相关部门的社交媒体应对策略,我们可以对当前我国地方政府的社交媒体危机沟通策略及其效果有较为具体而深入的认识。

二、危机情境与责任归因

不管是情境危机沟通理论还是在此基础上提出的以社交媒体为中介的危机沟通模型，都是基于责任归因这样一个基本逻辑来分析危机沟通策略是否合理、有效。危机发生后，网民和公众的负面情绪很多时候不是因为危机本身带来的影响和损失，而是导致危机的原因以及政府在危机应对过程中的表现。公众表达愤怒和不满很大程度上是因为此事不应该发生，或者不应该这样处理。同样的道理，公众对政府的正面情绪很多时候不是由于危机本身危害的大小，而是政府在避免危机和应对危机方面的所作所为令人称道。公众对危机中组织的责任归因主要基于自身的感知，也就是说，公众或利益相关者认为事件应该主要由谁承担责任。通常来说，人们的这种感知主要来自于三个方面的主观判断[1]：

一是内部属性（internal locus）。也就是危机发生之后，公众是否认为危机的发生是由于组织内部的原因导致，这直接关系到其对组织责任的看法。如果定位为外源性危机，也就是说，在公众看来打人事件的发生只是一起意外，承担主要责任的是当事人双方，地方政府依法依规，处置得当，地方政府不需要承担主要责任。相反，如果公众认为事件是组织自身能力不足，存在拖延、隐瞒、包庇等原因所导致的，那是不应该发生的，也是不能接受的，那么毫无疑问当地政府就会被认为需要承担主要责任。

二是可控性（controllability）。也就是组织本身是否有能力通过采取及时的措施控制事态进一步恶化，如果危机本来是在地方政府可控范围，只要依照现有程序、职责，是完全可以避免事件发生的，那么组织就应该承担主要责任。就丽江女游客被打事件来说，不管是事件的发生还是事件发生后出现的问题，究竟在多大程度上是在政府可处理的能力范围之内。

三是稳定性（stability）。也就是过去是否发生过类似的危机，并且先前是否有过负面的声誉，如果有的话，组织会给人留下不负责任的、不值得信任的负面印象，事件发生后，公众会想当然地认为政府存在疏忽或主观上的故意而需要承担主要责任。就本案例来说，游客过去在丽江的旅游经历以及在

---

[1] See W. T. Coombs, Choosing the Right Words: The Development Guidelines for the Selection of the "Appropriate" Crisis-Response Strategies, *Management Communication Quarterly*, Vol. 8, Iss. 4, 1995, pp. 438-439.

媒体上所看到的过去丽江所发生的负面报道等都可能会强化其对本事件中政府应该承担主要责任的归因判断。在公众看来,丽江女游客被打事件所引发的危机是否是当地政府内部原因所导致,是否存在主观的故意直接决定了其对该危机的责任归因。

表 8-3 责任归因与微博类型的交叉分析

			微博类型			
			社会微博	网络"大 V"	媒体微博	政府微博
责任归因	警察失职	计数	78	75	61	89
		微博类型占比	52.0%	35.0%	45.2%	72.4%
	旅游不规范	计数	33	74	39	20
		微博类型占比	22.0%	34.6%	28.9%	16.3%
	个人原因	计数	20	35	26	8
		微博类型占比	13.3%	16.4%	19.3%	6.5%
	其他	计数	19	30	9	6
		微博类型占比	12.7%	14.0%	6.7%	4.9%
合计		计数	150	214	135	123
		微博类型占比	100.0%	100.0%	100.0%	100.0%

注:$x^2=51.697$,$df=9$,$p=0.000<0.001$。

为了了解公众对丽江女游客被打事件的责任归因,我们对网络评论和留言进行了分析。当事女游客通过微博发布了被打后触目惊心的照片后,这一微博被大量转载,迅速引爆网络舆论。我们选取了对该事件关注度最高、被转发量排名靠前、影响力较大的社会微博、"大 V"微博、媒体微博、政务微博共十个微博用户,其中社会微博 3 个,"大 V"微博 2 个,媒体微博 3 个,政务微博 2 个,分别从微博的评论中每隔 50 条评论抽取 1 条评论,每个微博抽取 80 条评论样本,共 800 条评论,剔除其中没有明显责任归因倾向的 179 条评论,共得到 621 个样本,抽取时间为 2017 年 1 月 27 日。然后,对所获得的样本进行责任归因编码,编码很简单,就是这起事件是当地政府应该承担主要责任还是当事双方应该承担主要责任,还是其他的人或组织应该承担主要责任。通过对编码员的事先培训,对编码的一致性进行了检测,一致性达到了 85.6%。对存在分歧的地方进行了讨论,最后对其中的分析达成了一致意见。对评论的内容进行分析后发现,在网民看来,之所以发生这样的事件,主要原因总体上可以分为四个方面:一是警察不作为、乱作为。有接近半数(48.8%)的评论把矛头指向当地警察,认为当地警察应该承担主要责任,正是因为警察在处理这一事件过程中明显的不作为、乱作为等导致了女游客被殴打后这么久都得不到公正的处理。评论中充斥着对警察在整个过程中作为的不满和质疑,其中"警匪一家""包庇""腐败"等词语在评论中频频出现,这原本是一起当地政府特别是警察可以控制的危机,特别是当事女游客被打之后警察的出警、处置以及验伤等环节,都是警察能力和职责范围内的事情,也就是说危机是可控的。最终当事人被逼无奈发微博上热搜,引发了危机。二是长期以来当地旅游市场管理混乱。有26.7%的网民认为,导致这一问题的根本原因是长期以来当地旅游市场管理上存在问题。近几年,丽江旅游管理多次爆出问题。就在本事件发生前的2015年10月,记者先后披露在"十一黄金周"期间丽江旅游景区有黄牛带游客逃票、游客骑马被欺诈、酒托揽客欺诈游客等行为,引发社会关注,被国家旅游局给予严重警告,公开通报并要求限期6个月整改。当年12月,国家旅游局对丽江景区进行暗访发现,当地依然存在不少问题,如欺客宰客情况严重,出租车普遍不打表,商户存在欺客行为,餐饮场所等价格虚高,多数商铺无明码标价,环境卫生脏乱差,卫生设施及人员不足,垃圾清理不及时,安全提示不到位,消防设施不完备等问题,被要求再次整改。直到2016年9月,才被撤销严重警告处分。事件发生后,不少网民认为当地旅游市场依然整改不彻底。评论中一些网民分享了自己过去在丽江旅游期间的种种不愉快经历,引发了较为强烈的共鸣,认为正是因为管理不到位才导致事件的爆发,具有必然性。三是当事双方的不理性。大概有14.3%的网民认为当事双方应该承担主要责任,施暴者惹是生非、过于冲动,受害者也可能存在语言挑衅等。四是地域差异导致的一些语言习惯和行为方式引发的误解,激化了矛盾,以及当时的具体环境等因素,在一些网民看来也可能是事发的重要原因,这部分的比例为10.2%。也就是说,大概有75.5%的网民认为主要责任在于当地政府,不管是警察的作为还是旅游市场的不规范,都是当地政府责任不到位的体现。

我们把以上微博评论的四种责任归因与评论所属的微博类型进行了简单的交叉分析,从表8-3可以清晰地看出,尽管在不同类型微博的评论中,对责任具体归因存在着差异,但是,从进一步的分析可以看出,警察不作为和旅游市场监管混乱均为地方政府职责范围,这两者合并为政府内部责任归因,两者合并以后认为这一危机是地方政府内部责任引起的比例都非常高,最低的是网络"大V"中的评论,但也达到69.6%,其他均超过70%,其中政务微博评论中持这一态度的比例更接近 90%。归因为个人的评论不管是在哪一种类型的微博中都占据相对较小的比例,也就是说,在大部分网民看来,这起危机事件地方政府应该承担主要责任。从形象修复理论的角度来说,当地政府的声誉和形象受到了很大的损伤,为了修复自身的形象,地方政府应该认识到自己的问题,采取有效的策略并积极进行危机沟通。

三、事件中的地方政府社交媒体沟通策略

在大部分网民看来,丽江女游客被打事件是一起内源性的危机,是可控的,并且类似的危机在过去不止一次发生过,从情境危机沟通理论来说,地方政府在运用社交媒体进行危机沟通的时候应该更多地采用妥协性、和解性的策略,如道歉和补偿受害者等。从以社交媒体危机中介的沟通模型来看,这一属于内源性的危机应该通过自身的社交媒体账号解决比较恰当,且必须采取妥协性的沟通策略,才能得到公众认可,在本案例中,即当地政府采取官方微博+妥协性的策略是比较合适的。而在这一事件中,地方政府到底采取了怎样的社交媒体策略?事件中的地方政务微博为我们回答这一问题提供了很好的分析依据,通过地方政务微博文本中所呈现的语言、修辞以及所提供的符号等相关信息,我们能够对地方政府所采取的社交媒体策略进行识别和研究。

表 8-4 丽江女游客被打事件中的社交媒体应对策略汇总

策略	政务微博话语	数量	所占百分比
攻击原告	误导舆论、臆造、诋毁警方、胡搅蛮缠、放荡、造谣、最好别来、无你不少、起诉、一个巴掌拍不响、恶意、报警	6	19.4%
否认	言论不实、非我部门内部人员所为、不存在不作为、不代表官方态度;迅速出警、及时送医、依法依规、依法传唤、高度重视	5	16.1%
辩解	技术原因、登录异常、个人原因、伤情鉴定符合程序、不是一个账号多人使用	13	41.9%
行为修正	成立工作组、批捕嫌疑人、行政处分、停职检查、党纪立案、追责、加强维护	4	12.9%
道歉	深刻检讨、深表歉意、诚挚歉意	3	9.7%

在打人事件被当事女游客通过微博发布并引发高度舆论关注后,"@云

南警方""@云南丽江警方""@古宣发布"和"@丽江古城法院"等政务微博就此事发声,一共发布相关微博21条。我们通过开放式及二级编码,对这些微博的字、词、句和段落进行甄别,一共得出了31条危机沟通策略(见表8-4),其中大部分为防卫性策略:

一是攻击控告者。"攻击"对象主要包括当事女游客和表达不满的网民。被打女游客通过微博爆料后,当地政府第一反应是通过微博对相关的指控进行强力反击,以较为强烈的口吻对相关内容进行了反驳。其中最典型的是1月29日"@丽江新闻办"转引他人长文,指责当事女游客误导舆论和网民,"臆造'警方不作为''警方包庇'等虚假靶子"、诋毁攻击警方,胡搅蛮缠,不理性等。2月10日晚,"@云南丽江警方"转发一篇网文指责被打女游客"放荡""约炮"的文章,并转发"@琳哒是我,与她的陌陌"的评论"被打不值得同情"。该微博进一步激怒了之前网民对警方所作所为的不满,网友愤怒转载,认为以警方的身份转这样一条微博被认为是代表了地方政府的一种真实态度,显得非常的不恰当,涉嫌人身攻击。尽管事后丽江警方很快意识到这一问题,删除了该微博并解释不代表官方立场,但网民似乎并不买账。另外,针对个别网民的激烈态度,当地政府也以同样激烈的态度进行了"回击"。2月26日在丽江古城被国家旅游局严重警告之后,云南丽江市古城区委宣传部官方微博"@古宣发布"发布表态内容。微博用户"@记住她的好"评论称"永远不会去的地方就是丽江",疑似该官方微博答复"你最好永远别来!有你不多,无你不少!"传播的截图中还有该官方微博发布的内容:"任何事情都是这样,俗话说:一个巴掌拍不响!"实际上,打人事件被披露后,出于愤怒,一些网民留言表示不再去丽江旅游,因此,这一态度被认为是对持这种态度的网民的回应。之后很快"@古宣发布"指责网民造谣,并表示"对于恶意造谣,扭曲事实,炒作舆论的个人和机构,古城区委宣传部保留通过法律途径维护合法权益的权利",当地政府的这种强硬的态度一时间令网络哗然。

二是否认。对被打女游客以及网民的各种指责,包括"警方不作为""腐败""权力滥用"等,地方政务微博一一进行了否认,认为"所有的这些指控都是不实言论,是一种主观的臆造"。1月25日,也就是被打女游客通过微博发布自己被打照片的第二天,"@云南丽江警方"就在微博上对各项指控进行了辩解,并用了"迅速出警""及时送医""依法立案传唤"等字眼强调在整个事件处理过程中,警方行动迅速、有力,所有行为都合法合规,更不存在包庇的问题。对于"怒怼"网民的指责,"@古宣发布"很快发表声明否认,强调"非我方所为",更不代表官方立场。2月9日,该微博还链接了央视关于之前发生在丽江的"快活林打人事件"的新闻调查视频,寓意警方的整个处置过程是合法合规的。

三是辩解。对于事件过程中确实发生的,并被网民保留了证据的失当和错误行为,当地政府第一时间采取的策略是辩解。如对提供不恰当链接暗喻被打女游客行为"不检点"的行为以及"怒怼"网民等行为,政务微博均进行了辩解,要么是微博"登录异常","微博专人专业维护管理,不是一个账号多人使用",是技术故障所导致;要么是民警的个人行为,是"公安局宣传民警在浏览一篇网络文章时,将文章分享到丽江警方新浪官方微博,导致文章被转发"等。

除了防卫性策略,地方政务微博也采用了一些妥协性策略,主要包括行为修正和道歉。当地政府的防卫性策略并没有带来很好的沟通效果,反而激化了矛盾,强化了网民对当地政府的负面感知,引发了更大的舆论危机。面对强大的舆论压力,1月25日"@云南警方"和"@云南丽江警方"均透露已经成立工作组,对网络反映的问题启动调查,并及时公布相关信息。2月9日,"@云南丽江警方"宣布6位嫌疑人被批准逮捕。对于在事件中通过政务微博指责被打女游客"放荡"和"怒怼"网民的工作人员,政务微博也公布了处理结果。2月25日,丽江古城景区被国家旅游局严重警告后,古城区委宣传部在其官方微博"@古宣发布"表态,诚恳地接受国家旅游局的处理决定,接受舆论的监督,接受广大游客的批评和意见。这些都属于行为修正策略。道歉是所有危机应对策略中最具妥协性的策略,在整个事件中,道歉策略仅仅出现3次,为官方微博转发不当内容引发网民愤怒之后,"@云南丽江警方"对被打女游客带来的伤害表示道歉,另外对于官微"怒怼"网友的行为,"@古宣发布"对网友表示了歉意,还有就是国家旅游局宣布对丽江景区进行警告,要求其整改后,"@古宣发布"表示道歉。另外,一些其他的微博沟通很难归入库姆斯等所归纳的策略中。

四、地方政府社交媒体危机沟通策略的效果

依照责任归因理论,由于70%以上的网民认为地方政府应该为危机承担责任,因此采取妥协性的策略是比较可取的。然而,从表8-4中可以看出,在整个女游客被打事件中,地方政务微博 30 多条策略中,攻击原告、否认和辩解等防卫性策略加在一起比例高达 77.4%,而修正行为和道歉等妥协性策略只有 22.6%。需要强调的是,仅有的 3 条道歉策略均是针对政府内部人员在微博运行和管理方面出现的具体问题而做的道歉,而就被打事件危机本身,政府的社交媒体账户对受害者本人和公众没有进行任何的道歉,也就是说,在整个危机中,地方政府的社交媒体策略呈现出非常强烈的防卫性色彩。过去的研究表明,公众对于组织针对内源性危机所采取的防卫性策略往往持否定态度,对组织缺少同情和信任。① 在丽江女游客被打事件中,地方政府的这种防卫性策略与公众的责任归因产生了较为明显的对立,地方政府社交媒体的话语向公众传达着强烈的自身不需要为危机承担任何责任的态度,而这在网民看来,正是一种不负责任的表现。当政府的这种态度与公众的看法产生越来越明显的冲突的时候,政府在公众心中的负面形象也就越来越强烈,政府社交媒体应对的沟通策略也就很难真正修复组织形象、消除公众负面认知。

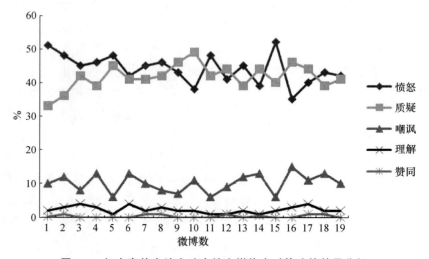

图 8-3 打人事件中地方政府社交媒体应对策略的效果分析

网民在政务微博留言中所呈现的情感倾向为我们分析打人事件中地方

---

① See B. T. Lee, Audience-Oriented Approach to Crisis communication: A Study of Hong Kong Consumers' Evaluation of an Organizational Crisis, *Communication Research*, Vol. 31, 2004, pp. 600-618.

政府社交媒体应对策略的效果提供了很好的样本。网络不仅是信息集散地，也是价值观交换的场所，它具有与现实社区组织一样的行为规范体系和社会凝聚功能，也能建构某种有意义的情感联系，[①]网民的留言可以直接反映出对政府危机沟通策略的认可度。我们识别了网民在政务微博留言中的五种情感，即愤怒、质疑、嘲讽、理解和赞同，这些情感均属于危机过程中的归因依赖性情感（atrribution-dependent emotions）。[②] 数据挖掘显示，危机事件发生后，网友通过微博评论表达的主观情绪具有明显的时序特征，并且负面情绪占比高达58.36%，大多数评论表现出对此次事件的震惊、愤怒，以及对政府的追责和渴望调查真相等舆情诉求。[③] 也就是这些个人情感与危机事件的责任归因紧密相联。为了进一步分析当地政府所采取的以防卫为主的危机应对策略的效果，我们对当地政府发布的有关打人事件的19条微博（有2条微博很快被删除）的网友评论进行了情感分析，对每一条政府微博所产生的评论每隔20条抽取1条评论，每条政务微博博文获得100条评论样本，并对这些评论样本内容进行情感挖掘，分析网民对地方政府沟通策略的感知和情感倾向，具体情况如图8-3所示。从中我们可以清晰地看出，在对19条政务微博的评论中，占据主体的情感是愤怒和质疑，政府发布的每一条政务微博愤怒和质疑的比例分别都在40%和50%左右。从折线图可以看出，每一条政务微博的评论中两者加起来的比例几乎都达到85%以上，再加上嘲讽的情感倾向，三种负面情绪总占比达到95%以上，表示对政府理解的比例普遍只有2%左右，而表示赞同的更是少得可怜，多条政务微博的评论样本中甚至为零。也就是说，在整个危机中，地方政务微博所呈现的沟通策略并没有达到良好的效果，完全没有实现维护政府形象、改善公众信任的目标，反而激发了网民更大的不满，可以说是一次不成功的社交媒体危机沟通。

好在当地政府在后面的危机应对过程中，及时调整了策略，第一时间主

[①] 参见谢金林：《情感与网络抗争动员——基于湖北"石首事件"的个案分析》，载《公共管理学报》2012年第1期。

[②] 所谓归因依赖性情感就是公众对危机中的组织的态度和感情源于其对危机发生原因的认知，如果公众认为组织需要对危机的发生承担主要责任，那么就会产生对组织负面的态度倾向，反之则会产生正面的或中立的态度倾向。See Y. Choi and Y. H. Lin, Consumer Response to Mattel Product Recalls Posted on Online Bulletin Boards：Exploring Two Types of Emotion，*Journal of Pubic Relations Research*，Vol. 21，Iss. 2，2009，pp. 37-43.

[③] 参见李勇等：《基于情感挖掘和话题分析的旅游舆情危机演化特征——以"丽江女游客被打"事件为例》，载《旅游周刊》2019年第9期。

动更新案件审理进程,向社会公开案件调查进展情况,表现出对这一事件的认真和重视态度。随着事件调查的不断深入,施暴者被绳之以法,相关的责任人员受到处罚,围观网民渐渐散去,网络舆论也重新回归理智,警方也取得了当事人的谅解,事件慢慢淡出公众视线。

第三节 地方政府社交媒体危机沟通策略反思

依照以社交媒体为中介的危机沟通模型的理论主张,在丽江女游客被打事件中,在使用媒介的来源上,当地政府都是运用自身的社交媒体账号对外发布相关的讯息,直接与公众沟通,这点值得肯定。但是在具体策略的选择上,在面对大多数人把事件责任归因于当地政府的时候,当地政府依然采用了以防卫为主的危机应对策略,显得并不恰当,产生了不好的效果,甚至进一步损害了自身的形象。可以看出,地方政府的社交媒体沟通策略是社交媒体时代地方政府危机应对实践的一个生动呈现,反思其中的问题和教训,对于完善地方政府社交媒体危机应对策略、提升地方政府的治理能力有积极的意义。

一、公众的感知:社交媒体危机应对策略的重要依据

责任归因理论强调的是从公众的角度来审视沟通策略的选择,把公众的态度视为危机策略选择的基本依据。地方政府需要从公众的感知、公众对事件和危机的态度和看法出发,选择恰当的应对策略而不是以自我为中心。公众的责任归因并不代表事件本身的真实责任划分,但是代表了公众的真实想法。在面对危机事件时,组织通常有回应和不回应两种不同的策略选择。选择"不回应"策略,将对组织的外部形象产生直接的负面效果;选择"回应"策略时,需要依照不同的危机情境,选择适合该情境的危机策略。在情境危机沟通理论看来,如果组织能提供充足证据,证明该组织并没有犯错(犯错情境,commission situation),或者虽有组织犯错的证据,但组织不具备阻止危机事件发生的控制能力(控制情境,control situation),或者虽有组织犯错并能掌控事态的证据,但指控者所使用的评判标准并不十分恰当(各持标准情境,standards situation),那么采取防卫性的策略如否认、辩解等是恰当的。但是,如果事件确实发生,事件确实由该组织造成,组织对事件的发生和影

响也有控制能力,组织应当承担对事件的责任(同意情境,agreement situation),那么就应该采取妥协性的策略,如道歉、承认错误。

但是,地方政府往往错误地采用"否认"策略和"辩护"策略,回避对事件原因的追责和相应的政策调整。① 根本的原因,依然是不少地方政府没有改变以自我为中心的权威化的危机应对模式,习惯于居高临下地发号施令,把公众作为被动的受众。从逻辑上说,不管是哪种危机情境,危机沟通和应对需要改变公众的感知,建立公众对政府的信任和声誉。首先要做的是需要正视公众的态度,不管这种态度是正面的还是负面的,政府要做的是认真沟通。这需要政府放下身段认真倾听公众的声音,及时回应公众诉求。而社交媒体实现了对个人的赋权,创造出一种扁平化的治理网络,体现出平民性、参与性、对话性和社区化的特征。② 放下权力的傲慢,转变理念,以公众的感知为出发点,是地方政府社交媒体沟通策略选择的基本前提。因此,政府的谦卑显得更加重要。在女游客被打事件中,当地政府的社交媒体沟通策略之所以无法达到预期的效果,从根本上说是因为网民在政务微博的字里行间中感受到了浓厚的权力的傲慢。对一起大多数人看来政府应当承担主要责任的危机事件,地方政府从头到尾采取的策略都是否认、辩解。对一些关键的质疑,如"为什么事发3个月警方只有在舆论被引爆以后才被动作为?""为什么只拘留6个人?""为什么验伤结果是轻伤?"地方政务微博基本上采取回避的态度。危机中对政务微博应对中的两次"事故"的处置更是把这种傲慢充分地暴露出来:第一次是"@云南丽江警方"链接对受害人进行人身攻击的网页,并且还特意@受害人,这被网民理解为是对受害人的挑衅。而之后"@古宣发布"对表示永远不再去丽江的网民回复:"你最好永远别来!有你不多,无你不少!"更是把权力的盛气凌人体现得淋漓尽致。这种权力的傲慢无疑让地方政府陷于新的危机之中,从而强化了网民对政府处置不当、不公的质疑,让地方政府更加被动。

二、严谨与真诚:社交媒体危机应对策略的根本基础

在危机应对中,很难说有绝对恰当的策略,其实很多的时候政府是基于

---

① 参见王宇琦、陈昌凤:《社会化媒体时代政府的危机传播与形象塑造:以天津港"8·12"特别重大火灾爆炸事故为例》,载《新闻与传播研究》2016年第7期。
② 参见王贵斌:《Web2.0时代网络公共舆论研究》,中国传媒大学出版社2015年版,第137页。

具体的情境综合运用防卫性和妥协性的策略。不管采用哪一种策略，必须让公众感知政府的真诚和严谨的态度。也就是说，必须建立在严谨的事实、信息和过程基础上。哪怕是防卫性的策略，如果政府能够通过确凿的证据、无可辩驳的事实，并以真诚的态度呈现事件的本来面貌，公众也会认可。相反，即使采取道歉等妥协性的策略，如果公众感觉到敷衍、态度不真诚，这种策略也收不到预想的效果。例如，在内源性危机中，妥协性沟通策略的效果就在很大程度上取决于政府所呈现出来的诚意和负责任的态度。对于内源性危机，责任归因理论强调妥协性策略的重要性，但是，如果这种妥协性的策略被公众视为不够诚实、缺乏诚意、隐瞒真相，那么反而可能产生相反的效果，对组织的形象产生伤害。在丽江女游客被打事件中，政务微博尽管也采取了行为修正和道歉的妥协性策略，但是，很明显效果并不好，甚至引发了更大的质疑和不满。其中最根本的原因在于地方政府采取的妥协性策略并没有让网民感受到其面对危机应有的责任感和诚意，反而让不少网民认为地方政府在敷衍。就行为修正策略来看，地方政府所有的行为修正都是在感受到强大的舆论压力之下的被动反应，行为修正的内容也与不少网民的期待存在较大的差距，给人避重就轻、隔靴搔痒的感觉。就道歉策略来看，仅有的三次道歉均是先辩解，淡化责任，然后形式化地表示歉意。因此，尽管地方政府有意识地在社交媒体的策略上向网民"妥协"，但是却没有得到网民真正的谅解。而在危机期间"@云南丽江警方"等政务微博反而贴出了大量有关自身坚守岗位、尽职尽责的"光辉形象"的微博，这被不少人认为地方政府"毫无悔意"，进一步加剧了地方政府的形象危机。

而这种真诚和严谨的态度主要体现在政府不同部门之间、事件前后之间、在不同的社交媒体沟通策略中保持内在信息的一致性。不管是运用哪些策略，危机应对者所对外传达的信息的一致性对于建立自身的形象至关重要。这种一致性具体表现在言行的一致性、信息的一致性等，这种一致性是建立可信度相当重要的基础。① 而在丽江女游客被打事件中，地方政府的微博出现多次前后态度迥异、信息矛盾的情况。这种不一致性体现在不同微博主体之间，如"@古宣发布"对于"受轻伤的到底是谁"这一问题的回答前后不

---

① See W. T. Coombs, Protecting Organization Reputations During a Crisis: The Development and Application of Situational Crisis Communication Theory, *Corporate Reputation Review*, Vol. 10, Iss. 3, 2007, pp. 163-176.

一致,对于官方微博怒怼网民的事件更是前后出现了戏剧性的转折:一开始断然否认,态度强硬地表示已经报警并将采取法律途径;两天后,"@古宣发布"贴出了事件处理的结果,对负责人停职检查,党纪立案,并诚恳道歉,态度转变之快令人哗然。同样的情形发生在"@云南丽江警方",对于出现指责被打女游客"放荡"的链接的解释,"@云南丽江警方"一开始通报为"微博登录出现异常"所致,而几个小时后"@古宣发布"表示是因为"民警在浏览一篇网络文章时,将文章分享到丽江警方新浪官方微博,导致文章被转发"。舆论回应中几番反复、自相矛盾的丽江警方,信任已严重透支,没有实质行动的口头致歉更是诚意不足①,这种明显的矛盾严重地影响了当地政府的形象。

三、认错与道歉:社交媒体下政府形象修复的重要策略

形象修复理论、情境危机沟通理论和以社交媒体为中介的危机沟通模型都把妥协策略视为危机沟通中的一个重要策略,这一策略的重要性在于可以有效地缓和政府与公众之间的紧张关系。采取补偿和道歉策略,并为危机事件承担责任,通常能缓和公众的负面情绪,让公众看到组织勇于承担事件部分责任的良好态度,往往可以实现减少敌意的修复效果。从维护组织形象的角度来说,在大多数情境下,妥协性的策略都能够更容易地得到公众的认可,能够有效地提升组织形象。② 哪怕是在明显属于外源性危机的事件中,面对公众的负面情绪和舆论压力,主动认错与道歉,勇于承担责任(这些责任可能不是来源于危机事件本身,而是在应对方面存在的瑕疵或不恰当),同样会有效地缓解政府与公众之间的关系,树立良好的组织形象。研究表明,即使是在意外集群的危机中,运用妥协的策略也可能比否认或辩解策略更容易取得成功。尤其是在社交媒体的环境下,过去政府与公众之间的信息不对称在很大程度上被改变,在社交媒体危机沟通中,危机可能被放大而对组织声誉产生危害,因此,组织更加愿意采用妥协性策略以减少声誉风险。③ 勇于承担责

---

① 参见程同顺、李赫楠:《突发事件中网络舆论的形成及应对——以丽江"女游客被打"事件为例》,载《学习论坛》2017年第8期。

② See J. L. Bradford and D. E. Garrett, The Effectiveness of Corporate to Accusations of Unethical Behavior, *Journal of Business Communicative Ethics*, Vol. 14, Iss. 11, 1995, pp. 875-892.

③ See M. Roshan, M. Warren, & R. Carr, Understanding the Use of Social Media by Organisations for Crisis Communication, *Computers in Human Behavior*, Vol. 63, 2016, pp. 350-361.

任能够获得更多的主动,对于公众来说,勇于承担责任很多时候并不是政府无能和自我揭露的表现,而是一种责任担当和勇于面对自己不足的坦诚,反而更能获得公众的理解与赞赏。

在丽江女游客被打事件中,公众不满、愤怒的根本原因不在于事件施暴者的手段残忍,也不在于事件影响的恶劣程度,而在于事件发生后当地政府一直在回避自身存在的责任,没有正视自身处理这一事件过程中存在的问题。实际上,在很多时候,地方政府在危机发生后的第一时间本能的反应就是推卸责任,从而激化了矛盾,导致政府与公众之间的紧张关系。不善于道歉,甚至把道歉视为丢面子的事情,本质上在于不愿意担责,不善于处理与社交媒体之间的关系,对民意没有足够重视,这些都导致了地方政府在处理公共危机事件上显得被动、笨拙。很多时候地方政府是在上级问责压力或舆论压力的情况下,不得不为之的被动道歉和认错,而这无疑失去了最好的机会,对地方政府形象的修复来说于事无补。如果地方政府在危机发生后的第一时间,面对自己工作的失误和存在的问题,主动向公众诚恳道歉、认错,并迅速采取行之有效的措施,很多的危机不但能得到有效的解决,反而能成为塑造自身形象的良好机会。

下 篇
经验与对策

第九章

最佳实践：地方政府运用社交媒体应对危机的对策

所谓最佳实践（best practice），就是经过研究、总结的一系列被认为实现危机应对目标的值得遵守的基本原则、流程和做法。通过对相关领域专家和实践工作者所采用或倡导采用的对策、做法和程序进行广泛的概述、分析和评估，可以确定这种最佳做法。经过详尽的研究，可以制定出一套标准和指南的模型，以提高质量和效率。最佳实践研究和开发的总体目标是从过去的经验中学习，发现错误，纠正错误，然后确定如何应用学习和实践知识来促进持续改进。[①] 对于地方政府运用社交媒体应对危机的能力和策略来说，由于社交媒体是新生事物，一些地方政府面对这一新的环境不知所措，或者在危机应对中频频出状况。一些学者和实践工作者基于他们自身的研究和经验，总结出一系列值得借鉴的做法，为地方政府避免犯不必要的错误提供了依据和指导。当然，这些做法和指导需要根据具体的危机情境和制度环境进行有选择性的运用和调整，以实现最佳的效果。

第一节 社交媒体危机应对的最佳实践：基本原则

与学术性的研究不同，最佳实践强调实践的应用性，强调从危机应对的实践中总结经验和教训，提炼标准的流程和指导性的原则，为实践工作者应对危机提供有价值的指导。因此，一般非常简单、明确和具有操作性。

---

① See S. R. Veil and T. L. Sellnow, Organizational Learning in a High-Risk Environment: Responding to an Anthrax Outbreak, *Journal of Applied Communications*, Vol. 92, Iss. 1, 2008, pp. 75–93.

一、危机应对中的最佳实践

"最佳实践"是一个专业性的术语,最佳实践的确定通常与标杆管理、更大的过程改进计划和战略组织变革计划相关联。过程改进通常包括对组织过程的系统概述、分析和评估,以努力提高质量和效率。标杆管理是通过关注某一领域的行业领导者和公认专家来确定行业标准的过程,这种过程通常是对高质量和高效率的业务进行系统的描述和衡量。行业领导者之间确定的流程、实践和系统等"最佳实践"可为具有类似职能、应急和任务的其他组织提供模型。此外,政府或其他组织可以要求和委托某一领域的专家小组制定具有效力和效率特点的规范性标准和原则。因此,最佳实践通常采取一套通用的标准、准则、规范、参考点或基准的形式,这些标准、准则、基准为实践提供了信息,旨在提高绩效。在过去的十年里,学者和实践工作者一直试图在危机沟通中合作制定一系列指导政府和其他组织应对危机的原则、方法或程序,"以努力提高质量和效率,为实践提供信息,并……提高绩效"[①]。

然而,建立危机应对的最佳做法和指导性原则是一件不容易的事情,原因很简单,即危机本身就是非常复杂、不确定性非常高的事件,面对不同的组织结构和文化、不同的危机传播目标(降低风险、形象修复、向多个公众提供信息等)也面对不断变化的技术进步,而且面对不同的危机情境、不同的危机类型、不同的制度安排和行为模式,所有这些都使得这些做法的过程复杂化。而在社交媒体环境下,这种复杂性无疑进一步得到强化。社交媒体及其庞大的网络已经形成了具有相互竞争和冲突的信息需求的多个一级、二级甚至三级利益相关者群体,要求各组织标准化的应对过程和措施是一件非常困难的事情。西格将创建危机应对最佳实践所面临的挑战概括为三个方面:首先,确定一个足够大的案例样本,以便从中总结出广义的规则和原则。根据定义,危机和灾难是相对罕见的事件,在制定危机传播的最佳实践方法时,样本问题尤其突出。此外,危机类型存在显著差异,一些调查人员注意到,危机类型、组织历史和具体动态是决定战略和方法的关键因素。然而,有可能从其他形式的传播中概括出来,并从目前相当多的危机传播案例研究中推断出

---

① P. M. Sandman, Crisis Communication Best Practices: Some Quibbles and Additions, *Journal of Applied Communication Research*, Vol. 34, Iss. 3, 2006, pp. 257-262.

来。其次，确定目标。危机沟通通常有多种目标，其中有些目标可能会产生冲突。一个普遍的目标是减少和遏制危害。那些与危机或灾难相关的组织可能会设法限制对其声誉的损害，避免承担责任，甚至转移责任。政府机构可以优先重建公共秩序，而公众可以优先获得信息、保护，甚至补偿。在公共卫生危机期间，媒体寻求即时信息以广泛传播，而公共卫生部门则可能关注澄清事实和保护患者隐私。最后，危机和风险也具有内在的动态性和不可预测性。危机沟通中的千篇一律的方法很可能与特定情况下的紧急情况不匹配。例如，许多危机计划都是作为一般大纲而不是循序渐进的指南制定的。前者更能适应各种情况，而后者可能过于约束和误导。[1]

但是，反过来，正是因为社交媒体环境下危机应对过程的复杂性和多样性，以及不少组织对这一新环境的不适应，才更加凸显建立最佳实践的重要性，以为那些不知所措的组织和人员提供可以参考和借鉴的原则性指导。正如科尔曼（A. Coldeman）所言，倡导组织"在安静的时候"修改和更新他们的最佳实践，这是基于现在数字时代的"已知的有效方法。"[2]尽管危机面临具体的影响因素，但是从危机发生的过程和机制来说，不同危机具有某些共同性的原则和逻辑，在社交媒体环境下，危机的发生、演进和衰退都有规律可循，这也为创建最佳实践提供了有价值的依据，使得危机应对的实践工作者少走弯路。

最佳实践的开发模式往往是以危机应对的研究专家与实践丰富的工作者联合的方式实现的，以使最佳实践既能够符合危机应对的内在逻辑和规律，又能够更好地贴近实践。近年来，在传播领域，许多学者和从业人员创建了不同的危机和风险传播最佳实践清单，不少有关危机应对的最佳实践的原则被提出来，疾控中心、灾害应急指挥中心和一些大学风险研究机构也都积极开发危机应对的最佳实践。2006年，《应用传播研究杂志》设立了一个关于风险和危机传播最佳实践的特刊，主要由科学专家、传播研究学者和美国明尼苏达大学国家食品保护和防御中心（NCFPD）共同策划，目的是"研究风

---

[1] See M. W. Seeger, Best Practices in Crisis Communication: An Expert Panel Process, *Journal of Applied Communication Research*, Vol. 34, Iss. 3, 2006, pp. 232-244.

[2] See A. Coleman, Managing a Crisis in the Era of Social Communication: How Greater Manchester Police is Developing Community Engagement and Communication, *Journal of Brand Strategy*, Vol. 2, Iss. 2, 2013, pp. 129-133.

险和危机传播,以提高与食源性危害相关信息的有效性以及培训潜在的发言人有效地使用已开发的沟通策略"。NCFPD是由美国国土安全部成立的,以应对国家粮食生产和分配系统潜在的恐怖主义威胁。研究显示,善意的、称职的发言人在构建和传递风险和危机信息时,会"在信息(未经计划)和通信网络(未预先建立)的情况下,犯下始终如一的、可预测的错误"。西格对原有的各类危机应对最佳实践的共同点、交叉点和重叠概念进行了综合和整合,并在与 NCFPD 的危机专家沟通后,对这些最佳实践反复审查和批评,进行了调整和改进,最终形成了包含十个基本指导职责的最佳实践的最终版本。这十个基本的最佳实践是[①]:

(1) 过程方法和政策方法;
(2) 活动前规划;
(3) 与公众的伙伴关系;
(4) 倾听公众关切,了解观众需求;
(5) 诚实、开放;
(6) 与可靠的信息来源合作和协调;
(7) 满足媒体的需求并保持可访问性;
(8) 用同情、关心和同情心交流;
(9) 接受不确定性和模糊性;
(10) 提供自我效能的信息。

二、社交媒体危机应对最佳实践的基本原则

在过去有关危机的最佳实践中,社交媒体作为危机应对或危机沟通中的一个关键因素并没有被纳入进来,原因很简单,今天在我们的生活中不可或缺的社交媒体平台在 2006 年的时候还没有创建或充分地发展起来,例如,Facebook 创立于 2004 年,YouTube 诞生于 2005 年,Twitter 则诞生于更晚的 2006 年。之后,随着社交媒体越来越普及并且在危机中扮演着越来越引人注目的角色,有关运用社交媒体有效应对危机的最佳实践成为一些研究者和实践工作者努力的新方向。与社交媒体相关的最佳实践清单也逐渐发布。

---

① See M. W. Seeger, Best Practices in Crisis Communication: An Expert Panel Process, *Journal of Applied Communication Research*, Vol. 34, Iss. 3, 2006, pp. 232-244.

与危机和风险传播或社交媒体相关的最佳实践的其他变量,包括新闻/大众媒体、环境传播、企业和组织传播(内部/外部)等也被纳入进来。

2011 年,维尔(S. R. Veil)等在《突发事件和危机管理》杂志上发表了《过程中的工作文献综述:将社交媒体纳入风险和危机传播》一文,通过对相关文献特别是工作性的应对实践案例的整合、梳理,结合风险和危机传播的最佳实践,试图展示传播者如何利用社交媒体工具更好地管理风险和危机,为危机沟通的实践工作人员提供将社交媒体工具纳入风险和危机沟通的最优建议。基于此,提出了一个包含 11 条建议的运用社交媒体应对危机的最佳实践:维尔等在文章的最后以一个附加的最佳实践清单来总结前人研究的文章——对社交媒体用户(年龄、种族和文化/社会经济学)进行人口统计度量,强调考虑文化差异并相应地调整信息。维尔等进一步整合了社交媒体的一些潜在的负面结果,同时提醒我们,在危机期间接触关键公众需要从业者使用受众的媒体,无论是传统媒体还是社会媒体。从本质上说,危机应对的实践者需要在他们的媒体和技术手段中掌握两种语言来进行风险和危机沟通,以提高信息的有效性。这 11 条建议具体如下[①]:

1. 确定社交媒体参与作为风险和危机管理政策和方法的一部分

每个危机沟通计划都应有一个与利益相关者沟通和与媒体合作的部分。社交媒体既可以直接与利益相关者沟通,也可以同时与媒体沟通。更重要的是,社交媒体为利益相关者提供了与组织直接沟通的内置渠道。将社交媒体纳入计划可确保在危机发生前对工具进行分析和测试,并要求随着社交媒体的发展不断更新沟通计划。

2. 将社交媒体工具纳入环境扫描,倾听风险和危机承担者的担忧

社交媒体最重要的用途是,如果使用得当,它提供了倾听消费者和其他风险承担者担忧的机会。当用户创建和管理自己的内容时,外部和内部的社交媒体监控(监听)变得更加重要。此外,通过社交媒体跟踪问题并向危机管理团队提供报告,可以增加危机更快得到解决的可能性,并向团队展示为什么在危机应对中需要接受社交媒体。

---

① See S. R. Veil, T. Buehner, & M. J. Palenchar, A Work-In-Process Literature Review: Incorporating Social Media in Risk and Crisis Communication, *Journal of Contingencies and Crisis Management*, Vol. 19, Iss. 2, 2011, pp. 110-122.

3. 让社交媒体参与日常沟通活动

个人可能拥有对缓解危机至关重要的信息，但如果他们不信任组织，甚至不知道在哪里可以找到它，这些信息很可能不会被共享。在危机中，不是在危机来临的时候突然尝试一下社交媒体。为了建立伙伴关系和建立信任，与公众的讨论应该已经开始。在内部的日常项目中使用 Wiki 这样的社交媒体可以简化组织间的沟通，提高效率。让危机管理团队通过社交媒体参与危机计划和文件管理网站的开发，而不是将任务交给单个个人，从而增加危机应对中的互动潜力。

4. 加入对话，包括谣言管理，并确定接触细分公众的最佳渠道

在社交媒体网站上拥有个人资料是不够的。虽然一个实践者可以在消息墙上默默地跟踪问题，但在处理错误信息和将组织建立为可靠来源方面，互动是必不可少的。对帖子的响应表明组织关心利益相关者的想法，利益相关者可以信任组织来解决他们的问题。将关键信息传达到特定的公众是有针对性的交流的基础。危机沟通者仍然必须考虑如何解读信息，以及谁将无法获得信息。毕竟，面临最大风险的往往是那些获取信息最少的人。在危机沟通中，应为公众确定最佳的沟通渠道，包括离线、在线或社区沟通。

5. 检查所有信息的准确性并诚实地回答问题

共享和转发的不准确信息不仅会让组织看起来很糟糕，还会让用户感到糟糕。而且，简单地跳过一篇你不想回复的帖子比忽略媒体提出的尖锐问题要容易得多，但如果组织在关键问题上碰壁，公众和媒体一样，会转向其他来源。如果你不知道他们的答案，最好把不确定的情况告诉他们，并解释你正在做什么试图找出答案，而不是回答错误或根本不回答。

6. 关注并与可信来源分享信息

与可信和支持的来源合作，不仅可以美化组织的信誉，还可以增加组织的影响力。通过在伙伴组织之间交叉发布和转发信息，建立一个可信来源联盟，并通过共享网络联系到更多的个人。

7. 认识到媒体已经在使用社交媒体

危机可能会通过社交媒体进行讨论，传统媒体将成为讨论的一部分。如果涉事组织不参与，媒体将通过社交媒体找到其他渠道对危机进行评论。因此，当涉及媒体的可访问性时，不参与社交媒体讨论可以产生与不回记者电话相同的效果。

8. 记住，社交媒体是人际沟通

社交媒体允许人与人之间的互动和情感支持，并且已被证明对处理危机的利益相关者很重要。融入和回应情感诉求是社交媒体的理想选择，但各组织必须作好准备，立即开始信息交流。

9. 使用社交媒体作为主要的更新工具

组织通常承诺一旦有新的信息就与媒体和公众保持联系，但是，它们会等到新闻稿可以起草、完善、发送或被动地发布到组织的网站上时才发布这些信息；或者，为了传达所需的情感关怀，等到下次预定的记者招待会。在危机应对和恢复中利用社交媒体进行更新，使本组织能够使应对更加人性化，并继续成为可靠的来源，而不需要填写新闻稿或举行另一次新闻发布会所需的所有确切细节和时间。

10. 寻求帮助并提供指导

给人们一些有意义的事情来应对危机，有助于他们了解情况。作为危机应对的合作伙伴，公众可以提供必要的信息。通过提供这些信息，社交媒体用户正在采取行动。当一个组织通过社交媒体要求有用的信息时，它可以帮助组织和应对危机的利益相关者。如果个人可以采取行动来降低风险或协助恢复工作，那么社交媒体是一个理想的论坛，可以为利益相关者提供所需的指导。更重要的是，用户只需转发、交叉发布或转发指示，就可以采取行动。

11. 记住 Web 2.0 并不是万能的

尽管它的技术进步、获取信息快速、有大量的利益相关者、低成本和易用性，但社交媒体仍然只是一个渠道。沟通的力量仍然在于沟通组织及其行为和叙述内容，而不是技术。因此，使用社交媒体并不是风险和危机沟通的最佳实践。社交媒体是一种工具，可以帮助从业人员遵循风险和危机沟通的最佳实践。

除此之外，不少人从实践的工作案例中总结教训和经验，对危机应对中的社交媒体运用提出了具体的对策和建议。在中国,近年来,伴随着社交媒体在危机中成为越来越明显的影响因素,不少学者和实践工作者也基于自身的角度提出了相关的"最佳实践"建议和对策。①

第二节 地方政府运用社交媒体应对危机的具体对策

很多的社交媒体危机应对方面的最佳实践存在两个明显的问题:一是总体上比较空洞和宽泛。由于只是提供原则性的指导,因此对于一些实践工作人员和组织来说很难提供具有操作性的建议和参考。如上面提到的维尔整理的11条建议,基本上都是很空泛的内容,而在危机过程中,实践工作者或相关组织更需要可以直接参考的对策和建议。二是这些最佳实践很多时候并不是针对政府而是基于企业的危机管理而言的,而政府和企业在危机应对和沟通中本质上是存在很大差异的。一些从事实践工作的人员和与实践工作密切贴近的研究人员从具体的工作角度提出了针对政府的、具体而又详尽的运用社交媒体的最佳实践建议,包括危机前、危机中和危机后的具体对策。本书对现有研究中的地方政府运用社交媒体应对危机的具体对策进行了整合。② 这里指的政府是指"需要考虑使用社交媒体的地方政府部门"或者准政府机构,首先指的是那些对危机管理负有主要责任的政府组织,如警察、疾控

---

① 例如,曾胜泉主编:《突发事件舆情应对指南》,南方日报出版社2012年版;人民网舆情监测室:《如何应对网络舆情——网络舆情分析师手册》,新华出版社2013年版;孙玲:《新媒体时代突发事件应急管理、危机公关案例与启示》,人民出版社2014年版;政务直通车团队:《政务微博实战宝典》,新华出版社2014年版;张志安、曹艳辉主编:《政务微博微信实用手册》,南方日报出版社2014年版。

② 本书相关的最佳实践建议主要来自以下几个方面:一是2013年受欧盟委员会委托并于2015年完成的"社交媒体在危机中的贡献(COMIC)"项目报告,其中分为七个子项目,涉及的内容非常具体(资料来源:http://www.cosmic-project.eu)。二是温德林在借鉴2012年6月经合组织(OECD)和国际风险治理理事会(IRGC)在日内瓦(瑞士)联合举办的一个有关社交媒体在危机中应用的讲习班上讨论的结果撰写的专题报告《风险和危机沟通中的社交媒体运用》(资料来源:http://www.oecd.org/gov/riskmanagement/oecdworkshoponinter-agencycrisismanagement.htm)。三是政府危机应对部门如美国疾控中心(CDC)有关公共卫生危机中社交媒体运用的最佳实践总结(See CDC, Social Media Guidelines and Best Practices, https://www.cdc.gov/SocialMedia/Tools/guidelines/?s_cid=tw_eh_78)。四是相关学者的研究,如 M. Maal and M. Wilson-North, Social Media in Crisis Communication—The "Do's" and "Don'ts", *International Journal of Disaster Resilience in the Built Environment*, Vol. 10, Iss. 5, 2019, pp. 379-391; X. Lin, P. R. Spence, T. L. Sellnow, *et al.*, Crisis Communication, Learning and Responding: Best Practices in Social Media, *Computers in Human Behavior*, Vol. 65, 2016, pp. 601-605。五是上面提到的国内相关的指南。

部门、灾害应对中心和消防救援服务等紧急服务机构。此外,也包括那些非专门性的危机管理,但在自己的职责领域内具有危机应对职能的组织,如公共交通、环保或水务部门。

一、危机前的社交媒体运用

很多时候,政府机构会忽略危机前的社交媒体运用,只是把其视为危机发生后的一种应急性工具,在危机管理专家和实践工作者看来,这是不对的。实际上,危机中社交媒体的有效运用往往建立在其危机前的有效规划和训练基础上。

1. 制定一个整合社交媒体的危机沟通战略

制定一个包含社交媒体的危机沟通战略几乎被所有学者和实践工作者认为是非常重要的。在危机发生之前和危机期间,制定一个战略,以确定组织成员将如何以及何时通过社交媒体进行沟通,这对于有效使用社交媒体非常重要。这一战略明确说明谁应该在危机期间和什么时候传达什么,因为并非所有信息都应该直接传达或由官员传达。一些信息属于行政官员和高级官员(如市长和当选政治家)的沟通信息。在决定这些事情的时候,重要的是要记住为什么和出于什么目的使用社交媒体。此外,为了有效地沟通,社交媒体的信息也必须适合你的受众、情境和目标。社交媒体应用程序越受欢迎、越易访问,其在地理范围上的覆盖面就越大,使用的可能性就越大。受众是分散的,会使用不同的沟通渠道来收集信息。随后,需要根据使用的沟通类型考虑消息的内容。在日常工作中经常使用社交媒体应用程序有助于提高在危机情况下使用社交媒体的效率和水平,因为你的追随者已经很熟悉它了。一个特别值得注意的问题是,社交媒体不能也不应取代其他危机预警系统,而只是一种补充。社交媒体应用通常需要有互联网接入的移动电话,但在危机期间,数字通信网络可能会崩溃,这使得陷入危机的人无法使用社交媒体应用。因此,同时使用传统媒体和社交媒体技术,以确保你想要共享的信息能够到达(所有)不同的目标群体。

主要做法:

- ✓ 确定与危机管理活动相关的社交媒体目标
- ✓ 明确目标受众

✓ 确定资源需求
✓ 编制社会媒体战略,为组织成员和公民提供指导和帮助:
1. 说明在危机期间使用社交媒体的原因、时间和方式,以及处理社交媒体账户的人员
- 指定特定的角色,例如,在危机期间负责监测社交媒体中的公众信息
- 想想谁被允许回复社交媒体上的帖子
- 决定是否有需要通过高级官员共享的信息
- 创建一个社交媒体专家团队
2. 为什么、何时以及如何让公民(在危机期间)使用社交媒体
- 确定公民何时以及如何通过社交媒体做出贡献
- 说明拍照和分享信息不应干扰现场应急工作
- 明确说明在紧急情况下,社交媒体应用程序不会取代紧急电话号码
- 考虑并解决是否存在例外情况,例如,当传统的警告方法不起作用时,以及如何继续

✓ 明确谁可以交流什么样的信息
✓ 在社交媒体策略中明确指出,不确定性和模糊性应该被接受
✓ 制定相关的社交媒体数据保护政策,包括数据处理程序
✓ 制定行为规则,确保以不道德或不可接受的方式拍摄的图像或录像不被使用
✓ 明确最佳的社交媒体平台:探索哪些形式的社交媒体最受欢迎,并评估哪些平台可以用于接触最广泛的受众

2. 与公众和相关组织建立合作和信任关系

在危机发生前与公众建立良好的关系非常重要。从理论上说,粉丝(关注者)越多,地方政府能产生的影响就越大,所以要利用不同的沟通渠道来提升地方政府在社交媒体上的影响力。此外,在危机前环境中保持社交媒体的活跃度、扩大自身的粉丝体有助于在危机情况下扩大社交媒体信息传播的速度和广度。然而,即使没有很多追随者,你也能产生巨大的影响。首先,你可以利用别人的关系网。其次,使用适当的关键字,例如微博、抖音、今日头条

上的相关标签,有助于地方政府的消息被发现并可能传播,即使没有任何粉丝。尽管粉丝越多越好,但是,危机沟通强调的是把准确的信息传达给目标受众,因此,如果明白哪些人是地方政府的核心受众将更加有针对性。和可能参与危机管理工作的其他组织发展牢固的关系或伙伴关系,将更好地使地方政府能够在危机期间从可靠来源收集和传播准确和一致的信息。

主要做法:

- ✓ 确定并与最相关的公共组织、当地企业、关键基础设施提供商、社区代表等建立伙伴关系
- ✓ 奠定基础:确定你的目标和期望(例如,共同商定的标签、关键联系点等)
- ✓ 通过会议和定期联系建立信任
- ✓ 了解每个组织最喜欢的沟通渠道
- ✓ 考虑你与受众接触的不同方式,并选择最佳方式持续推广地方政府的社交媒体账户
- ✓ 确保能够激励公众通过社交媒体与政府互动
- ✓ 考虑在哪里可以通过社交媒体账户获得更高的知名度
- ✓ 使用其中一个更受欢迎的社交媒体账户来推广特定的、不太受欢迎的社交媒体账户
- ✓ 确保政府网站和宣传材料向受众提供地方政府社交媒体账户的链接

3. 运用社交媒体提升公众危机意识,并提供社交媒体使用指南

公众只为他们认为对自己或其亲属构成重大和迫在眉睫的威胁的危机做好准备;在没有危险的情况下,个人不愿意考虑危机局势可能产生的任何负面后果。与频繁发生的(自然)危险有关的危机情况使备灾的日常工作更加重要,提升公众风险意识对危机应对意义重大。社交媒体应用程序可用于告知人们当地环境中的特定风险。提升公众在危机期间使用社交媒体的意识和能力很重要,因为地方政府相应的社交媒体账户往往会成为事件前信息的公认权威。人们可以习惯于在社交媒体门户网站上查阅这些官方来源。它使应急服务能够增加接触不同类型受众的机会,例如倾向于数字媒体而更不依赖传统媒体的年轻受众。利用社交媒体提高风险和危机意识,也有助于

减少对传统媒体渠道的依赖,并利用个性化的语气和创造性的数字工具开展新类型的活动,以促使行为改变。为了更好地提升公众使用社交媒体的意愿和能力,地方政府应该提供相关的公开指南,应明确宣传和建议公众在危机情况下如何使用自己的社交媒体账户与政府建立联系和合作。提供关于分享内容有用性的指导可能有助于减少社交媒体上不受欢迎的活动。社交媒体教育和培训可以提高人们在网上共享信息后对威胁(例如,不正确信息或侵犯个人隐私)的认识,并提高人们对保护个人隐私和人身安全的方法的认识。确保所有访问社交媒体应用程序的人员熟悉本组织的社交媒体政策和相关策略,并接受适当的使用培训。

主要做法:

- ✓ 开发并推广社交媒体专门程序,让公众了解可能的风险以及他们可以采取的防范措施
- ✓ 监测危害,如果此类危害的风险增加,及时采取预防措施,并通过社交媒体进行沟通
- ✓ 明确公民可以通过在社交媒体上分享以事实信息为重点的内容来帮助政府
- ✓ 通过小程序和游戏强化公众与政府社交媒体账户之间的互动训练
- ✓ 明确公民可以和应该做什么,特别是他们如何支持危机管理活动,尽量避免强调公民不应该做的事

  1. 在危机期间创建和推广社交媒体使用中应做(和不应做)的简短列表,这些列表可通过社交媒体轻松共享和分发,并可在组织网站上找到
  2. 分享社交媒体的帖子,鼓励粉丝分享关于紧急情况的图片和事实信息
  - 说明应包括哪些内容,以使这些信息有用,例如,当发送一张大冰雹图片以包含一个确定相对测量值的对象时
  3. 在适宜拍照和分享紧急情况信息时,与公众进行明确沟通
  4. 声明拍照和分享信息不应干扰现场应急工作
  - 创建一个数字平台,例如网站或微博专用账号,向公众提供在危机情况下如何行动的信息
  - 积极传播社交媒体政策和相关策略,例如,研讨会和培训

- 培训员工如何有效使用社交媒体和分配角色
- 提供在何处找到进一步信息或指示的详细信息
- 在线列出社交媒体培训供应商名单

4. 建立内外部有效的信息流，奠定信息的可识别性和连续性的基础

危机往往伴随着更高的信息流入和需求，而这种信息可能是不安全和动态的：它不断变化，可能与许多方面有关。此外，传统的沟通渠道在危机期间可能不再可靠，从而导致更多的公众通过政府先前存在的社交媒体渠道与政府保持联系。因此，必须保证公众从政府获得有效的信息，而获得这种信息的前提和基础是急救人员（医护人员、警察和消防人员）必须能够共享有关情况的关键信息（例如，灾难现场的位置和规模），以便提高他们的态势感知能力，从而提高危机指挥人员的决策能力。为了做到这一点，并使公众和其他组织（如当地红十字会）参与危机管理，地方政府危机应对部门需要立即向有关人员传达事实信息，并有办法方便、迅速地传播信息。但是，需要强调的是，必须确保在危机期间，所有信息是清晰的和完全可理解的。因此，应该考虑使用（标志性的）语言和符号，同时也要努力使其统一，使公众熟悉组织方法。虽然没有一个事件是完全相同的，但每一个事件由相似的阶段组成。每个阶段都可以准备社交媒体的通信消息。例如，如果发生大规模的结构火灾，烟雾中会有一些危险物质沉积。这一事件可以预测，因为它将在许多大规模火灾中重现。可以准备一个沟通信息，说明当人们在花园里发现像大爆炸碎片一样的物质时，住在顺风区的人应该做什么。

主要做法：

- ✓ 考虑一个可能的临时内部人员和机构重组，以应对通过社交媒体交流的增加
- ✓ 考虑培训政府成员如何与社交媒体合作
- ✓ 为急救人员配备能够访问互联网和社交媒体应用程序的智能手机
- ✓ 创建一个基础设施，在该基础设施中，来自社交媒体的信息可以与一线第一响应者共享，反之亦然
- ✓ 明确急救人员应如何使用社交媒体应用程序中的信息
- ✓ 确保所有急救人员都知道他们可以与公众分享什么信息

- ✓ 明确指出，在与公众沟通方面，时间至关重要
- ✓ 考虑隐私问题，并在适当的政策和相关的社交媒体战略中解决这些问题
- ✓ 任命社交媒体观察者和传播者，分析和管理危机期间社交媒体上的信息流
- ✓ 为所在地区的高概率危机创建独特、紧凑和简单的标签。确保人们熟悉这些符号及其相关含义
- ✓ 在处理跨境危机时，请记住，这些符号可能因国家和地区而异

二、危机中的社交媒体运用

与危机前的社交媒体运用不同，在危机发生后，由于不确定性和模糊性大大增加，在时间、空间和舆情压力下，对于社交媒体的运用必须更加熟练，更加强调技巧，更加强调态度，更加重要的是，强调立竿见影的效果。对于危机发生后的社交媒体运用，几个方面的建议值得认真思考和借鉴。

1. 及时提供可靠的、权威性的信息来源

及时提供可靠的、明确的信息被认为是社交媒体危机运用的首要任务。而其中信源可信度被认为是信息接收和传播的基本关键变量。考虑到风险沟通和危机现场具有新的不断变化的情绪和价值感知，在这种情况下，来源可信度成为危机控制和社会影响的主要切入点。研究表明，信息来源的可信度是一个关键的说服性属性，它将加强信息提供者的合法性，并提高公众的认可度和可信度；缺乏可信度的信息可能会妨碍危机沟通工作，这反过来又增加了潜在的危害和手头事件的严重性。社交媒体改变了公众的信息处理倾向，从而给寻找可信和值得信赖的信息带来了挑战，特别是在具有高度威胁和不确定性的极端事件中。在使用和交流有关危机的信息时，需确保提供的信息尽可能准确。地方政府相关部门应该检查收到的所有信息的准确性，否则，就有传播谣言和谎言的高风险。此外，还要抵制和消除可能正在传播的任何谣言和错误信息，这反过来可能有助于在地方政府和公众之间建立信任。

主要做法：

- ✓ 建立官方社交媒体账户，注明官方身份
- ✓ 使用可信赖的来源
  - 检查所关注的人员或组织的信息准确性
- ✓ 尽快核实信息：检查信息的来源、时间和日期
  - 在危机管理和公民共享信息方面与其他组织进行交叉检查
- ✓ 纠正错误信息
  - 通过社交媒体和相关网页积极监控和打击任何谣言或虚假信息
- ✓ 注意可能歪曲个人和/或社区的信息
  - 消除与种族、族裔、性别和国籍有关的信息类别
  - 尽量减少使用冲突语言
- ✓ 如果分享未经证实的信息，请确保公众清楚。如有可能，提供图片和链接
- ✓ 在所做和不知道的事情上保持透明
- ✓ 对于谣言或不准确的信息第一时间进行澄清或纠正

2. 以诚实、坦率的态度积极参与在线沟通

在危机应对实践者和学者看来，必须发挥社交媒体在危机中的沟通优势，态度是非常重要的事情，必须充分地展现地方政府的诚实、坦率，否则可能起到相反的效果。危机沟通和危机管理人员应积极参与公众的在线对话，倾听利益相关者的关切，及时回应受害者的援助请求。危机局势造成了对即时、最新信息的巨大需求，而现有信息在一定程度上总是模棱两可的。因为这种不确定性和模糊性不可避免，沟通中的信息应及时、准确地进行审议。尽量提供全面和准确的信息和回应公众对风险和不确定性的担忧，无论感知到的风险是否表现出来，都可以缓解不确定性，支持公众以自力更生的方式行事。此外，通过对话，谣言可以被及时扑灭。因此，在与公众沟通之前，不要等待太久，当地方政府不知道具体的确切的信息的时候，也应该保持透明，诚实地回答问题。如果组织不知道答案，与其回答错误或根本不知道，不如把不确定的情况如实地告诉公众，并解释组织正在做什么来找出答案。

社交媒体危机沟通中的"做"与"不做"

做：
- ✓ 对公众要有礼貌
- ✓ 实事求是，准确可信
- ✓ 及时传达信息
- ✓ 迅速回应公众的关注和问题：例如，哪些可以核实，哪些不能核实
- ✓ 创建在线常见问题清单，并尽可能保持最新
- ✓ 如果组织提供了错误的信息或犯了错误，请道歉
- ✓ 满足媒体的需求并保持可访问性
- ✓ 要记住，发信息的人代表组织，因此必须遵循官方的策略和格式
- ✓ 使用幽默的时候要小心，特别是当它是以牺牲他人为代价的时候
- ✓ 通过社交媒体回应受害者的沟通请求

不做：
- ✓ 不要猜测
- ✓ 不要发表个人意见
- ✓ 不要发布任何可能使地方政府名誉扫地的内容
- ✓ 如果不确定如何接收或解释消息，请不要发布消息
- ✓ 不要满足于一种类型的社交媒体技术
- ✓ 不要有拼写错误
- ✓ 不要只使用单一的社交媒体策略

3. 与他人合作获取信息，促进危机众包

危机众包是一种合作性的信息生产工作，通过公众、组织和管理人群的互动实现信息和资源的聚合，以满足应急管理的需要。在危机期间，有关危机局势（危机严重的地区、有关需要和求助等）的信息众包是关键。社交媒体能够让公众和相关组织更好地参与到危机中的信息合作和提供，地方政府也应该积极参与危机管理的合作网络，包括公众、专业组织和应急服务机构，因为它们可能提供有用的信息，充分利用自身的众包优势。为了更好地实现这种众包功能，需要检查在网络内外传播的信息（例如，通过公众），并监督通过自己的社交媒体账户传入的信息。如果需要，还可以请求提供特定信息。可

以明确要求社交媒体用户收集可用于危机应对的危机相关信息。例如,在发生地震、火灾等自然灾害情况下,可以要求用户拍摄灾难现场的照片;或者,让人们在活动现场查看其他社交媒体用户或急救人员提供的信息。这些活动将有助于建立情境意识。对于一些专业性的组织和志愿者团队,需要更好地通过多元的信息共享和协同机制进行有效的信息整合。但是,对于众包来说,在多元化的、离散的信息中如何快速地汇集信息,如何有效地识别和整合信息是一个关键性的挑战。

主要做法:

- ✓ 确定信息问题以确定所需的群组任务
- ✓ 确定人群类型和所需的信息类型
- ✓ 与信息来源合作和互动,以获取关键问题的更具体信息
  - 提出有助于更清楚地了解情况的问题
  - 鼓励推荐更多的消息来源
- ✓ 明确公众可以和应该做什么,特别是他们如何支持危机管理活动。尽量不要强调公民不应该做的事
  - 在记录和分享有关当前危机局势的内容时,分发一份简短的应做(和不应做)的列表,这些内容可以很容易地共享
  - 分享相关帖子,鼓励粉丝分享关于紧急情况的图片和事实信息
  - 说明需要做出的其他贡献以及在哪里可以找到明确的方向
  - 在允许公众拍照和分享紧急情况信息时,与他们进行明确沟通
  - 声明拍照和分享信息不应干扰现场的应急工作
- ✓ 明确社交媒体应用程序不会取代紧急号码
- ✓ 说明出现异常时,例如,传统警告方法不起作用时,应该如何继续
- ✓ 要求目标受众提供有关情况和相关需求的最新信息
- ✓ 与那些通过社交媒体与地方政府联系但尚未得到帮助的受伤害者保持联系

4. 提高社交媒体信息的针对性、清晰性和流动性

所谓针对性就是在危机时对特殊的受众提供定制信息,以适合目标受众的方式进行沟通,确保他们收到信息。为目标受众量身定制信息,以确保他

们发现与危机相关的信息并理解这些信息。为了提升这种针对性,在社交媒体平台的选择上需要符合目标受众的习惯。如果危机前目标受众习惯使用某一平台,会期望在危机发生时也使用这种媒体平台。因此,必须保持一致,使用危机前阶段建立的社交媒体账户和目标受众沟通。如果某些通信通道已关闭,可能需要通过不同的通道传播定制的信息。这些信息必须保持足够的清晰性和流动性。所谓清晰性,就是尽量避免信息的模糊,以更加易于理解和接受。为了提高信息的清晰度并提高其利用率,危机传播中使用的符号必须与所处理的危机明确相关,或者具有标志性或通用性。尝试加入现有实践以确保连续性是很重要的。所谓流动性,就是尽量实现政府信息在社交媒体的传播和转发,让更多的人接收到有效的信息。信息的传播是重要的,尤其是当信息对更广泛的受众来说是重要的时候。通过积极反馈,鼓励公众和组织继续为其他公众和专业应急组织提供相关信息。同时也要确保地方政府的信息被传递出去。请注意,带有链接、独特内容和标签的社交媒体信息通常会更频繁地被转发。因此,请使用图片、标签或链接作为邮件的附件。标签还确保政府消息可以更容易被找到。此外,与拥有良好网络的个人建立联系,可以激发政府信息的影响力,这可能比拥有大量的追随者更重要。

主要做法:

- ✓ 直接向相关方(当局、支持组织或公众)传播信息
- ✓ 始终如一!使用现有的社交媒体账户将危机管理信息传达到网络。避免在危机情况下开始使用新的社交媒体应用程序
- ✓ 确保通过社交媒体共享的信息与目标受众和社交媒体平台都相关
- ✓ 在传达危机信息时使用与发出警告时相同的规范符号和图标
- ✓ 使用其他相关方使用的广泛接受的语言和符号
- ✓ 在特定危机情况下使用现有的、规范的社交媒体标签,而不是创建自己的标签
- ✓ 在可能的情况下,在信息中包括标签、图片或网址
- ✓ 授权并使外地的应急响应人员能够直接向其他活跃各方和公众分享信息

5. 鼓励公众之间的相互帮助和合作

在危机期间，人们通常非常需要帮助，许多公众愿意帮助他人，但不知道如何才能帮助他人。通过明确这一需要，并提供一些指导，说明公众在何处以及如何能够有效地帮助他人。例如，通过社交媒体，用户可以被要求告知他们的邻居可能存在的威胁，或者互相照顾，特别是不那么积极的公众。这类信息的传播尤其重要，因为危机期间面临最大风险的往往是获取信息最少的人。在危机期间，与社交媒体上的紧急群体倡议合作并加以适应，并鼓励公众也这样做。

主要做法：

- ✓ 定义可以提供的不同类型的帮助
- ✓ 向公众解释需要帮助的地方
- ✓ 在社交媒体上鼓励他人互相帮助
- ✓ 说明向最不知情者提供信息的重要性，并说明谁是最需要信息的人
- ✓ 支持社交媒体上促进有助于公众的紧急倡议，并利用资源支持这些倡议
- ✓ 通过社交媒体等途径，促进危机期间已经广泛使用的社交媒体
- ✓ 分享信息时，检查是否有已经在使用的标签，并尽可能使用这些标签
- ✓ 与已经在社交媒体上发布危机信息的公众保持联系，并与公众进行广泛接触，分享信息

三、危机后的社交媒体运用

很多时候，学者和实践专家更加注重危机前和危机中的社交媒体运用，而危机后的社交媒体运用并没有得到足够的重视。实际上，在危机后，尤其是在一些重大自然灾害之后，社会面临着重大问题，如生命损失、失踪人口和犯罪率上升。在许多情况下，组织似乎没有准备好面对这样的问题，这非常

需要社交媒体的介入。① 社交媒体为政府和相关组织的危机"善后"提供了新的工具,因此,必须同样重视危机后对社交媒体的有效运用。

1. 优化危机后的资源援助和心理干预

危机结束后,受到灾害等重大危机影响的人们非常需要来自物资和心理方面的帮助。就前者来说,来自政府和社会各方面的物资如何更加有效、更加有针对性地帮助灾后的人们重建家园、重回正常的社会生活、重新恢复经济活动是一个难题。在危机过后,社交媒体可以在危机恢复中发挥重要作用,例如用于筹款目的。地方政府可以建立自己的在线计划,也可以鼓励其他人建立在线计划,建立风险意识和提供关于仍然需要什么援助的信息。此外,现有的举措,无论是在社交媒体上还是在社交媒体之外,都可以通过社交媒体加以推广。社交媒体需要把资源的提供和需求更好地连接起来,起到资源动员和桥梁的功能;同时,面对因在危机中死亡、伤痛和危险而导致的恐惧感和心理创伤,社交媒体应该更好地有针对性地发挥心理干预的功能。社交媒体也可以用来鼓励公众互相照顾(例如,鼓励自助小组或通过社交媒体分享故事)。此外,还可以开发智能手机等社交媒体应用程序,人们可以在这些应用程序中进行自我测试,看看是否应该接受心理干预和其他帮助。

主要做法:

- ✓ 通过社交媒体发布灾区重建的基本情况,让更多的人了解危机过后灾区的情况
- ✓ 更新危机后资源需求清单和接受援助的方式
- ✓ 建立在线倡议,公众可以通过这些倡议做出贡献
- ✓ 告知社区和公众仍然需要什么帮助
- ✓ 告知公众哪些倡议存在,以及他们如何能够做出贡献:
  - 为筹款工作分配直接转账账号或二维码
  - 列出正在进行的志愿者工作和机会,例如在重建或(心理)护理后
- ✓ 感谢社区和公众的贡献,并展示他们的成果,以确保他们持续愿意提供帮助

---

① See K. Domdouzis et al., A Social Media and Crowdsourcing Data Mining System for Crime Prevention During and Post-crisis Situations, *Journal of Systems and Information Technology*, Vol. 18, Iss. 4, 2016, pp. 364-382.

- ✓ 考虑开发一个专门的应用程序，人们可以使用它来查看是否应该寻求帮助：
  - 制定一份能表明心理创伤的症状清单
  - 设定问题，以衡量公众是否出现这些症状
- ✓ 确保人们可以使用此应用程序来识别他人可能遭受的心理创伤
- ✓ 提供必要时人们在哪里以及如何寻求专业帮助的信息
- ✓ 提供信息，说明如何应对，以及在何处及如何找到相关的计划，如自助小组或故事分享博客

2. 寻求危机后的持续反馈与沟通

危机后的反馈与评估是危机管理中非常重要的部分，通过获取大量的反馈信息，正确地辨识危机发生的源头、危机管理和应对中存在的问题以及对社会产生的影响等关键性的内容，有助于避免同类危机再次发生或可以提高政府的危机应对能力，改进未来的沟通策略。而这需要获得公众和相关组织的参与和合作。特别是对于一些在危机中提出过诉求和寻求过帮助的人来说，如何得到他们的反馈更加重要。充分运用社交媒体的沟通和反馈方面的优势显得很有必要。如果在发生危机时证明社交媒体在其中起到了重要作用，那么就有必要继续发挥其在危机后阶段与公众进行有效沟通和接受反馈方面的积极功能。公众会习惯并逐渐认识到这是一种有用的信息接收方式。例如，政府可以在自身的社交媒体账户汇报为管理危机所做的工作，为读者提供在线评论或创建在线论坛以增加双方进行讨论的机会，并可以有意识地创建危机善后的一些话题。

主要做法：
- ✓ 保持必要的话题热度，在社交媒体中创建危机善后相关的话题，并鼓励公众参与
- ✓ 对危机后公众关心的问题或质疑主动进行回应和交流
- ✓ 创建一份调查问卷或要求公众通过社交媒体回复帖子，以收集关于应急响应的意见
- ✓ 询问公众的意见是否可用于应急评估过程
- ✓ 询问公众是否愿意在应急评估过程中进一步合作

- ✓ 利用反馈改善社交媒体策略
- ✓ 通过被证明有价值的渠道继续分享信息
- ✓ 明确危机结束后将继续使用哪些沟通渠道

3. 作为一种提升危机意识的良好机会

为了预防下一次可能出现的危机,或下次危机来临后更加有效地作出反应,危机中存在的种种问题提供了很好的反思和总结的机会。对于公众来说,如何及时总结反思个人在危机中的行为,并提供标准的、科学的参考,从而有效地提升危机意识和个人防范措施同样是危机后政府工作的一个重要内容。通常,对于很多人来说,在没有危险的情况下,个人是不愿意考虑危机局势可能产生的任何负面后果的。因此,可以利用最近危机的势头,教育公众认识这一风险(有时在当地环境中也存在一些具体的相关风险),并激励他们采取一些准备行动。例如,地震过后对所造成的生命和财产损失的原因进行反思,对风险来临前的各种警示信息和个人在其中不科学、不规范的行为,以及对地震发生后个人自救和互救的一些常识性的知识进行总结和普及,以有效地提升公众的危机意识。

主要做法:

- ✓ 总结本次危机中个人防护、自救和需求帮助方面的一些不正确的做法
- ✓ 推送本次危机中个人、组织在防范和应对危机方面的成功案例
- ✓ 提醒危机来临前可能的警示性信息
- ✓ 提供规范的、科学的危机应对中个人行为的清单
- ✓ 开发一个应用程序,公众可以在发生危机时使用,或者可以使用它来警告面临威胁的特定目标群体
- ✓ 通过社交媒体等推广使用该应用程序

可以看出,以上这些最佳实践在内容上已经非常丰富和具体,涉及危机前、危机中和危机后的方方面面,为政府如何运用社交媒体应对危机提供了很多值得借鉴的对策和建议。虽然关于危机和风险期间社会媒体功能的现

有研究和案例研究仍在具体化,最佳实践只是提供了一个供考虑的初步框架。随着有关这些复杂、多方面的交互作用的数据和观察的持续,这些最佳实践将被重新审视、修订和改进。① 但是,需要强调的是,使用社交媒体进行危机管理的建议基本上是非结构化的,一些最佳实践是研究驱动的,来自实验室的实验、应用研究和用户生成的数据,这是由于不同的危机情境、不同的制度安排以及危机中复杂的关系过程,危机是新奇的、不可预测的,甚至被定性为需要深思熟虑和立即应对的混乱事件,因此不可能存在统一适用的所谓的"最佳实践"。正如西格所指出的,"必须在对环境因素和情境变量有了明确理解的情况下,谨慎地广泛采用最佳实践"②。特别是对于我国地方政府来说,如何把社交媒体的技术更好地嵌入到整体的治理体系和治理结构中,与基本的制度安排相互呼应,把危机应对的手段和危机应对机制更好地协同起来才是关键。在此基础上,基于具体的危机情境,吸收最佳实践中的这些具体做法和对策才是真正有益的。

---

① See X. Lin, P. R. Spence, T. L. Sellnow, et al., Crisis Communication, Learning and Responding: Best Practices in Social Media, *Computers in Human Behavior*, Vol. 65, 2016, pp. 601-605.

② M. W. Seeger, Best Practices in Crisis Communication: An Expert Panel Process, *Journal of Applied Communication Research*, Vol. 34, Iss. 3, 2006, pp. 232-244.

结论与讨论

在我国,近年来,随着信息技术和数字产业的高速发展,社交媒体的发展态势令人惊讶,对于很多人,尤其是年轻人来说,社交媒体成为其获得信息、交流分享信息和日常互动日益仰赖的工具。在危机中,社交媒体更是扮演着越来越重要的角色,这次新冠疫情让我们更加充分地感受到了这一点。今天,当社交媒体几乎已经被纳入到每一个普通人的日常生活,甚至内化为人们日常交往的习惯和价值时,地方政府面对的便是高度交互、信息灵通和具有自组织能力的网民。地方政府过去习惯运用的自上而下的大众媒体的单向式危机应对方式在今天的社交媒体环境中已经难以奏效,甚至会触发新的风险。当自下而上、去介质化与结构扁平的社交媒体逻辑与自上而下、单一中心的权威逻辑无法得到有效的调适,甚至产生比较激烈的紧张关系的时候,那么最终可能导致社会治理的失败。因此,对地方政府来说,唯一的选择是更好地适应这种新的媒体环境,拥抱社交媒体工具,并学会熟练地运用这一工具来应对危机,在危机中实现与公众的有效合作,充分发挥社交媒体在危机中的资源整合、行为协调和信息共享能力。这是衡量地方政府危机治理能力现代化的重要依据,也是地方政府在治理能力现代化进程中的"必修课程"。

一、结论

通过对近年来地方政府在危机中运用社交媒体的能力和策略方面的定量和定性研究,通过对近年来典型的案例分析,可以得出几个方面的基本结论:

一是总体上来说,地方政府在运用社交媒体应对危机的意识和能力方面在明显地增强。在中央政府的推动下,在一些危机事件中的示范效应和反面教材的启示下,地方政府在危机中开始有意识地运用社交媒体来应对危机,包括运用社交媒体发布信息和与公众沟通。不管是定量的研究还是案例研究都表明，绝大部分的地方政府都会在危机发生后启动社交媒体的危机沟通功能。尽管在不同类型的危机中以及不同层级的地方政府所表现的能力会有差异，甚至会产生较为明显的差距，但是，毫无疑问，社交媒体已经成为大多数地方政府危机应对过程中的一部分。案例研究表明，在一些具体的情境中，地方政府运用社交媒体的表现还是比较令人满意的。一些地方政府制定了社交媒体运用的政策，设立了专门的机构和团队并进行系统化的培训和交流。近几年，随着媒体融合趋势的进一步强化，地方政府努力地将社交媒体与传统的大众媒体实现有机整合，在危机中更好地发出政府的声音，引导舆论，适时发布信息，使社交媒体的地位得到凸显。

二是总体上来说，地方政府危机中的社交媒体运用依然存在较为严重的形式化和被动化特征。尽管大部分地方政府有意识地运用社交媒体应对危机，但是，地方政府在危机中的社交媒体运用呈现出明显的形式化特征。也就是把社交媒体更多地当作一种表面的、装点的工具，而不是实质性的沟通、交流的纽带。研究表明，在危机中，大多地方政府在社交媒体上不管是信息发布的量还是更新的频率都不能令人满意，甚至在一些重大的危机事件中，当地政府在社交媒体方面所呈现的信息非常少，粉丝数少，所发布的信息基本上是粘贴或链接政府新闻发布会，或转发大众媒体的报道，作为社交媒体的交互性、即时性和分享性特征被完全忽视。地方政府在社交媒体上的信息评论少、转发少，基本上没有在社交网络产生影响。另外，地方政府在社交媒体危机应对方面的表现呈现出较为明显的被动性，在大多数危机中都是网络舆论倒逼下或者面临来自上级政府的问责压力下的一种被动式反应，在信息的发布方面呈现出明显的滞后性，在运用社交媒体主动设置议程和引导舆情方面的能力和意识并没有明显提升。尤其是在群体性事件等一些被认为是内源性的危机中，地方政府为了回避自身的责任，习惯采用回避和拖延的策略。这背后反映了地方政府和地方官员对社交媒体的态度依然比较排斥，社交媒体在危机沟通中的优势并没有被充分地激活。

三是相比较事中，事前和事后的社交媒体运用并没有得到充分的重视。总体上来说，在大多数的案例研究中，社交媒体依然被视为一种危机来临后的临时性的应急工具，往往是在危机发生后，地方政府才想起运用社交媒体进行信息发布和沟通。而在危机发生前社交媒体在建立与公众之间的合作信任关系以及提升公众的危机意识方面的功能基本被忽视,这导致了危机发生后,由于缺乏日常关系的维护,地方政府在社交媒体上发布的信息关注度和转发度都明显不够。而危机一旦结束,社交媒体往往被视为无效的工具被丢在了一边。社交媒体在危机后的重建阶段以及危机的评估反馈阶段的功能也没有受到应有的重视。由于缺乏危机后的基于社交媒体的评估和反馈过程,使得危机中建立起来的沟通和合作纽带没有得到有效的维护和拓展。这使得日后可能出现的危机的应对同样建立在脆弱的信任和合作基础上。

二、讨论

本研究依然存在着一些明显的不足,那就是大部分的研究依然停留在公开数据、表层数据的基础上,导致研究总体上限于较为宏观的层面。由于缺乏内部数据的支撑,使得研究难以深入到政府内部运行过程,无法把握危机中地方政府运用社交媒体应对行为过程,这需要在未来的研究中进一步深入和细化。对于我国地方政府来说,对社交媒体的运用已经成为一种基本的素质和能力要求,未来需要面对的问题是如何基于这一工具的有效运用更加深入地推进危机治理能力的提升,并以这一工具的运用为切入点,推进地方政府治理能力的全面现代化。不管是从研究的角度还是实践的角度,未来值得讨论和认真对待的问题包括:

一是如何有效推进社交媒体危机运用的制度化过程。社交媒体在危机中的运用不仅仅是一个纯技术问题,更是一个制度化的过程。新技术的有效运用是建立在制度化的基础之上的,这是新技术在政府部门有效运用的前提和基础。所谓技术的制度化就是新的技术在组织与其内部和外部环境相互作用中获得合法地位,或被广泛接受的过程。也就是新的技术被组织广泛接受,并成为组织运行的新的习惯,形成新的制度结构,最终形成制度化的实践。[①] 也就是说地方政府及其成员对社交媒体有深刻的理解和认知,积极转变理念,在此基础上形成规范化的、体系化的社交媒体危机应对机制。从逻辑上说,这是一个渐进且漫长的过程。在我国的政府体系中,到底应该如何有效地推进这种制度化过程,是自上而下的权威推动还是横向之间的相互模仿强化或是自下而上的社会推动,这是一个值得探讨的问题。

---

① See A. F. V. Veenstra, U. Melin, & K. Axelsson, Theoretical and Practical Implications from the Use of Structuration Theory in Public Sector Information Systems Research, The European Conference on Information Systems (ECIS), Tel Aviv, Israel, June 9-11, 2014.

二是社交媒体如何更有效地嵌入到地方政府应急体系之中。新技术的运用必须嵌入到具体的制度安排和组织结构体系之中,成为危机应对制度体系的一个部分才能发挥应有的效能。这种嵌入包含两个方面的含义:第一,应急体系对新的社交媒体技术的接纳和融入。把社交媒体整合进入现有的应急体系的整体框架,包括危机预警、危机应对和危机评估等所有的重要的应急环节。第二,基于社交媒体的地方政府应急体系的改革。围绕社交媒体在危机应对中的优势和特征,充分发挥社交媒体的功能,需要对现有的应急体制进行改革和完善。尤其是内部不同部门之间的信息协同、交互,政府与公众之间的沟通与合作,建立基于社交媒体的更加灵敏、智能和更好的应急体系。社交媒体技术的接纳和应急体系的改革是一个同步和相互的过程。这同样需要对我国的地方政府危机应急体系进行系统深入的分析,需要在把握整体体系的基础上对一些具体的细节作进一步的深入研究。

三是如何基于社交媒体的运用推进地方政府治理能力的现代化。就目前来说,危机中的社交媒体运用的基层嵌入总体上停留在技术层面,如何将其作为一种新的治理技术撬动地方治理能力的全面深化是一个有待探讨的问题。把危机中的社交媒体运用扩展到地方政府系统化的治理体系中,需要建立技术和治理能力之间相互作用的动态反应链,将信息通信技术作为提供更高效、更有效的政府服务的手段,扩展到转变政府和治理的手段。[①] 从制度变迁的角度来说,社交媒体的嵌入实现了危机应对体系的增量改革,接下来的主要问题在于如何有效利用增量改革的成果推动更加重要和深刻的地方治理的存量改革。如果通过信息技术的嵌入促进新的认知、规范的形成,以此撬动地方治理的共享、共治体系的建设,那么,社交媒体的运用意义无疑更加深远。但相反,如果社交媒体仅仅是为了缓解、回避一时的问题,那么,社交媒体的效能也只能是昙花一现。这需要学会从这一媒体工具所蕴含的治理理念和思维去重新理顺政府与公众之间的关系,反思自身治理结构和过程中的一些深层次的问题。这是一个更加深刻和重要的命题。

---

① See G. Grant and D. Chau, Developing a Generic Framework for E-Government, *Journal of Global Information Management*, Vol. 13, Iss. 1, 2005, pp. 1-30.

后 记

2020年的春节对于所有中国人来说也许都显得特别和印象深刻。除夕前一天,笔者一家四口和往年一样带着激动的心情从杭州回江西老家过年。然而,与往常不一样的是,这种激动中夹杂着一丝不安和忐忑,有关疫情的消息开始让人们紧张起来,各个药店的口罩和消毒液一夜之间全部售罄,幸运的是家里还有些"存货"。生平第一次全家戴上口罩乘坐5个小时的高铁回到了老家,见到了一年未见的父母、兄弟,但是,往年少不了相聚在一起热闹一番的同学和好友虽然近在咫尺,却无法"把酒言欢"。由于担心铁路会因为疫情停运,于是临时决定提前返回,大年初三,一家人就回到了杭州,这也许是最急促的一次探亲了。但没有想到的是,接下来的几个月,因为疫情防控的要求,笔者只能老老实实地待在家里。这对个人来说,似乎也不是一件坏事,因为笔者于2018年申请的浙江省高校重大人文社科攻关计划规划重点项目"地方政府运用社交媒体应对危机的能力与策略研究"(编号:2018GH003)得以立项,但是后来发现由于申报时的疏忽,申报的结项时间比正常结项时间提前了不少,正好可以抓住这段时间拼命"赶工"。经过半年的努力,终于"落笔"交稿。笔者是从2010年左右开始关注新媒体(社交媒体)背景下的地方政府治理问题,本书算是对过去相关研究的一个总结和梳理,试图从一个从事行政管理研究的学者的视角对社交媒体与政府治理之间的关系进行反思。由于笔者并没有经过新闻与传播方面的专业训练,加上时间比较仓促,其中一定存在着不少问题和不完善的地方,还请各位方家批评指正。

当笔者撰写这些文字的时候,中国各地经济社会秩序已经基本恢复正常。但是,在国外,新冠肺炎疫情却并没有半点缓和的迹象,甚至在一些国家日趋严峻,发达的社交媒体在给各国政府应对疫情方面提供了新的工具的时候,同时也带来了日益复杂的问题。如何有效地运用社交媒体应对突发性的公共危机不仅仅是一个技术性的问题，还是一个非常复杂的系统性的问题，与制度、价值体系和人们的行为习惯等因素紧密相联，本书尚难作全面阐述，而只能算是提供一种表面的、粗浅的认知。

在撰写本书的过程中，浙江财经大学公共管理学院的领导与同事给笔者提供了很多帮助与支持。另外，本书中的一些内容在一些学术会议上进行了分享，一些学者提出了宝贵的意见，使笔者受益匪浅，在此一并感谢。同时，感谢北京大学出版社的编辑朱梅全老师。与朱老师在一次学术会议上相识，其认真严谨的工作态度给笔者留下了深刻印象。当然，本书的文责由笔者承担。

钟伟军

2020 年 9 月 7 日